O Apocalipse de São João

O Caminho para a Iniciação da Alma

Zachary F. Lansdowne

O Apocalipse de São João

O Caminho para a Iniciação da Alma

Tradução:
Carlos Raposo

MADRAS®

Publicado originalmente em inglês sob o título *The Revelation of Saint John – The Path to Soul Initiation*, por Red Wheel/Weiser.
© 2006, Zachary F. Lansdowne.
Direitos de edição e tradução para o Brasil.
Tradução autorizada do inglês.
© 2010, Madras Editora Ltda.

Editor:
Wagner Veneziani Costa

Produção e Capa:
Equipe Técnica Madras

Tradução:
Carlos Raposo

Revisão da Tradução:
Jussara Vila Rubia Gonzales

Revisão:
Letícia Pieroni
Sônia Batista
Bianca Rocha

Dados Internacionais de Catalogação na Publicação (CIP)
(Câmara Brasileira do Livro, SP, Brasil)

Lansdowne, Zachary F.
O Apocalipse de São João: o caminho para a iniciação da alma/Zachary F. Lansdowne; tradução Carlos Raposo. – São Paulo: Madras, 2010.
Título original: The Revelation of Saint John
Bibliografia

ISBN 978-85-370-0639-9

1. Bíblia. N.T. João – Crítica e interpretação
2. Revelação I. Título.

10-11476   CDD-228.06

Índices para catálogo sistemático:
1. Apocalipse de João : Interpretação e crítica
228.06

É proibida a reprodução total ou parcial desta obra, de qualquer forma ou por qualquer meio eletrônico, mecânico, inclusive por meio de processos xerográficos, incluindo ainda o uso da internet, sem a permissão expressa da Madras Editora, na pessoa de seu editor (Lei nº 9.610, de 19.2.98).

Todos os direitos desta edição, em língua portuguesa, reservados pela

MADRAS EDITORA LTDA.
Rua Paulo Gonçalves, 88 – Santana
CEP: 02403-020 – São Paulo/SP
Caixa Postal: 12183 – CEP: 02013-970
Tel.: (11) 2281-5555– Fax: (11) 2959-3090
www.madras.com.br

AGRADECIMENTOS

Sou grato a Perry Havranek, George Karthas
e Barbara Olson, por seus comentários perceptivos e úteis
a respeito do primeiro esboço deste livro.

ÍNDICE

Introdução 9
Capítulo 1 – A Alma 15
Capítulo 2 – Chacras Sacral, Plexo Solar, Cardíaco e Laríngeo ..27
Capítulo 3 – Chacras Frontal, Coronário e Básico 41
Capítulo 4 – Meditação..51
Capítulo 5 – Orientação 59
Capítulo 6 – Autopurificação 66
Capítulo 7 – Preparação para a Kundalini 74
Capítulo 8 – Despertando a Kundalini.................................82
Capítulo 9 – Culpa e Medo 88
Capítulo 10 – O Plano das Ideias Divinas 97
Capítulo 11 – Julgamento 103
Capítulo 12 – Ilusão...113
Capítulo 13 – *Glamour* e Maya 120
Capítulo 14 – O Reino Espiritual 128
Capítulo 15 – Os Sete Chohans 140
Capítulo 16 – As Sete Provações 145
Capítulo 17 – O Ego 154
Capítulo 18 – Eliminação do Ego 163
Capítulo 19 – União com a Alma 173
Capítulo 20 – Morte e Ressurreição 182
Capítulo 21 – Transformação Espiritual 191
Capítulo 22 – Poder de Decisão......................................201
Apêndice A – Tabelas de Referência 209
Apêndice B – Perspectivas Relacionadas 219
Apêndice C – Quem escreveu o *Apocalipse de São João?*..........224
Bibliografia 228

Introdução

A revelação de Jesus Cristo, concedida a ele por Deus
para apresentar a seus servos as coisas que deverão acontecer em breve;
enviando-as comunicando-as por meio de seu anjo a seu servo,
João (Ap. 1:1)

O *Apocalipse de São João*, o último livro da Bíblia, tem sido um mistério desde que surgiu, há aproximadamente 2 mil anos. Algumas vezes chamado de *Apocalipse* ou de *Livro da Revelação*, essa obra enigmática está inteiramente escrita em símbolos. Suas imagens, dramáticas e vívidas, têm produzido louvor em seus admiradores e escárnio entre seus críticos. Nenhuma outra parte da Bíblia tem causado mais controvérsia. Muitos pensam que ele fornece a chave que desvela os mistérios da vida; outros pensam que deveria ser retirado da Bíblia.

O *Apocalipse* é realmente a expressão velada de uma doutrina esotérica, ou oculta, do Cristianismo primitivo. Quando interpretado psicologicamente, fornece instruções detalhadas e práticas para a jornada espiritual – um mapa para o despertar da consciência superior. Essa jornada espiritual pode ser caracterizada como o caminho da libertação ou da iluminação, porque conduz à completa liberdade da tristeza e a uma vida puramente intuitiva. Embora o *Apocalipse* apareça no livro santo da tradição judaico-cristã, suas instruções podem ser apreciadas e aplicadas por aspirantes de todas as tradições religiosas.

Interpretações Tradicionais

O *Apocalipse* tem tido significativo impacto sobre a civilização Ocidental nos últimos 2 mil anos. Os medos e as esperanças do ser humano são frequentemente expressos por meio de palavras e imagens retiradas dele – apocalipse, milênio, quatro cavaleiros, aleluia, Armagedom e Nova Jerusalém. Muitos teólogos, poetas, eruditos, pintores, músicos, cineastas e políticos têm sido influenciados pelas ricas imagens desse livro.

A grande maioria dos comentários publicados sobre o *Apocalipse* podem ser classificados em três categorias:[1]

- O ponto de vista *preterista* sustenta que o *Apocalipse* descreve questões e eventos do primeiro século. Particularmente, acreditam que as maiores profecias do livro foram cumpridas com a destruição da cidade de Jerusalém, em 70 d.C. A principal dificuldade nessa perspectiva é que a vitória decisiva do bem sobre o mal e a inauguração do reino eterno de Deus, descritas na parte final do livro, parecem não ocorrer.

- O ponto de vista *histórico* argumenta que o *Apocalipse* prediz todo o curso da história humana, desde a fundação do Cristianismo até o fim do mundo. Os eventos históricos e os proeminentes líderes são identificados como símbolos em visões. Ao longo da narrativa simbólica, os que propõem esta perspectiva encontram referências aos imperadores romanos, a vários papas, a Carlos Magno, à Reforma Protestante, à Revolução Francesa e a Mussolini. Aqui, a maior dificuldade é sua subjetividade, assim como demonstrado pela ampla diversidade de interpretações do simbolismo.

- O ponto de vista *futurista*, ou escatológico, afirma que o *Apocalipse* prediz os eventos que ocorrerão no fim do mundo. A característica dos futuristas é acreditar que o fim do mundo ocorrerá logo depois de eles o noticiarem. Essa perspectiva reúne as dificuldades tanto dos preteristas quanto dos históricos, uma vez que a linha de tempo é subjetiva e que muitos dos eventos preditos ou não, de fato, já ocorreram. Indo ainda mais longe, essa perspectiva falha em identificar qualquer real significado que o

---

1. A. W. Wainwright, *Mysterious Apocalypse: Interpreting the Book of Revelation* (Nashville, TN: Abingdon Press, 1993) fornece um levantamento das tentativas de interpretações do *Apocalipse* feitas desde o segundo século até os dias de hoje.

livro possa ter tido para as pessoas às quais ele fora inicialmente dirigido – nomeadamente, os cristãos que foram perseguidos no primeiro século.

Essas três abordagens tradicionais podem ser caracterizadas como "externas e temporais", porque todas assumem que os personagens e episódios presentes no *Apocalipse* denotam eventos que ocorrem no mundo externo em um passado ou futuro definidos.

Além disso, nenhuma dessas três categorias parece consistente com o que o *Apocalipse* diz a respeito dele mesmo. Conforme Ap. 1:1, seu propósito é mostrar "as coisas que deverão acontecer em breve". Do mesmo modo, Ap. 1:3 determina: "Abençoado *seja* aquele que lê e aqueles que escutam as palavras desta profecia, e que guardam as coisas que nela estão escritas, pois o tempo *está* próximo". Então, de acordo com seus próprios versos, o *Apocalipse de São João* lida com o presente. Portanto, contém informação que qualquer leitor – incluindo você ou eu – poderá usar para tornar-se abençoado.

Interpretações Psicológicas

Este comentário incorpora uma interpretação psicológica do *Apocalipse* que difere radicalmente das abordagens externas e temporais que a antecederam. Essa interpretação baseia-se nos seguintes quatro princípios:

- *Cada uma das visões de João é similar a um sonho.* As visões de João contêm símbolos, assim como os sonhos. Na verdade, antigas escrituras dos judeus frequentemente usam os termos visão e sonho de modo alternado.[2] É importante distinguir aqui entre o João que era escritor e discípulo de Jesus e o João das visões. Uma distinção análoga pode ser feita entre uma pessoa que está sonhando e o personagem que a pessoa representa dentro do sonho, em si. Por exemplo, você pode ser médico em sua vida profissional e mesmo assim surgir em seu sonho na função de professor, de palhaço ou de carpinteiro. Fazer essa distinção ajuda-nos a resolver um dos maiores quebra-cabeças do *Apocalipse* – um incidente no qual João parece ter sido repreendido duas vezes, a saber, quando estava adorando um anjo. A primeira

---

2. Em 1 Enoque 85:1, as visões de 83:1-3 são chamadas de sonhos. No Testamento de Levi 8:18, a visão de 8:1 é chamada de sonho. Em 4 Esdras 12:10, 13:21 e 25, os sonhos de 11:1 e 13:1 são chamados de visões. Os textos dessas antigas escrituras são dados por J. H. Charlesworth, *The Old Testament Pseudepigrapha*, vol. I (New York: Doubleday, 1983).

repreensão é feita sobre o personagem que João representa em uma de suas visões (Ap. 19:10). A segunda, feita ao próprio João quando de seu estado normal de consciência (Ap. 22:9).

- *Cada episódio em uma visão descreve um estágio na jornada espiritual.* Entre os viajantes dessa jornada encontra-se incluído qualquer um que aspire a um alto modo de vida, pois não importa qual a tradição religiosa seguida por eles. O nome e as conotações de qualquer um dos símbolos dados podem ter origem na experiência religiosa de João (o Judaísmo do Velho Testamento), contudo o significado específico ou denotação do símbolo pode ser parte de outras religiões ou tradições filosóficas. Portanto, neste comentário, a análise dos símbolos refere-se ao Velho Testamento e a conceitos relacionados com outras tradições.

- *Cada símbolo representa algum aspecto da consciência de um aspirante que estiver em um estágio correspondente na jornada espiritual.* Da mesma forma, qualquer parte de um sonho pode representar um fragmento da personalidade daquele que sonha, as várias bestas, selos, livros, lugares e anjos que aparecem nas visões de João ilustram fragmentos da vida interior de um aspirante. Por exemplo, guerras podem referir-se a contendas internas que você enfrenta quando tenta obter autocontrole. Mesmo que alguns símbolos possam se referir diretamente a pessoas externas, lugares e coisas, eles não representam qualquer coisa que ocorra fora da própria consciência de um aspirante.

- *A função de João nas visões representa a atitude consciente do aspirante; os demais símbolos representam aspectos de natureza subconsciente e superconsciente do aspirante.* Aqui, a "atitude consciente" indica o que os aspirantes sabem a respeito deles mesmos – suas qualidades, características e poderes. "Natureza subconsciente" refere-se à vida instintiva do corpo físico, assim como aos desejos e culpas reprimidos ou desconhecidos. "Natureza superconsciente" indica os poderes e capacidades que o aspirante possui em potencial, mas que estão desativados ou que lhes são desconhecidos.

A interpretação psicológica das visões de João revela o significado esotérico do *Apocalipse*. Ela provê as instruções práticas e detalhadas para a jornada espiritual, cujo objetivo é o que os místicos cristãos

INTRODUÇÃO 13

chamam de "união consciente com Deus". Os budistas chamam-na de "iluminação"; os hindus, de "autorrealização"; e os psicólogos transpessoais, de "autoatualização".

Esse mapa espiritual segue um plano lógico. O Capítulo 1 dá o material introdutório. Os Capítulos 2 e 3 apresentam a instrução intuitiva que os aspirantes receberão nos sete diferentes estágios ao longo da jornada espiritual. Nos Capítulos 4 a 11, veem-se os sete estágios da jornada, junto com as experiências que os aspirantes podem esperar conhecer caso sigam as instruções anteriores. Os Capítulos 12 a 21 fornecem outras descrições a respeito de toda a jornada espiritual, mas sob uma ênfase diferente, enquanto que o Capítulo 22 resumirá os benefícios da jornada espiritual, encorajando os aspirantes a embarcar nela. Assim, o *Apocalipse* descreve os mesmos sete estágios três vezes. A análise de qualquer uma destas seções, portanto, fornece suporte para um *insight* a respeito das outras duas seções. Tópicos tratados de modo breve e obscuro em uma seção são frequentemente dados com mais extensão em outra.

Desde o terceiro século até os dias atuais, comentadores têm notado que vários episódios no *Apocalipse* são repetidos ou acontecem em paralelo, antes de seguirem um caminho linear. Comentadores mais modernos concordam com essa perspectiva, chamada de "teoria de recapitulação", mesmo quando não concordam com o método psicológico utilizado neste comentário.[3]

Cada capítulo numerado deste comentário corresponde a um número do capítulo do *Apocalipse*. O comentário fornece o texto da Versão do Rei James, também conhecida como a "Versão Autorizada". Embora tenha aproximadamente quatro séculos de idade, ela ainda é o texto bíblico mais usado em língua inglesa, pois combina beleza em linguagem com precisão literária.[4] O texto original é apresentado versículo a versículo, com a interpretação baseada no modelo psicológico discutido anteriormente. Essas interpretações são complementadas por notas de rodapé que contêm citações do material relacionado com as

---

3. A questão estrutural básica é se os eventos descritos no *Apocalipse* devem ser entendidos em uma ordem cronológica estrita ou se alguma forma de recapitulação está envolvida. R. H. Charles, *The Revelation of St. John*, vol. 1 (1920; reimpressão; Edinburgh: T. and T. Clark, 1985), p. xxiii, diz que "a teoria da recapitulação ... desde a época de Victorinus de Pettau (cerca de 270 d.C.) tem dominado praticamente toda sorte de interpretação desde aquele tempo até o presente". R. H. Mounce, *The Book of Revelation* (revisto; Grand Rapids, MI: William B. Eerdmans Publishing Company, 1998), p. 31, diz que "a abordagem contínua e cronológica não é aceita pela maioria dos escritores contemporâneos".
4. Essa Versão do Rei James (VRJ) fornece uma tradução palavra por palavra do texto original em grego. Quando a VRJ inclui palavras adicionais, não encontradas no texto grego, essas palavras adicionais encontram-se em itálico.

antigas escrituras dos judeus, bem como as citações similares em significado advindas de várias outras tradições religiosas e filosóficas. A não ser quando observado, todas as citações bíblicas foram retiradas da Versão do Rei James (VRJ). Dois apêndices exploram os primeiros esforços interpretativos e questões a respeito da autoria do *Apocalipse*.

O *Apocalipse de São João*, quando visto por meio das lentes psicológicas, contém ideias associadas com diversas tradições – o poder redentor do amor, a eficácia dos chacras e da kundalini, o caminho da atenção plena e o absoluto idealismo da filosofia platônica. Portanto, o *Apocalipse* revela mais que a sabedoria oculta do Cristianismo esotérico. Ele revela a harmonia essencial e a unidade que abarcam as grandes religiões e filosofias do mundo, reunidas como uma verdade espiritual.

Capítulo 1

A Alma

Na visão inicial de João, o aspirante torna-se consciente da alma, que é a divina voz interior, e recebe orientação concernente aos sete chacras.

Versão do Rei James

1. A revelação de Jesus Cristo, concedida a ele por Deus para apresentar a seus servos as coisas que deverão acontecer em breve; enviando-as e comunicando-as por meio de seu anjo a seu servo, João:

Interpretação Psicológica

1. A revelação dada por Deus a Jesus Cristo mostra aos servos de Deus o que logo acontecerá.[5] Jesus transmitiu e garantiu essa revelação conduzindo sua inspiração a seu discípulo João.[6]

---

5. O *Apocalipse* em seu versículo 1 e, além desse, em 1:3, 2:16, 3:11, 22:6, 7, 10, 12 e 20, estabelece que isso concerne aos eventos que irão ou que poderão acontecer imediatamente. A ênfase a respeito da urgência não é consistente com o método tradicional de interpretação que trata a obra como uma sequência cronológica de eventos de um passado ou futuro distantes.

6. Anjo é uma tradução para a palavra grega *aggeloi*, que significa "mensageiro", "enviado" ou "aquele que transmitiu". No versículo 1, o anjo de Jesus é interpretado como a inspiração que comunica a instrução de Jesus. R. Steiner, *The Book of Revelation and the Work of the Priest* (London: Rudolf Steiner Press, 1998), p. 61, tem uma perspectiva similar quando se refere ao "apocalipse, escrito por intermédio da Inspiração". Ainda mais geral, Paulo, em 2 Tm. 3:16, diz: "Toda a escritura *é* dada pela inspiração de Deus". A não ser quando observado, todas as citações bíblicas foram retiradas da VRJ.

2. Que carrega gravada a palavra de Deus, e o testemunho de Jesus Cristo, e de todas as coisas que viu.

3. Abençoado *seja* aquele que lê e aqueles que escutam as palavras desta profecia, e que guardam as coisas que nela estão escritas, pois o tempo *está* próximo.

4. João, às sete igrejas na Ásia: *sobre* vós, graça e paz, da parte daquele que é, que foi e que será: e dos sete espíritos que se encontram diante de seu trono;

2. João gravou essa revelação em três modos: intuição (apreensão imediata da verdade), clariaudiência (escutar as reais palavras ditas por Jesus) e clarividência (por meio de imagens e visões).[7]

3. Feliz é a pessoa que lê ou escuta as palavras desta revelação e que cuidadosamente as estuda, pois elas podem ser imediatamente aplicadas.[8]

4. Da parte de João às sete igrejas na Ásia: "Graça e paz sobre vós, da parte de Deus, que é eterno; e dos sete arcanjos,[9] que estão na presença do coração de Deus;[10]

---

7. A frase "palavra de Deus" é entendida como uma intuição, o imediato conhecimento de algo sem o uso consciente do raciocínio. Hb. 4:12 parece usar essa frase do mesmo modo: "pois a palavra de Deus *é* vívida, poderosa e mais afiada do que qualquer espada de dois gumes, separando até mesmo alma e espírito, as entranhas e a essência, e *é* aquela que julga os pensamentos e as intenções do coração".

8. Na VRJ, o *Apocalipse* contém sete bênçãos, ou seja, frases que começam com a expressão "abençoado". Algumas outras versões (por exemplo, a *New English Bible* (NEB)) traduzem essa expressão como "feliz". O versículo 3 contém a primeira dessas sete bênçãos.

9. C. W. Leadbeater, *The Masters and the Path* (1925; reimpressão; Adyar, Madras: Theosophical Publishing House, 1965), p. 260-262, diz que "os Sete Espíritos de Deus" no *Apocalipse* são os sete arcanjos. Na tradição judaica, os arcanjos são "os sete santos anjos que tornam conhecidas as orações dos santos à presença da glória d'Aquele que é Santo" (Tb. 12:15, *Revised Standard Version* (RSV)). Ver também 1 Enoque 20:1-7, H. P. Blavatsky, *The Secret Doctrine*, vol. I (1888; reimpressão; Pasadena, CA: Theosophical University Press, 1977), p. 38, 339, 429, algumas vezes refere-se aos sete arcanjos como os "Dhyan Chohans", que literalmente significa "Senhores de Luz", ou como "Elohim".

10. Um trono é um ponto de contato com um rei. No versículo 4, o trono de Deus deve ser entendido como aquilo que algumas vezes é chamado de "coração de Deus". Por exemplo, *A Course in Miracles* (*ACIM*) (segunda edição; Glen Ellen, CA: Foundation for Inner Peace, 1992) utiliza várias vezes a expressão "Coração de Deus"; por exemplo, vol. I, p. 340. A. A. Bailey utiliza essa expressão várias vezes, assim como em *Discipleship in the New Age*, vol. II (1955; reimpressão; New York: Lucis Publishing Company, 1972), p. 437, "A Luz do amor" que flui do Coração de Deus. As funções do coração de Deus são apresentadas posteriormente, principalmente nos capítulos 4 e 7.

A ALMA

5. E de Jesus Cristo, *que é* a testemunha fiel, *e* o primeiro nascido da morte, e o príncipe dos reis sobre a terra. Daquele que nos amou, e que retirou nossos pecados com seu próprio sangue,

6. E nos fez reis e sacerdotes para Deus e seu Pai; a ele *sejam* a glória e o governo para todo o sempre. Amém.

5. e de Jesus Cristo, que é uma fiel testemunha da verdade – o primeiro entre nós a realizar o feitio da evolução humana, mais poderoso do que qualquer regente sobre a terra.[11] Jesus nos ama e nos purifica com seu amor.[12]

6. e nos criou dentro de um reino de sacerdotes que adoram a Deus,[13] a fonte de sua própria iluminação.[14] Consequentemente, Jesus verdadeiramente é digno de honra e de autoridade para sempre. Que assim seja".

---

11. As três partes do versículo 5 estão baseadas nas primeiras escrituras: João 18:37, Cl. 1:18 e Sl. 89:27. *A Commentary on the Book of the Revelation Based on a Study of Twenty-Four Psychic Discourses by Edgar Cayce* (1945; reimpressão; Virginia Beach, VA: A.R.E. Press, 1969), p. 127, diz que foi "Jesus quem primeiro realizou o feitio da evolução do homem". Essa citação não vem exatamente de Cayce, mas é uma interpretação feita por um grupo de estudos, baseada nas mensagens de Cayce.

12. O "sangue" no versículo 5 é interpretado como amor pela seguinte razão: ele é capaz de remover o pecado, que é a separação de Deus. Contudo, 1 João 4:7 determina que "todo aquele que amou nasceu de Deus, e conhece Deus", indicando que o amor pode remover o pecado. O. M. Aivanhov, *The Book of Revelations: A Commentary* (segunda edição, Los Angeles: Prosveta, 1997), p. 36, e A. A. Bailey, *A Treatise on White Magic* (1934; reimpressão; New York: Lucis Publishing Company, 1979), p. 351, também considera o sangue como um símbolo do amor.

13. Em Êx. 19:6, Deus prometeu aos israelitas que lhes faria "um reino de sacerdotes, e uma nação santa", caso eles obedecessem sua voz e mantivessem seus mandamentos. A *Revised Standard Version* (RSV) apresenta uma tradução do versículo 6 que é próxima da promessa do Êxodo: "e nos fará um reino, sacerdotes de seu Deus e Pai". A igreja primitiva via a si mesma como herdeira da bênção prometida a Israel (1 Pd. 2:9).

14. Tiago 1:17 fala de Deus como "o Pai das luzes", significando a fonte dos poderes físico e espiritual.

7. Vede, aquele que com as nuvens vem, e todo olho o verá, e aqueles que o pregaram *também*: e todas as famílias sobre a terra pranteará por causa dele. E assim, amém.

8. Eu sou Alfa e Ômega, o princípio e o fim, diz o Senhor, aquele que é, que foi e que será, o Onipotente.

7. Por meio desta revelação, Jesus vem trazer inspiração aos seres humanos. A humanidade como um todo algum dia reconhecerá Jesus como a fonte de várias escrituras inspiradas[15] – mesmo aqueles que lhe têm sido hostis.[16] As pessoas pelo mundo lamentarão e se arrependerão por causa da mensagem dele. Que assim seja.[17]

8. Deus, falando por intermédio de Jesus (que, por sua vez, inspira João), diz: "Sou eterno e perene", o que é verdadeiro, pois Deus é o mesmo ontem, hoje e amanhã, e é todo-poderoso.[18]

---

15. A primeira parte do versículo 7 baseia-se em Dn. 7:13: "*aquele* que é como o Filho do homem veio com as nuvens do céu". Muitas passagens das escrituras (Êx. 19:9, 34:5; Nm. 11:25; Mt. 17:5) descrevem uma voz divina que vem de uma nuvem para dar uma revelação, e, portanto, a nuvem simboliza a entrega da revelação inspirada. A. A. Bailey, *Glamour: A World Problem* (1950; reimpressão; New York: Lucis Publishing Company, 1973), p. 189, diz que "Este é o significado das palavras no Novo Testamento, 'todo olho O verá'; a humanidade como um todo reconhecerá 'O revelado'".

16. O versículo 7 baseia-se parcialmente em Zc. 12:10: "eles olharão por mim, aqueles que pregaram, e eles o lamentarão, como se lamentassem pelo *seu* filho *único*". O prego no versículo 7 é interpretado como hostilidade, porque algumas vezes uma seta pontiaguda é usada como metáfora para o falso testemunho, a perversidade, a ira ou palavras amargas (Pr. 25:18; Sl. 11:2, 38:2, 64:3).

17. A lamentação é entendida como um sinal de arrependimento, como em Tg. 4:9-10: "Afligi-vos, lamentai e chorai: que vossa gargalhada se transforme em lamentação e vossa alegria em pesar. Humilhai-vos diante da presença do Senhor e ele vos exaltará". Ver também Mt. 5:4.

18. O versículo 8 é similar a Is. 44:16: "*Sou* o primeiro e *sou* o último e não existe outro Deus além de mim".Ver também Is. 41:4 e 48:12. Traduções mais modernas do versículo 8 (por exemplo, RSV, *New Revised Standard Version* (NRSV) e *New International Version* (NIV)) usam a expressão "Senhor Deus" em vez de apenas "Senhor". Alfa e Ômega são a primeira e a última letras do alfabeto grego. D. Fideler, *Jesus Christ, Sun of God* (Wheaton, IL: Theosophical Publishing House, 1993), p. 272, diz que "na época helenística, Alfa e Ômega eram símbolos do Éon, a Eternidade personificada como ser mitológico".

A ALMA

9. Eu, João, que também sou vosso irmão e companheiro na tribulação, e no reino e na paciência de Jesus Cristo, encontro-me na ilha chamada Patmos, pela palavra de Deus e pelo testemunho de Jesus Cristo.

9. João, que é irmão e companheiro de sofrimento de qualquer um que estude esta revelação e que compartilhe a força da fraternidade e da paciência de Jesus, foi banido para Patmos, pequena ilha rochosa no mar Egeu, para promover os ensinamentos de Deus e de Jesus.

10. Estive em Espírito no Dia do Senhor, e ouvi atrás de mim uma grande voz, como se fosse uma trombeta.

10. João recebeu uma visão baseada em uma viagem espiritual.[19] O aspirante, que é o próprio João dentro da visão,[20] começa a jornada espiritual quando ele intuitivamente escuta uma voz autoritária vinda de algum lugar além de sua mente.[21]

---

19. O versículo 10 é o único lugar na Bíblia onde a frase "o Dia do Senhor" aparece. Charles, *The Revelation of St. John*, vol. I, p. 23, diz que essa frase refere-se ao domingo, e as evidências citadas indicam que "o Dia do Senhor" era amplamente usado desse modo pelos cristãos durante o segundo século. Domingo foi o dia da ressurreição física de Jesus e é entendido como símbolo da jornada espiritual, que é um processo de ressurreição psicológica.

20. Para distinguir entre o João que tem a visão (ou aquele que está sonhando) e o João que está dentro da visão (ou o João que está no sonho), cita-se este último como o aspirante. João era um homem e, assim, apareceria em suas próprias visões como um homem. Esse comentário utiliza o pronome "ele" para denotar o aspirante, porque o João que está no sonho é o papel exercido por João em sua visão.

21. A palavra "grande" é a tradução da palavra grega *megas*, que às vezes é usada para denotar alguém exercendo uma posição de autoridade (Mc. 10:42). A trombeta era um instrumento com o qual Deus falou durante a experiência de Moisés no Sinai; ver Êx. 19:16, 19 e Hb. 12:19. A trombeta é interpretada como a intuição, pois é a faculdade por intermédio da qual Deus fala com o ser humano. Por exemplo, em I Reis 19:12, Deus falou a Elias por meio da intuição, descrita como "uma tranquila e suave voz". Paramahansa Yogananda, *The Science of Religion* (1953; reimpressão; Los Angeles: Self-Realization Fellowship, 1969), p. 96-97, explica que "todo homem tem o poder da intuição, do mesmo modo que tem o poder do pensamento. Do mesmo modo que o pensamento pode ser cultivado, assim a intuição pode ser desenvolvida. Na intuição, estamos em sintonia com a Realidade – com o mundo de Bem-Aventurança, com a 'unidade na diversidade', com as leis interiores que junto com Deus governam o mundo espiritual".

11. Dizendo, sou o Alfa e o Omega, o princípio e o fim: e, o que vede, escrevei em um livro, e *o* enviai às sete igrejas que estão na Ásia; em Éfeso, em Esmirna, em Pérgamo, em Tiatira, em Sardes, em Filadélfia e na Laodiceia.

11. A voz diz: "Sou eterno e perene, quaisquer que sejam meus ensinamentos, vós os entendereis;[22] aplicai-os[23] em vossa personalidade,[24] de modo que tais ensinamentos possam afetar os sete maiores centros de energia[25] que estão em vossa natureza[26] interior: os chacras sacral, plexo solar, cardíaco, laríngeo, frontal, coronário e básico".[27]

---

22. "Vede" é a tradução da palavra grega *blepo*, que algumas vezes significa ver ou entender mentalmente, como em Mt. 13:13-14.

23. O versículo 11 é o primeiro de 12 versículos nos quais existe uma ordem para escrever. Aqui, "escrever" significa a aplicação, ou expressão, de palavras ou pensamentos, como em Tg. 1:22: "Sede agentes da palavra, e não apenas ouvintes, ludibriando a vós mesmos". H. P. Blavatsky, *Collected Works*, vol. 6 (Wheaton, IL: Theosophical Society of America, 2002), p. 336, faz uma abordagem similar: "Pensar corretamente é algo bom, porém, apenas pensar não conta muito, a não ser que isso seja transformado em ação".

24. Os livros têm sido usados para registrar a história (2 Cr. 25:26). O livro no versículo 11 é entendido como a personalidade, que por sua vez é constituída dos corpos mental, emocional, vital e físico, pois esses corpos constituem um registro das decisões que alguém toma ao longo da vida. Aivanhov, *The Book of Revelation*, p. 113, explica: "tudo o que nós fazemos é registrado e todas as nossas ações, sentimentos e pensamentos deixam marcas, e não apenas ao nosso redor, mas acima de todos nós".

25. "Igreja" é uma tradução da palavra grega *ecclesia*, que significa uma assembleia ou reunião. Embora a maioria dos comentadores interprete as sete igrejas literalmente, vários escritores as entendem como os sete chacras da filosofia hindu, pois estes são centros onde diversas energias estão reunidas. Tanto Swami Yukteswar, *The Holy Science* (1894; reimpressão; Los Angeles: Self-Realization Fellowship, 1977), p. 71-72, quanto Paramahansa Yogananda, *The Second Coming of Christ: The Resurrection of the Christ Within You* (Los Angeles: Self-Realization Fellowship, 2004), p. 109, dão essa interpretação, apesar de não indicarem a igreja que corresponde a cada chacra.

26. "Ásia" é uma tradução da palavra grega *Asia*, que pode significar Oriente ou Leste. C. Fillmore, *The Metaphysical Bible Dictionary* (1931; reimpressão; Unity Village, MO: Unity School of Christianity, 1995), p. 73, diz que: "O Leste sempre se refere ao interno, ao oculto, ao espiritual. [...] a Ásia, portanto, deve significar o que está dentro, o espiritual, a consciência do indivíduo".

27. A Tabela 1 lista cada chacra com seu nome em português, em sânscrito e em grego, associando-o à respectiva igreja e à sua localização aproximada. Tanto J. M. Pryse, *The Apocalypse Unsealed* (1910; reimpressão; Kila, MT: Kessinger Publishing Company, 1997), p. 37-38, quanto B. Condron, *Kundalini Rising* (Windyville, MO; SOM Publishing, 1992), p. 145-147, associam as igrejas com os chacras, de acordo com sua ordem espacial. Particularmente, eles associam a primeira igreja mencionada, Éfeso, com o chacra da base da espinha, enquanto associam a sétima igreja mencionada, Laodiceia, com o chacra coronal, no topo da cabeça. Entretanto, na Tabela 1, a ordem de associação dos chacras é a mesma com a qual eles são transformados na jornada espiritual, como discutido em maiores detalhes nos capítulos 2 e 3.

A ALMA

12. E virei-me para ver a voz que comigo falava. E, ao virar-me, vi sete castiçais dourados;

12. O aspirante reflete sobre essa orientação para compreender seu conteúdo e sua fonte. Por intermédio dessa reflexão, ele sente seus sete chacras como centros de energia associados com as áreas específicas de seu corpo físico.[28]

---

28. De acordo com o versículo 20, um castiçal e uma igreja são símbolos equivalentes e, assim, precisam representar a mesma coisa – em outras palavras, um chacra. No versículo 12, "ver" é uma tradução da palavra grega *eido*, que pode significar perceber por qualquer um dos sentidos. K. Wilbur, "Are the Chakras Real?", in J. White (ed.), *Kundalini, Evolution and Enlightenment* (St. Paul, MN: Paragon House, 1990), p. 127, descreve como podemos sentir os chacras: "Diferentes sentimentos e cognições estão 'localizados', ou melhor, contidos em certos segmentos bem definidos do corpo: sente-se estabilidade e fundamentação nas pernas c nos pés...; êxtase e orgasmo nos genitais; alegria, vitalidade e riso no ventre; uma franca afirmação de amor no peito; *insights* intelectuais nos olhos e na cabeça; e espiritualidade na coroa... Essa, portanto, é a base do sistema dos chacras, apresentada em termos de sentimentos, vibrações ou energias".

13. E no meio dos sete castiçais, *um* era como o Filho do homem, vestido com um traje que ia até os pés, cingindo o tórax com um cinto dourado.

14. Sua cabeça e *seus* cabelos *eram* brancos como a lã, tão brancos como a neve; e seus olhos *eram* como uma labareda de fogo;

13. E percebe que a fonte de sua intuição, frequentemente chamada de alma,[29] localiza-se no meio de seus sete chacras e é análoga a Jesus.[30] O aspirante não pode perceber diretamente a alma, mas pode descobrir sua natureza por meio da observação de seus efeitos em sua vida.[31] Um desses efeitos é agir de modo justo.[32]

14. Outros efeitos são a sabedoria e os *insights* profundos;[33]

---

29. *A Commentary on the Book of the Revelation*, p. 129, considera que o instrutor dos versículos 11 até 20 seja o "Overself", definido como "a autoconsciência, a porção individualizada de Deus que é o âmago imutável de cada entidade, a mente superconsciente". A. A. Bailey, *Esoteric Psychology*, vol. II (1942; reimpressão; New York: Lucis Publishing Company, 1981), p. 439, 491-492, e *Discipleship in the New Age*, vol. I (1944: reimpressão; New York: Lucis Publishing Company, 1976), p. 14, usa os seguintes termos como sinônimos: alma, *self* superconsciente, divindade interior, voz divina interior, voz do Deus interior e Voz do Silêncio. A Bíblia (por exemplo, Lc. 2:26-27) faz uso de Espírito Santo ou Espírito para denotar a voz divina interior. Esse comentário utiliza a palavra alma, porque ela é mais amplamente usada por diversos escritores do que outros sinônimos.

30. O Novo Testamento frequentemente utiliza o título "Filho do homem" para designar Jesus (por exemplo, Mt. 9:6 e 11:19), e, assim, muitos comentadores interpretam o instrutor presente nos versículos 11 até 20 como sendo Jesus. Contudo, o versículo 13 diz que esse instrutor era "como o Filho do homem". Aqui, a palavra "*como*" é a tradução da palavra grega *homoios*, que significa "semelhante" ou "que se parece". Assim, o versículo 13 é interpretado como se dissesse que a alma é semelhante a Jesus.

31. Jó 37:22-23 (RSV) afirma: "Deus está vestido com terrível majestade. O Onipotente – nós não podemos encontrá-lo". No versículo 13, o traje comprido indica que efeitos majestosos da alma podem ser vistos, mas não a alma propriamente dita. *ACIM*, vol. I, p. 173, questiona: "Como você poderia tornar-se cada vez mais ciente do Espírito Santo em você, senão pelos Seus efeitos?". *The Impersonal Life* (1941; reimpressão: San Gabriel, CA: C. A. Willing, 1971), p. 22, escrito do ponto de vista da alma, faz uma ponderação semelhante: "quando você experimentou Meus Poderes, escutou Minha Sabedoria, e conheceu o êxtase de Meu Amor que tudo abarca... você SABE que EU ESTOU em seu interior".

32. Um cinto pode ser um símbolo de retidão, como em Is. 11:5, "e a retidão será o cinturão de seu quadril".

33. Jó 12:12 associa idade avançada com sabedoria. Com relação ao versículo 14, *A Commentary on the Book of the Revelation*, p. 129, entende cabelos brancos como indicação de "sabedoria", e Mounce, *The Book of Revelation*, p. 59, interpreta olhos flamejantes como "*insight* profundo". Bailey, *Discipleship in the New Age*, vol. I, p. 223, fala de um "fluxo interior de sabedoria da alma".

15. E seus pés eram como latão fino, como se eles fossem preparados na fornalha, e sua voz era como o som de muitas águas.

16. E ele possuía sete estrelas em sua mão direita; e de sua boca saia saía uma afiada espada de dois gumes; e seu semblante *era* como um sol que brilha em sua força.

15. e o entendimento,[34] que traz força e estabilidade ao intelecto,[35] e sentimentos espirituais como paz, alegria e plena realização.[36]

16. Outros efeitos da alma ainda são as energias liberadas pelos sete chacras,[37] das intuições que discriminam entre verdade e ilusão,[38] da abnegação e do amor radiante.[39]

---

34. O versículo 15 baseia-se em Dn. 10:6, que descreve "pés como nas cores do latão polido". Mounce, *The Book of Revelation*, p. 59, diz que "pés que brilham como bronze retratam força e estabilidade". *A Commentary on the Book of the Revelation*, p. 129, interpreta esses pés como "entendimento". Bailey, *Discipleship in the New Age*, vol. I, p. 537, fala sobre "o entendimento intuitivo que a alma possui".

35. Uma fornalha é um fogo enclausurado. Bailey, *A Treatise on White Magic*, p. 250, diz: "O fogo é o símbolo do intelecto".

36. O versículo 15 também baseia-se em Ez. 43:2, onde é dito que a voz de Deus "*era* como um barulho de muitas águas". Bailey, *A Treatise on White Magic*, p. 250, afirma que a "Água é o símbolo da natureza emocional". A Bíblia descreve Deus como aquele que dá as águas que trazem paz interior (Sl. 23:2), alegria (Is. 12:3), misericórdia (Is. 49:10), plena realização (Is. 55:1) e salvação (Ez. 36:25); todos estes poderiam ser caracterizados como sentimentos espirituais. O versículo 15 é interpretado como algo que trata de tais sentimentos, como um efeito da voz da alma. J. S. Goldsmith, *The Infinite Way* (1947; reimpressão; San Gabriel, CA: Willing Publishing Company, 1971), p. 89, faz uma ponderação similar: "A canção da Alma é liberdade, alegria e bênção eterna".

37. O versículo 20 indica que as sete estrelas do versículo 16 estão relacionadas com os sete castiçais do versículo 12. Uma distinção pode ser feita entre o castiçal e a chama que o castiçal suporta. Cada castiçal é um chacra (ver versículo 12), e assim cada estrela é entendida como uma energia que ativa, ou que é conduzida pelo chacra a ela associado. Às vezes a Bíblia utiliza a mão direita para representar a salvação ou a libertação, como em Sl. 60:5: "Que teus bem-amados possam ser libertados; salvai-os *com* a tua mão direita e escutai-me". Ver também At. 2:33. Portanto, a primeira frase no versículo 16 descreve a alma como mantenedora das energias liberadas pelos sete chacras.

38. Paulo, em Ef. 6:17, refere-se à "espada do Espírito, que é a palavra de Deus". Caso a espada do versículo 16 seja a espada do Espírito, então ela representa a palavra de Deus, que por sua vez é a intuição (ver versículo 2). Bailey, *Discipleship in the New Age*, vol. 1, p. 476, faz referência à "intuição que lhe é enviada através de sua alma".

39. Mt. 17:2 descreve Jesus quando estava transfigurado: "sua face não brilhava como o sol". O. M. Aivanhov, *Cosmic Moral Law* (terceira edição, Los Angeles: Prosveta, 1989), p. 22-23, explica isso de um modo semelhante: "Aprendi que a face do sol era tão brilhante e luminosa porque ele nada pensa senão em como agraciar, auxiliar, aquecer e ressuscitar os outros. Quando vejo a face de alguém iluminar-se, penso comigo: 'Ah, ele está planejando algo magnífico'. ... E quando vejo a face de alguém tornar-se mais obscurecida, sombria, digo para mim mesmo: 'Ele tem algum plano maléfico em mente'. ... Se o semblante de uma pessoa não radia com o brilho do sol é porque o bem que ela tem em mente não é forte o suficiente para produzir muita luz". Portanto, uma face brilhante é como o sol que indica a presença de amor espiritual e da abnegação.

17. E quando o vi, prostrei-me a seus pés como um morto. E ele pôs sua mão direita sobre mim, dizendo-me: Não tema; sou o primeiro e o último.

17. Após aprender a respeito da alma,[40] o aspirante fica aterrorizado e espera que a alma o condene pelas mesmas razões que o levaram a condenar a si mesmo.[41] A alma responde com tranquilidade, dizendo: "Desiste de teus medos, pois meu auxílio sempre estará à disposição".[42]

18. *Sou* aquele que vive e que foi morto; e, vede, estou vivo para sempre, Amém; e tenho as chaves do inferno e da morte.

18. Sou a presença cujos efeitos você tem notado; embora pareça ter sido sepultado por sua vida do mundo físico, vivo para sempre dentro da eternidade, como pode verificar;[43] e tenho os ensinamentos que podem libertá-lo da culpa[44] e das limitações.[45]

---

40. No versículo 17, "vi" é uma tradução da palavra grega *eido*, que pode significar obter o conhecimento de, ou compreender, do mesmo modo como está em Jo. 21:15, ou em Rm. 8:28.

41. A. A. Watson, *Through Fear to Love* (West Sedona, AZ: The Circle of Atonement, 1994), p. 32, afirma: "Por causa de nosso próprio instinto, também projetamos insanidade n'Ele, e esperamos que Ele saia de nós assim como nós saímos d'Ele. Por causa de nossa culpa, tememos Sua aproximação".

42. Ser tocado pela mão direita representa tranquilidade, como mostrado em Sl. 139:9-10: "Se tomo as asas do amanhecer, *e* mergulho nas mais longínquas partes do mar; mesmo ali tua mão me conduzirá e tua mão direita me sustentará".

43. Platão afirma em *Cratylus,* p. 400c: "Pois alguns dizem que o corpo é a sepultura da alma, o que leva a crer que ela esteja enterrada em nossa vida atual". Esse texto foi retirado de E. Hamilton e H. Cairns (eds.), *The Collected Dialogues of Plato* (Princeton, NJ: Princeton University Press, 1989). Paramahansa Yogananda, *Autobiography of a Yogi* (1946; reimpressão; Los Angeles: Self-Realization Fellowship, 1969), p. 170, diz: "A alma sempre é livre; ela é imortal porque nunca nasceu".

44. Lc. 11:52 menciona a "chave do conhecimento", então as "chaves" do versículo 18 são entendidas como os ensinamentos. O inferno é frequentemente citado como uma realidade pós-vida separada de Deus na qual os pecados são punidos; por exemplo, Lc. 16:23. O inferno é interpretado como culpa, pois essa emoção é uma forma de autopunição, quando alguém se sente separado de Deus. *ACIM*, vol. II, p. 60, também iguala inferno e culpa: "Vossa santidade significa o fim da culpa e, portanto, o fim do inferno".

45. A morte pode ser compreendida como um símbolo de carência ou limitação, porque, de certo modo, morrer implica em ausência de vida e morte é um limite da vida. Na verdade, *ACIM*, vol. I, p. 618, estabelece que "ausência *é* morte", e A. A. Bailey, *Esoteric Astrology* (1951: reimpressão: Lucis Publishing Company, 1979), p. 615, afirma que "Morte e limitação são termos sinônimos". No versículo 18, a morte é tomada como carência ou limitação.

19. Escreve as coisas as quais tens visto, e as coisas que são, e as coisas que daqui para frente serão;

19. Aplique o que você aprendeu, de modo que os atuais ensinamentos o conduzam a ensinamentos mais avançados no futuro.[46]

---

46. Bailey, *A Treatise on White Magic*, p. 84-85, diz: "em obediência ao próximo dever e conforme à mais alta forma conhecida de verdade que está na senda da futura revelação".

20. O mistério das sete estrelas que tu viste em minha mão direita e os sete castiçais dourados: As sete estrelas são os anjos das sete igrejas; e os sete castiçais que viste são as sete igrejas.

20. Atualmente você não sabe como transformar as energias do interior de seus sete chacras.[47] Tudo o que agora pode fazer é observar como as energias de seus sete chacras trazem mensagens a respeito de você mesmo e como seus sete chacras são centros de energias reunidas de diferentes partes de você.[48]

---

47. No versículo 20, as estrelas, os anjos, os castiçais e as igrejas representam, respectivamente, energias, mensageiros, chacras e encontros (ver versículos 16, 1, 12, 11).

48. Bailey, *A Treatise on White Magic*, p. 165-166, descreve o estágio preliminar de aprendizado sobre os sete chacras: "O discípulo torna-se consciente das capacidades e poderes que ainda não estão inteligentemente sob seu controle. ... Dentro de seu corpo etérico, ele sente forças ativas. Às vezes, o discípulo pode localizá-las e, em certos casos, admitirá teoricamente que existe consciência nessa atividade, uma estrutura sétupla, simbólica em forma e potente quando empregada. Por enquanto, não pode controlá-la e, não importando quanto esforço empreenda, ele é absolutamente incapaz de chamá-la para uma cooperação inteligente. Tudo o que pode fazer é registrar tal fenômeno e manter um relato dessa experiência, tendo sempre em mente que nos primeiros estágios de suas descobertas apenas as vibrações mais grosseiras e materiais serão registradas por seu cérebro consciente.

Capítulo 2

CHACRAS SACRAL, PLEXO SOLAR, CARDÍACO E LARÍNGEO

A jornada espiritual é dividida em sete estágios, cada um correspondendo a um dos sete chacras e simbolizado por uma das sete igrejas. A alma dá instrução aos primeiros quatro estágios.

VERSÃO DO REI JAMES

1. Escreve ao anjo da igreja de Éfeso; estas coisas ditas por aquele que traz as sete estrelas em sua mão direita, e que caminha no meio dos sete castiçais de ouro;

INTERPRETAÇÃO PSICOLÓGICA

1. Quanto às motivações de seu chacra sacral,[49] aplique essas instruções, pois elas vêm daquele que detém as energias liberadas para todos os sete chacras e que se encontra no cerne desses chacras.[50]

---

49. A igreja em Éfeso simboliza um dos sete chacras (ver Ap. 1:11, 20). Excetuando-se o nome de Jesus, todos os nomes próprios que aparecem na visão de João são interpretados de acordo com os seus significados conotativos, sobremodo quando tomados como denotações de pessoas ou coisas no mundo externo. A Tabela 2 lista os significados conotativos dos nomes gregos das igrejas, de acordo com os quais Éfeso significa "desejável" ou "atraente". Bailey, *Discipleship in the New Age*, vol II, p. 747, diz que "no centro sacro residem os antigos temores raciais e os desejos pessoais mais profundos". A. A. Bailey, *The Rays and the Initiations* (1960; reimpressão; New York: Lucis Publishing Company, 1976), 669, também afirma que "a energia do centro sacro (o centro que está mais envolvido e ativo no período da primeira iniciação) tem que ser transmutada", sugerindo que o chacra sacro é o primeiro chacra a ser dominado na jornada espiritual. Portanto, a igreja primeiramente mencionada, Éfeso, é entendida como o chacra sacro e o anjo desta igreja é entendido como as motivações ou os desejos pessoais mais profundos.

50. *A Commentary on the Book of the Revelation*, p. 131, 139, interpreta o instrutor nos capítulos 2 e 3 como sendo o "*Overself*", exatamente como o fazem em Ap. 1:13. *Overself* aqui é mencionado como sinônimo para alma. Escrever significa aplicar, as sete estrelas mantidas na mão direita significam as energias liberadas dos sete chacras e os sete castiçais são os sete chacras (ver Ap. 1:11, 16, 12).

2. Conheço tuas obras e teu labor, e tua paciência, e como não podes suportar os que são maus: e tens julgado aqueles que dizem que são apóstolos e que não o são, e que os tens expostos como mentirosos:

3. Sofreste e tiveste paciência, e trabalhaste pela graça de meu nome, e não te cansaste.

4. Todavia, tenho *algo* contra ti, pois tu abandonaste teu primeiro amor.

2. Conheço suas motivações e antigos esforços em procurá-los cuidadosamente,[51] e o quanto você está desgostoso com o egoísmo e a hipocrisia que viu dentro de si mesmo.[52]

3. Depois de carregar o desgosto que veio com a observação de suas motivações básicas, você passa a cultivar aquelas mais elevadas – tais como caridade, amor e misericórdia – que incorporam minha natureza,[53] e você permanece agindo nessas motivações superiores.[54]

4. Todavia, em alguma medida você falhou, pois não mais está prestando cuidadosa atenção a suas motivações.

---

51. A paciência bíblica é uma restrição autoimposta contra a oposição ou opressão. Por exemplo, diz-se que Deus é "vagaroso em encolerizar-se" (Ne. 9:17; Sl. 103:8). No contexto da auto-observação, a paciência é entendida como uma restrição autoimposta em todas as reações, tais como medo e orgulho, que poderiam interferir com o autoquestionamento. Paulo, em 2 Cor. 13:5, (conforme a *International Children's Bible* (ICB)), encoraja esse tipo de observação: "Observe-se atentamente". A disciplina de observar-se atentamente reforça a instrução dada em Ap. 1:20.

52. "Os que são maus" são entendidos como as motivações egoístas e "aqueles que dizem que são apóstolos e que não o são" são tomados como as motivações hipócritas.

53. J. L. McKenzie, *Dictionary of the Bible* (1965; reimpressão; New York: Simon and Schuster, 1995), p. 603, diz: "é um fenômeno cultural bastante comum considerar que o nome seja bem mais do que uma marca artificial usada para distinguir uma pessoa da outra ... mas é imaginado para dizer algo sobre que tipo de pessoa ela é". A Bíblia frequentemente utiliza um nome de uma pessoa como indicação a respeito da natureza dela. Por exemplo, 1 Sm. 25:25 afirma: "pois como *é* o nome dele, assim ele *é*". A alteração no nome pessoal muitas vezes indica modificação na pessoa, tal como ocorre na mudança de Abrão para Abraão (Gn. 17:5). De modo consoante com esse costume, *A Commentary on the Book of Revelation*, p. 141, interpreta "nome" como "natureza". Portanto, o nome da alma no versículo 3 refere-se à natureza dela.

54. H. P. Blavatsky, *The Voice of the Silence* (1889; reimpressão; Wheaton, IL: Theosophical Publishing House, 1968), caracteriza a jornada espiritual como "o Caminho sétuplo" (p. 91) e fornece uma instrução para cada estágio da senda que coincide bastante com a instrução dada no *Apocalipse* para cada um dos sete chacras. Em relação ao primeiro estágio, ela diz: "Armados com a chave da caridade, do amor e da tenra misericórdia, estareis seguro diante do ... portal que se localiza à entrada do CAMINHO" (p. 79). Aqui, o primeiro "portal" é o chacra sacro.

5. Portanto, lembra-te do lugar onde caíste, e arrepende-te, e faze as primeiras obras; senão virei rapidamente sobre ti e removerei teu castiçal do lugar, a não ser que tu te arrependas.

6. Porém, tens isso, tu odeias os feitos dos nicolaítas, os quais também odeio.

5. Portanto, relembre a disciplina em que você falhou, volte a ela, observando-a cuidadosamente, pois o desenvolvimento da correta motivação é consequência de um esforço progressivo. Do contrário, responderei rapidamente e removerei seu chacra coronal da posição onde ele recebe novos *insights*, a não ser que você mude.[55]

6. Contudo, você já recebeu um *insight*-chave: não há justificação para se comportar de modo egoísta e hipócrita, o que eu também sou contra.[56]

---

55. Bailey, *A Treatise on White Magic*, p. 203, diz: "O desenvolvimento do correto motivo é um esforço progressivo, e constantemente a pessoa muda o foco de seu incentivo quando descobre a si mesmo, como se a Luz brilhasse ainda mais firmemente sobre seu caminho e constantemente emergisse uma motivação mais nova e superior". Aqui, Luz se refere ao discernimento sobre si mesmo. No versículo 5, o castiçal é entendido como o chacra coronal, que pode receber discernimentos da alma; ver Ap. 2:10 e 3:7-8.

56. Nicolaítas significa "seguidores de Nicolau". Conforme At. 6:5, Nicolau de Antioquia se converteu ao Judaísmo e depois ao Cristianismo. Múltiplas conversões podem indicar que Nicolau era um ritualista, no sentido de que estava mais envolvido com os aspectos exteriores do que com as mudanças internas. W. N. Mackay, "Another look at the Nicolaitans", *The Evangelical Quarterly,* vol. 45, 1973, p. 111-115), também argumenta por uma "provável identificação dos nicolaítas com os ritualistas". Paulo, em 2 Tm. 3:2-5, é um crítico dos ritualistas, falando a respeito deles como "tendo a forma de Deus, mas negando os poderes deste", e diz que eles são "amantes de si mesmos" e "não sagrados". Do mesmo modo, no versículo 6, os "feitos dos nicolaítas" são tidos como comportamento egoísta ou hipócrita.

7. Aquele que tiver ouvidos, que ouça o que o Espírito diz às igrejas; àquele que vencer, dar-lhe-ei o que comer da árvore da vida, a qual se encontra no centro do paraíso de Deus.

7. Caso você esteja atento ao que escuta seu ouvido interno, que é o seu chacra coronal, poderá escutar as minhas instruções relacionadas aos seus chacras.[57] Quando tiver superado as barreiras dentro de si mesmo, eu lhe darei acesso ao plano das ideias divinas, que estão dentro da mente de Deus.[58]

8. E escreve o anjo da igreja em Esmirna: estas coisas disse o primeiro e o último, que estava morto, e que está vivo;

8. Relacionado às emoções de seu chacra do plexo solar,[59] empregue essas instruções, porque elas vêm daquele cujo auxílio sempre está presente, daquele que parece ter sido sepultado por sua vida no mundo físico, mas que vive eternamente dentro de você.

---

57. A exortação para "ouvir o que o Espírito diz" ocorre sete vezes no *Apocalipse*; para as três primeiras igrejas, em cada mensagem ela apresenta uma promessa; enquanto que para as quatro últimas igrejas, em cada mensagem ela segue uma promessa. Esta sétupla repetição chama a atenção para a importância da exortação. Nos Evangelhos (por exemplo, Lc. 2:26-27), Espírito é um termo abreviado para Espírito Santo, que é interpretado como a alma. M. Collins, *Light on the Path* (1888; reimpressão, Pasadena, CA: Theosophical University Press, 1976), p. 24, afirma que "ser capaz de ouvir é ter aberto as portas da alma". A meditação receptiva nos habilita a abrir as portas da alma e receber sua orientação. O Capítulo 4 fornece instruções para a prática da meditação receptiva e o Capítulo 5 descreve os efeitos da prática dessa forma de meditação.

58. Frequentemente, a Árvore da Vida aparece nas retratações judaicas do paraíso: em Gn. 3:22, os frutos dessa árvore permitirão que se "viva eternamente"; em 2 Esdras 8:49 (RSV), essa árvore apenas está à disposição se "tu tiveres te humilhado"; e em 2 Enoque, 8:3-4, a árvore é "mais bela do que qualquer (outra) coisa criada que exista" e tem "a forma de fogo". O texto de 2 Enoque vem de Charlesworth, *The Old Testament Pseudepigrapha*, vol. I. De acordo com a Teosofia, nosso sistema solar consiste de sete mundos, frequentemente chamados de "planos". Entender a Árvore da Vida como o plano das ideias divinas é algo consistente com essas citações, pois o fogo é o símbolo da mente (ver Ap. 1:15), as ideias divinas apenas podem ser recebidas com humildade, e tais ideias permitem a realização da imortalidade. O Capítulo 10 dá mais informações sobre o plano das ideias divinas.

59. Como mostrado na Tabela 2, o nome grego *Esmirna* possui significados como "rancor, tristeza, lamentação, amargura e rebelião", os quais são variados tipos de emoções. A. A. Bailey, *Esoteric Healing* (1953; reimpressão; New York: Lucis Publishing Company, 1978), p. 169-170, diz que "o *Centro do Plexo Solar* ... é a saída caso tal palavra possa ser usada do corpo astral para o mundo externo, e o instrumento por meio do qual a energia emocional flui". Sri Aurobindo, em M. P. Pandit, *Sri Aurobindo on the Tantra* (1967; reimpressão; Pondicherry, India: Dipti Publications, 1999), p. 18, fala do chacra do plexo solar como aquele que "comanda grande parte das forças da vida e das paixões, e grande parte da agitação dos desejos". Portanto, entende-se Esmirna como o chacra do plexo solar, e o anjo dessa igreja como as emoções.

9. Conheço tuas obras, e tribulações, e pobreza (mas tu és rico) e *eu conheço* a blasfêmia daqueles que se dizem judeus, e não o são, mas *são* a sinagoga de Satanás.

9. "Eu conheço seus desejos, tristezas e ignorância (apesar de você ter acesso à ilimitada sabedoria divina)[60] e conheço sua arrogância quando você tem sentimentos de superioridade religiosa,[61] o que mostra que tais sentimentos são hipócritas e baseados em ilusão.[62]

---

60. Platão, em *A República* (Livro VII, p. 521a), fala sobre pessoas "que realmente são ricas, não em ouro, mas na fortuna que faz felicidade – uma vida boa e sábia". Esse texto foi retirado de Hamilton e Cairns (eds.), *The Collected Dialogues of Plato*. Em Pr. 16:16, é feita uma afirmação similar: "quão melhor *é* obter sabedoria do que ouro". Consequentemente, o rico é interpretado como sábio, do mesmo modo que pobreza é ignorância.

61. Blasfêmia é uma tradução da palavra grega *blasphemia*, que significa difamação, abuso verbal ou fala perversa. Embora o termo em português signifique "desdém por Deus", a palavra grega original não estava, necessariamente, relacionada a Deus. No versículo 9, blasfêmia é tomada como arrogância. Paulo, em Rm. 2:28-29, escreve: "Pois não é judeu aquele que o é apenas exteriormente, nem *é* circuncisão aquela que é externa, apenas na carne. Contudo, ele *é* um judeu se o é interiormente, e circuncisão é aquela do coração, no espírito, *e* não apenas na letra, cujo louvor não *é* dos homens, mas de Deus". Consequentemente, no versículo 9, Judaísmo significa superioridade religiosa.

62. A palavra hebraica para Satanás originalmente significa "adversário", que é a tradução usada em Nm. 22:22. Fillmore, *The Metaphysical Bible Dictionary*, p. 575, interpreta Satanás como "a fase de engano da mente no homem que fixa as ideias em oposição à Verdade". No versículo 9, Satanás é entendido como ilusão, que é a agregação das falsas crenças aceitas pela mente. A ilusão será considerada com mais detalhes no Capítulo 12.

10. Não temas nada daquilo que sofrerás: acautela-te, pois o demônio lançará alguns de vós na prisão, de modo que poderás ser testado, e terás tribulações por dez dias: sê fiel até a morte e te darei uma coroa de vida.

10. Não tema nenhuma das emoções que lhe causam sofrimento – com isso quero dizer que você deve observá-las com desapego.[63] Como você pode ver, a ilusão[64] poderá levá-lo a sentir-se aprisionado por uma emoção, de modo que você seja tentado a resistir ou a suprimi-la, e você sentirá aflição por tanto tempo quanto essa emoção perdurar.[65] Se você puder observá-la com desapego até que ela acabe,[66] eu lhe darei um *insight* por intermédio de seu chacra coronário que lhe trará liberdade.[67]

---

63. Blavatsky, em *The Voice of the Silence*, p. 81, dá a seguinte instrução para o segundo estágio da jornada espiritual: "Acautela-te do medo que se propaga, como as negras e quietas asas do morcego da meia-noite se interpõem entre a luz do luar de tua Alma e teu grande e distante objetivo. Teme, ó discípulo, matar a vontade e inibir toda ação". A primeira parte do versículo 10 também aconselha contra o medo.

64. Demônio e Satanás são alternadamente usados na Bíblia, como em Mt. 4:8-11. Demônio e Satanás são ambos entendidos como sinônimos para ilusão.

65. A Tabela 3 sumariza os significados simbólicos dos números usados no *Apocalipse*. Os Dez Patriarcas são mencionados antes do Dilúvio (Gn. 5), os egípcios são assolados pelas dez pragas (Êx. 7-12), existem dez mandamentos (Êx. 34:28), há dez poderes que não podem ser separados do amor de Deus (Rm. 8:38-39) e existem dez pecados que podem excluir alguém do Reino de Deus (1 Cor. 6:9-10). O *New Bible Dictionary* (terceira edição; Downers Grove, IL: Intervarsity Press, 1996), p. 834, conclui que: "O número 10, portanto, significa algo completo".

66. O Buda ensinou o caminho da atenção plena, referindo-se a desnudar, ou a desapegar, a observação daquilo que nos acontece ou que acontece dentro de nós. N. Thera, *The Heart of Buddhist Meditation* (York Beach, ME: Samuel Weiser, 1962), p. 28, explana o seguinte: "A correta Atenção Plena é quádrupla em relação a seus *objetos*. Ela é dirigida (1) em direção ao corpo, (2) aos sentimentos, (3) ao estado da mente, *i.e.*, as condições gerais da consciência em um dado momento, (4) aos conteúdos mentais, *i.e.*, aos conteúdos definitivos, ou objetos, da consciência em um dado momento". No *Apocalipse*, a disciplina para o plexo solar é equivalente à correta atenção plena dos sentimentos.

67. A última parte do versículo 10 é similar a Tg. 1:12: "Abençoado *é* o homem que resiste à tentação: pois quando estiver cansado, ele receberá a coroa da vida, a qual o Senhor prometeu àqueles que o amam". No versículo 10, a "coroa de vida" é tomada como o chacra coronal preenchido com livres *insights* de vida. Thera, *The Heart of Buddhist Meditation*, p. 44, explana: "é a natureza intrínseca dos *insights* que produz crescimento do desapego e o aumento da liberdade do desejo, culminando com a libertação final da mente de todas as causas de escravidão do mundo de sofrimento".

11. Aquele que tiver ouvido, que escute o que diz o Espírito nas igrejas; quem superar não padecerá da segunda morte.

11. Através da audição interna, você poderá escutar minhas instruções sobre como transformar seus chacras. Quando tiver completado esse processo de transformação interior, você não sofrerá mais da segunda morte, que é a progressiva eliminação do egoísmo."[68]

12. E escreva para o anjo da igreja em Pérgamo: Estas coisas ditas são como a afiada espada de dois gumes;

12. Relacionado ao amor espiritual de seu chacra cardíaco,[69] empregue estas instruções, pois elas vêm daquele que transmite a intuição que discrimina entre verdade e ilusão.[70]

---

68. A perda da vida física é o primeiro tipo de morte, porque é o primeiro tipo mencionado na Bíblia, a saber, em Gn. 3:19. Entretanto, Paulo refere-se a um segundo tipo de morte quando diz: "morro diariamente" (1 Cor. 15:31). Esse segundo tipo é a progressiva eliminação do egoísmo e ocorre diariamente até que o processo de autopurificação esteja completo. M. P. Hall, *The Apocalypse Attributed to St. John* (Los Angeles: The Philosophical Research Society, 1981), p. 63, tem uma perspectiva similar: "A primeira morte ou morte natural é uma separação do mundo. A segunda morte ou morte filosófica é a separação da alma daquilo que for mundano, pela iniciação aos Mistérios". Outras referências à segunda morte ou à morte filosófica podem ser encontradas em Ap. 14:13, 20:6, 20:14 e 21:8.

69. Como apresentado na Tabela 2, o nome grego *Pérgamo* significa "elevado", "unido fortemente" e "intimamente unido". Paulo, em Fl. 2:1-2 (*New American Standard Bible* (NASB)), fala do amor espiritual: "se existir alguma consolação em amar, alguma fraternidade de Espírito, qualquer afeição e compaixão, faça completa a minha alegria tornando-me da mesma mente, mantendo o mesmo amor, unido em espírito, com um único propósito". A questão é que o amor espiritual pode elevar a consciência de modo que estejamos unidos em espírito e ao mesmo tempo intimamente unidos. Bailey, *Esoteric Healing*, p. 159, diz que o "centro cardíaco torna-se um agente para o amor espiritual". Assim, Pérgamo é entendido como o chacra cardíaco, e o anjo da igreja como amor espiritual.

70. A espada de dois gumes simboliza a iniciação da alma (ver Ap. 1:16).

13. Conheço tuas obras, e onde tu habitas, *até* mesmo onde Satanás *está* sentado; e manténs firme o meu nome, e não negastes minha fé, mesmo nos dias de Antipas, meu fiel mártir, morto entre vós, onde mora Satanás.

13. Sei quando você expressa amor espiritual, que supera até mesmo a crença da separatividade que sustenta a ilusão,[71] e que você o expressa mantendo firme meu nome e percebendo a presença de Deus nas outras pessoas.[72] Você fez esse esforço mesmo quando sua autoimagem, que é a testemunha fiel de como você percebe todos os outros,[73] sentia-se separada do outro por causa de falsos julgamentos que você tinha a respeito deles.[74]

---

71. Paulo, em Ef. 4:25, fala da unidade essencial dos seres humanos: "Portanto, guarda-te da mentira, fale a verdade a cada homem seu vizinho; pois somos membros uns dos outros". Blavatsky, *Collected Writings*, vol 10, p. 327, escreve: "é o sentido de separatividade a raiz de todo mal". Mais ainda, Bailey, *A Treatise on White Magic*, p. 195, diz: "o centro cardíaco... quando despertado, conduz à expansão da consciência que ... perde o sentido de separatividade". No versículo 13, o assento de Satanás é a crença fundamental que sustenta ou suporta as ilusões, uma vez que Satanás é ilusão (ver versículo 9). Conforme estas citações, o assento de Satanás é a crença de separatividade, que pode ser superada por meio do despertar do chacra cardíaco.

72. O nome da alma representa a natureza da alma (ver versículo 3). No Novo Testamento, a fé refere-se a acreditar em Deus (por exemplo, 1 Cor. 2:5). A fé da alma é entendida como o conhecimento da divindade da alma que está no interior de todos os seres humanos. Assim, manter firme o nome da alma e não negar sua fé é interpretado como um esforço para viver como alma e para perceber a presença de Deus no interior das outras pessoas. J. S. Goldsmith, *The Gift of Love* (New York: Harper and Row, 1975), p. 16, descreve essa prática: "Quando olho para uma pessoa, não devo olhar e amar a aparência exterior humana. Devo olhar através dela e perceber que Deus está em seu centro, e que Deus está vivo em sua vida". Sri Aurobindo, *The Synthesis of Yoga* (Pondicherry, India: Sri Aurobindo Ashram, 1957), p. 844, conecta essa prática ao amor espiritual, ou amor universal: "O amor universal é encontrado no coração da visão, do sentido psíquico e emocional do Divino, o Eu único de toda a existência".

73. Tirando o versículo 13, o nome Antipas não aparece em outro lugar na Bíblia. Charles, *The Revelation of St. John*, vol I, p. 62, relata: "De fato, além dessa referência, nada é conhecido a respeito do mártir Antipas". A palavra mártir na VRJ é a tradução da palavra grega *martus*, que simplesmente significa "testemunha", que é a forma em que ela aparece nas traduções mais modernas (por exemplo, RSV). Portanto, o versículo 13 diz que Antipas é uma testemunha fiel. Fillmore, *Metaphysical Bible Dictionary*, R. D. Hitchcock, *Hitchcock's Complete Analysis of the Holy Bible* (New York: A. J. Johnson, 1874), e C. A. Potts, *Dictionary of Bible Proper Names* (New York: The Abingdom Press, 1922), todos declaram que um significado para o nome grego Antipas é "contra todos". Antipas é interpretado como a autoimagem ou autoconceito de alguém, pois essa imagem compete contra as imagens que se tem de todos os outros, ainda que a autoimagem seja uma fiel testemunha de como alguém perceba os demais.

74. Blavatsky, *The Voice of Silence*, p 82-83, fala a respeito da natureza fugaz da conquista do aspirante no terceiro estágio da jornada espiritual: "pois como o vagaroso raio de sol, que brilha sobre o topo de alguma alta montanha, é seguido pela escuridão da noite quando ele se

14. Contudo, tenho poucas coisas contra ti, pois tens aí aqueles que seguem a doutrina de Balaão, que instruía Balac a lançar pedra para que os filhos de Israel tropeçassem e comessem coisas sacrificadas perante ídolos, e que fornicassem.

14. Entretanto, você precisa fazer esforços adicionais, pois possui pensamentos discordantes que corrompem seus desejos,[75] que por sua vez o conduzem pessoalmente[76] a descaminhos mediante a ambição por coisas materiais[77] e por luxúria.[78]

---

desvanece, assim é a luz do coração. Quando ela se vai, uma obscura e ameaçadora sombra recairá de teu próprio coração sobre a senda, e neste local enraizará teus pés no terror. Cuida-te, discípulo, desta sombra fatal". Aqui, "luz do coração" significa amor espiritual, na ausência do qual o medo surge da crença de separatividade.

75. Balaão era um adivinho (Js. 13:22) e Balac era o Rei de Moab (Js. 24:9). Balaão ensinou a Balac a forma pela qual os israelitas poderiam ser levados ao pecado (Nm. 31:16). Particularmente, Balaão ensinou como ludibriar os israelitas, de modo que eles participassem de atividades sexuais ilícitas, consumissem comida pagã e adorassem falsos deuses (Nm. 25:1-2). Potts, *Dictionary of Bible Proper Names*, p. 46, diz que Balaão é "simbólico de um falso instrutor" e que o nome hebreu Balac significa "aquele que devasta". Blavatsky, *Collected Writings*, vol. 12, p. 692, descreve o relacionamento entre pensamento e desejo: "O que chamamos de desejos do Corpo tem sua origem no pensamento. O pensamento surge antes do desejo". No versículo 14, a doutrina de Balaão é entendida como pensamentos discordantes, e Balac como desejos corrompidos.

76. Israel é o nome adotado de Jacó e, portanto, Gn. 46:8 refere-se aos descendentes de Jacó como "as crianças de Israel". Potts, *Dictionary of Bible Proper Names*, p. 122, estabelece que Israel significa "um príncipe que reina com Deus"; Fillmore, *Metaphysical Bible Dictionary*, e Hitchcock, *Hitchcock's Complete Analysis of the Holy Bible*, dão um significado similar. Israel é tomado como a alma, porque a alma é um governante com Deus. Os filhos de Israel, ou os israelitas, são entendidos como os vários elementos da personalidade, pois o relacionamento entre pai e filho é similar ao relacionamento entre alma e personalidade.

77. J. S. Goldsmith, *Practicing the Presence* (New York: Harper and Row, 1958), p. 51, dá uma definição ampla para idolatria: "Dar poder a qualquer coisa externa à consciência é idolatria. Isso é reconhecer um poder à parte de Deus. Devemos chegar à convicção interna de que o poder não existe em forma – qualquer forma, não importa o quanto boa essa forma possa ser". Consequentemente, "comessem coisas sacrificadas perante ídolos" é interpretado como ambição por coisas materiais.

78. Swami Nikhilananda, *The Gospel of Sri Ramakrishna* (edição resumida; New York: Ramakrishna-Vivekananda Center, 1958), p. 128, diz: "As palavras 'mulher' e 'ouro' ocorrem repetidas vezes nos ensinamentos de Ramakrishna para designar os impedimentos principais para o crescimento espiritual... ele apenas queria dizer luxúria e ambição, as influências perniciosas que retardam o crescimento espiritual do aspirante". Mt. 5:28 considera luxúria ser adúltero: "Quem quer que olhe com luxúria para uma mulher depois de ela ter cometido adultério, em coração será adúltero com ela". No versículo 14, "e que fornicassem" é entendido como luxúria.

15. Assim, tens também os que seguem a doutrina dos nicolaítas, algo que odeio.

16. Arrepende-te, pois rapidamente chegarei a ti e lutarei contra eles com a espada de minha boca.

17. Aquele que tiver ouvidos, que ouça o que diz o Espírito nas igrejas; àquele que vencer, darei de comer do maná oculto, e lhe darei uma pedra branca, com um nome escrito na pedra, o qual nenhum homem conhecerá, a não ser aquele que o receber.

15. Você também pode se desculpar por se comportar de modo egoísta e hipócrita, para o que não há nenhuma justificação válida.[79]

16. Portanto, você precisa fazer as mudanças apropriadas. De outro modo, sentirá um conflito interior entre seus sentimentos separativos e minha intuição, que discrimina entre verdade e ilusão.[80]

17. Estando atento à orientação interior, você receberá minhas instruções sobre os chacras. Quando tiver seguido todas essas instruções, eu lhe darei celestial alegria interior[81] e consciência sobre sua pura origem divina, que provê um sentido de identidade diferente de qualquer outro que você tenha conhecido no mundo material.[82]

---

79. Os feitos dos nicolaítas são as atividades egoísticas e hipócritas (ver versículo 6), e, assim, a doutrina deles é entendida como desculpas para se comportar desses modos.

80. Blavatsky, *Collected Writings,* vol. 9, p. 159, descreve a tarefa do aspirante: "Seus pensamentos devem ser predominantemente fixados sobre o seu coração, eliminando a partir daí qualquer pensamento hostil a respeito de qualquer ser vivo. Ele (o coração) deve estar cheio do sentimento de sua não separatividade tanto em relação ao resto dos seres quanto em relação a tudo na Natureza; de outro modo, nenhum sucesso poderá suceder.

81. Maná, "o pão do céu", era o principal alimento dos israelitas durante a jornada no deserto (Êx. 16:4, 35). J. Ruusbroec, *The Spiritual Espousals and Other Works* (New York: Paulist Press, 1985), p. 160, diz que o maná oculto no versículo 17 significa "um perfume oculto, interior, e alegria celestial". Paramahansa Yogananda, *Sayings of Yogananda* (1952; reimpressão; Los Angeles: Self-Realization Fellowship, 1968), p. 17, diz: "a mais elevada experiência que um homem pode ter é sentir aquela bem-aventurança, em que cada outro aspecto da Divindade – amor, sabedoria, imortalidade – está inteiramente contido".

82. A última parte do versículo 17 pode ser baseada em Zc. 3:9 (RSV): "sobre uma única pedra com sete faces, gravarei seus assentamentos, diz o SENHOR das hostes, e removerei a culpa desta terra em um só dia". A pedra branca do versículo 17 pode ser a "pérola de preço alto", sobre a qual é dito ser a mais digna de todas as posses (Mt. 13:46). Branco é um símbolo da pureza (Dn. 12:10), e Deus é dito puro (Hab. 1:13). Sal. 82:6 faz referência à origem divina do ser humano: "*sois* deuses, e todos de vós *são* filhos do Altíssimo". Consequentemente, o dom da pedra branca no versículo 17 é interpretado como a expressão da pura origem divina de alguém. São João da Cruz, *The Complete Works*, vol. III (London: Burns Oates and Washbourne, 1934), p. 49-50, dá uma interpretação similar, dizendo que a pedra branca é um "toque de Deus" e "que ela caracteriza a vida eterna".

18. E escreve para o anjo da igreja em Tiatira: o Filho de Deus diz tais coisas, que tem seus olhos como uma flama de fogo e pés como o bronze;

19. Conheço tuas obras, e caridade, e serviço, e fé, e tua paciência, e tuas obras, e que a última *perdure* mais do que a primeira.

18. Com relação aos pensamentos de seu chacra laríngeo,[83] empregue essas instruções, pois elas vêm da alma, a qual tem *insights* penetrantes e compreensão profunda.[84]

19. "Sei que você tem usado seus pensamentos para purificar suas motivações, sentimentos e percepções. Agora você está observando cuidadosamente seus pensamentos, o que é mais árduo do que as disciplinas anteriores.[85]

---

83. Como apresentado na Tabela 2, os significados de Tiatira incluem "inspirado", "frenético" e "precipitado". Aurobindo diz: "O centro da garganta, comandando a expressão e toda a externalização dos movimentos da mente e das forças mentais, é o centro da mente física" (citado em M. P. Pandit, *Sri Aurobindo on the Tantra*, p. 19). A. A. Bailey, *Telepathy and the Etheric Vehicle* (1950; reimpressão; New York: Lucis Publishing Company, 1975), p. 19, fala do "centro da garganta como o formulador de pensamento". Nossos pensamentos podem ser inspirados, frenéticos ou precipitados em uma velocidade descontrolada, assim, Tiatira é entendida como o chacra laríngeo, e o anjo dessa igreja como os pensamentos.

84. O versículo 18 é o único lugar no *Apocalipse* onde é encontrado o título "Filho de Deus". Yukteswar, *The Holy Science,* p. 6, explica: "O Espírito Santo, sendo a Manifestação da Natureza Onisciente do Pai Eterno, Deus, não é outra coisa senão o próprio Deus; portanto, esses reflexos dos raios espirituais são chamados de Filhos de Deus". O Espírito Santo, ou Espírito, é a alma (ver versículo 7), e portanto "O Filho de Deus" denota a alma. A. A. Bailey, *The Light of the Soul* (1927; reimpressão; Lucis Publishing Company, 1978), p. 51, também considera "o filho do Pai" como um sinônimo para a alma. Os olhos flamejantes denotam um discernimento penetrante, e os pés de bronze denotam compreensão (Ver Ap. 1:14, 15).

85. A NRSV traduz o versículo 19 da seguinte maneira: "Conheço tuas obras – tua caridade, serviço, fé, e tua paciência. Sei que tuas últimas obras são maiores que as primeiras". Blavatsky, *The Voice of the Silence,* p. 84, fornece uma pista para o significado desse versículo na sua instrução para o quarto estágio: "antes que tua mão se estenda para erguer o fecho do quarto portal, deves ter dominado todas as modificações mentais no teu Eu e exterminado o exército de sensações do pensamento que, de modo sutil e insidioso, invadem sem convite o esplendoroso tabernáculo da Alma". Do mesmo modo, "paciência" no versículo 19 indica uma observação cuidadosa dos pensamentos, do mesmo modo que "paciência" no versículo 2 significa a observação cuidadosa dos motivos.

20. Mas tenho contra ti que toleras Jezabel, mulher que se diz profetisa, ensinar e enganar os meus servos, para que se prostituam e comam dos sacrifícios da idolatria.

21. E dei-lhe tempo para que se arrependesse da sua prostituição; e não se arrependeu.

22. Eis que a porei numa cama, e sobre os que adulterarem com ela virá grande tribulação, se não se arrependerem das suas obras.

23. E ferirei de morte seus filhos, e todas as igrejas saberão que eu sou aquele que sonda os rins e os corações. E darei a cada um de vós segundo as vossas obras.

20. Ainda assim, quero que você realize algumas alterações nos seus pensamentos, porque ainda acredita que o prazer sensual leva à felicidade, e você permite que essa crença corrompa e desvie seus sentimentos, resultando na luxúria e na cobiça por coisas materiais.[86]

21. E forneci a oportunidade de transformar essa crença no prazer sensual, mas ela ainda permanece.

22. Como pode observar, vou realçar essa crença dentro da sua mente, e verá a mesquinhez dos pensamentos associados com ela, até decidir-se a alterá-los.

23. A mudança desses pensamentos vai extinguir os sentimentos de luxúria e de cobiça. Todos os seus chacras serão afetados pela maneira similar como irei realçar outros pensamentos e sentimentos, e realizarei uma mudança sempre que for apropriado.[87]

---

86. Jezabel era uma princesa fenícia e a esposa de Acabe, rei de Israel (1 Reis 16:31). Ela era apaixonadamente apegada à idolatria e ao prazer sensual, e também era ardilosa, maliciosa e cruel (1 Reis 21). Fillmore, *Metaphysical Bible Dictionary*, p. 352, comenta que Jezabel representa "as paixões descontroladas da consciência sensorial". No versículo 20, é dito que Jezabel se considera uma profetisa e, portanto, este símbolo indica a crença de que o prazer sensual leva à felicidade.

87. O versículo 23 baseia-se em Jr. 17:10: "Eu, o Senhor, sondo o coração, eu testo as rédeas, para dar a cada homem de acordo com seus caminhos, *e* de acordo com o fruto de suas ações". O coração simboliza os sentimentos, porque é associado a medo (Gn. 42:28), amor (2 Sm. 14:1), orgulho (Pr. 18:12) e desejo (Mt. 5:28). As rédeas simbolizam os pensamentos, porque os pensamentos guiam e controlam as atividades da personalidade: de fato, "mente" é usado em vez de "rédeas" na tradução NASB de Jr. 17:10. Os filhos simbolizam sentimentos, porque estes são produtos dos pensamentos e das crenças. Blavatsky usa esse símbolo ao se referir aos "filhos dos teus pensamentos" (*The Voice of the Silence*, p. 84) e diz que "o pensamento errado deve ser eliminado antes que o desejo possa ser extinto" (*Collected Writings*, vol. 12, p. 692).

24. Mas eu vos digo a vós, e aos restantes que estão em Tiatira, a todos quantos não têm esta doutrina, e que não conheceram, como dizem, as profundezas de Satanás, que outra carga vos não porei.

24. Mas muitos dos seus pensamentos, que passam pelo seu chacra laríngeo, não são afetados pela sua crença no prazer sensual, ou por qualquer outra crença, e consequentemente muitas das suas palavras faladas estão livres do erro. Assim, não exijo que estes pensamentos e palavras sejam alterados.

25. Mas o que *já* tendes, retende-o até que eu venha.

25. Embora a observação cuidadosa dos pensamentos seja difícil, mantenha essa posição até que eu venha com novos discernimentos.[88]

26. E ao que vencer, e guardar até o fim as minhas obras, eu lhe darei poder sobre as nações,

26. Quando você houver perseverado e seguido minhas instruções para todos os sete chacras, eu lhe darei poder sobre seus pensamentos, sentimentos e comportamento.

27. E com vara de ferro as regerá; e serão quebradas como vasos de oleiro; como também recebi de meu Pai.

27. Então você reinará sobre todos os aspectos da sua personalidade por meio da *kundalini* desperta dentro da sua espinha, com uma autoridade similar à do oleiro sobre receptáculos de barro, e similar à autoridade que recebi de Deus.[89]

---

88. J. Krishnamurti, *Freedom from the Known* (New York: Harper and Row, 1969), p. 115-116, descreve a prática de observar pensamentos: "a meditação é estar consciente de cada pensamento e de cada sentimento, nunca considerando-os certos ou errados, mas simplesmente contemplando-os e seguindo adiante. Nessa contemplação, começamos a compreender todo o movimento do pensamento e do sentimento; e desta consciência vem o silêncio."

89. O versículo 27 baseia-se em Sl. 2:9: "Tu as governarás com cetro de ferro, tu as pulverizarás como um vaso de argila". O Antigo Testamento às vezes associa varas com serpentes, como em Êx. 7:10: "Aarão lançou sua vara perante o Faraó e seus servos, e ela se transformou numa serpente". Veja também Êx. 4:3, 7:9, 7:12 e Nm. 21:9. A palavra sânscrita *kundalini* significa "serpente". De acordo com a filosofia da ioga, a *kundalini* normalmente está adormecida; mas quando ela é despertada, eleva-se na espinha vertebral e estimula os sete chacras. Bailey, *A Treatise on White Magic*, p. 572, usa a frase "Vara Áurea de Poder" para denominar a coluna espinhal depois que a kundalini foi elevada dentro dela. A frase "vara de ferro" no versículo 27 é interpretada da mesma maneira. Os capítulos 8 e 9 descrevem como essa vara da *kundalini* pode ser usada para ganhar domínio sobre a personalidade.

28. E dar-lhe-ei a estrela da manhã.

28. Também lhe darei a iluminação que dispersa as trevas de toda a ignorância.[90]

29. Quem tiver ouvidos, ouça o que o Espírito diz às igrejas.

29. Continue a sua prática de escuta interior, de modo que você possa receber minhas instruções para os chacras restantes."

---

90. A estrela da manhã é um nome para o planeta Vênus, que costuma ser visível no céu oriental antes da aurora. 2 Pd. 1:19 (RVS) utiliza a estrela da manhã como um símbolo da iluminação: "E demos ainda mais crédito à palavra da profecia. Fareis bem em prestar atenção a ela, como a uma lâmpada brilhando em local escuro, até que o dia nasça e a estrela da manhã se levante em vossos corações".

Capítulo 3

CHACRAS FRONTAL, CORONÁRIO E BÁSICO

A alma fornece instruções para os últimos três estágios da jornada espiritual — os chacras frontal, coronário e básico — que levam à união consciente com a alma.

VERSÃO DO REI JAMES

1. E ao anjo da igreja que está em Sardes escreve: Isto diz o que tem os sete espíritos de Deus, e as sete estrelas: Conheço as tuas obras, que tens nome de que vives, e estás morto.

INTERPRETAÇÃO PSICOLÓGICA

1. Quanto à sabedoria do seu chacra frontal,[91] siga estas instruções, porque elas vêm daquele que pode ligar os sete arcanjos com seus sete chacras.[92] "Eu sei quanta sabedoria você expressa, sei que sua natureza está viva com sabedoria, mas carece de certos princípios básicos.[93]

---

91. Como mostrado na Tabela 2, o nome grego *Sardis* possui significados como "pedra preciosa" e "príncipe da alegria". Um princípio de sabedoria é um ideal que se torna útil depois de compreendido. É mais precioso do que nossos pensamentos mundanos, porque possui o poder de trazer alegria às nossas vidas. Pr. 3:13-15 (ICB) traz uma observação similar: "Feliz daquele que encontra a sabedoria... A sabedoria é mais preciosa do que rubis". Bailey diz que "o centro ajna... é o recipiente das impressões intuitivas idealistas" (*Telepathy,* p. 19) e que "é o órgão do idealismo" (*Esoteric Healing,* p. 149). *Ajna* é o nome sânscrito para o chacra frontal (ver Tabela 1). Consequentemente, *Sardes* é considerada como o chacra frontal, e seu anjo como princípios de sabedoria.
92. Os sete Espíritos são os sete arcanjos, e as sete estrelas são as energias dos sete chacras (ver Ap. 1:4, 6).
93. O nome de alguma coisa é sua natureza interior (ver Ap. 2:3); a morte significa perda ou limitação (ver Ap. 1:18).

2. Sê vigilante, e confirma os restantes, que estavam para morrer; porque não achei as tuas obras perfeitas diante de Deus.

3. Lembra-te, pois, do que tens recebido e ouvido, e guarda-o, e arrepende-te. E, se não vigiares, virei sobre ti como um ladrão, e não saberás a que hora sobre ti virei.

2. Aprenda a tomar cuidado com sentimentos reprimidos, que estão prestes a desaparecer, e traga-os para a superfície da consciência: pois eu não considerei sua auto-observação satisfatória para sua jornada em direção a Deus.[94]

3. Aprenda, portanto, a lembrar-se que o autoconhecimento e a compreensão são obtidos por meio de uma perspectiva de auto-observação.[95] Esse reconhecimento cultivado, quando mantido de modo constante durante o dia, permite viver a partir dessa perspectiva.[96] Se você permitir lapsos na sua auto-observação, poderá perder uma oportunidade de receber de mim um novo discernimento, porque tal orientação vem inesperadamente.[97]

---

94. Pr. 28:13 (NIV) declara: "Aquele que esconde seus pecados não prospera, mas aquele que os confessa e que renuncia a eles encontra a misericórdia". S. Freud, *Introductory Lectures on Psychoanalysis* (1917; reimpressão; New York: W. W. Norton, 1977), p. 435, torna o reconhecimento consciente do material reprimido a chave da terapia psicanalítica: "Podemos expressar a meta dos nossos esforços em uma variedade de fórmulas: tornando consciente o que é inconsciente, removendo repressões, preenchendo falhas na memória – tudo isso é mais ou menos a mesma coisa".

95. Collins, *Light on the Path*, p. 25, diz: "obter o autoconhecimento é como recuar para a fortaleza interior de onde o homem pessoal pode ser visto com imparcialidade". No versículo 3, "ouvido" é uma tradução da palavra grega *akouo*, que às vezes significa escutar com o ouvido da mente, compreender, como em João 8:43, 47 e 1 Cor. 14:2.

96. Bailey, *Discipleship in the New Age*, vol. II, p. 116, diz que "um processo reflexivo ou reconhecimento cultivado... vai servir para condicionar a atividade do seu dia. Esta atitude condicionante deve ser de constante recordação do propósito e objetivo, e um processo daquilo que foi chamado de "viver intencionalmente".

97. O versículo 3 relaciona-se com Mt. 24:42: "Portanto, vigiai; pois não sabeis a hora em que virá o Senhor". Blavatsky, *The Voice of the Silence*, p. 92-93, fornece instruções para o quinto estágio da jornada espiritual: "antes que a chama dourada possa queimar com luz constante, a lâmpada deve estar bem guardada em um ponto livre de todo vento". Se a "chama dourada" é o discernimento, "a lâmpada" é o centro da consciência, e "um ponto livre de todo vento" é uma posição de observação desapegada, então essa citação é similar ao significado da interpretação fornecida para o versículo 3.

4. Mas também tens em Sardes algumas pessoas que não contaminaram suas vestes, e comigo andarão de branco; pois são dignas disso.

5. O que vencer será vestido de vestes brancas, e de maneira nenhuma riscarei o seu nome do livro da vida; e confessarei o seu nome diante de meu Pai e dos seus anjos.

6. Quem tiver ouvidos, ouça o que o Espírito diz às igrejas.

4. Você transformou alguns discernimentos em princípios de sabedoria sem distorção.[98] Esses princípios expressam minha orientação de uma maneira que é pura, pois são dignos de serem seguidos.[99]

5. Quando você completar os estágios restantes da sua jornada espiritual, sua personalidade estará pura, e irei capacitá-lo a estar consciente da sua vida eterna e do seu relacionamento interior com Deus e os sete arcanjos.[100]

6. Continue atento à orientação interior, para que possa receber minhas instruções sobre como completar os estágios restantes."

---

98. Bailey, *Glamour*, p. 55-60, descreve a corrupção de ideias intuitivas: "A ideia que emergiu na sua consciência, através do despertar parcial da sua intuição, será distorcida na sua descida para a consciência cerebral de várias maneiras... Através da percepção errada de uma ideia... Por meio da interpretação errônea... Através da apropriação incorreta".
99. A Tabela 4 sumariza os significados simbólicos das cores usadas no *Apocalipse*. A cor branca simboliza a pureza, como em Dn. 12:10: "Muitos serão purificados, e tornados brancos".
100. A última parte do versículo 5 baseia-se no Salmo 69:28: "Que eles sejam apagados do livro da vida". No Antigo Testamento, o livro da vida geralmente refere-se à vida natural ou física (Sl. 139:16); mas, no Novo Testamento, o livro da vida geralmente refere-se à vida eterna (Fl. 4:3). Os anjos de Deus são considerados os sete Espíritos de Deus e, portanto, os sete arcanjos (ver versículo 1).

7. E ao anjo da igreja que está em Filadélfia escreve: Isto diz o que é santo, o que é verdadeiro, o que tem a chave de Davi; o que abre, e ninguém fecha; e fecha, e ninguém abre;

7. Quanto ao amor espiritual e aos discernimentos do seu chacra coronário,[101] aplique essas instruções, porque elas vêm daquele que transmite o amor espiritual e o discernimento.[102] O amor espiritual é a chave da auto-observação desapegada.[103] Quando observada com amor espiritual, nenhuma autoimagem pode bloquear seu chacra coronário e impedi-lo de receber discernimentos, ou de agir por meio do chacra sacral para afetar seu comportamento externo.[104]

---

101. Como mostrado na Tabela 2, o nome grego *Philadelphia* possui significados como "amor fraternal" e "amorosos como irmãos". Bailey diz que " o centro cardíaco registra a energia do amor", mas fala sobre "o estágio de elevar a energia do centro cardíaco ao centro da cabeça" (*Esoteric Healing*, p. 158; *Discipleship in the New Age*, vol. II, p. 131). Filadélfia é tida como o chacra coronário, o da cabeça, porque esse chacra também é associado com amor espiritual. Um discernimento *(insight)* é uma intuição que surge por meio de uma observação cuidadosa. Ap. 2:10 indica que o chacra coronário é uma estação receptora para discernimentos. Assim, o anjo é ligado ao amor espiritual e a discernimentos.

102. No versículo 7, "santo" refere-se ao amor espiritual, porque não é manchado pelo egoísmo; "verdadeiro" refere-se aos discernimentos, porque são percepções imediatas e diretas da verdade.

103. Fillmore, *The Metaphysical Bible Dictionary*, Hitchcock, *Hitchcock's Complete Analysis of the Holy Bible*, e Potts, *Dictionary of the Bible Proper Names*, todos dizem que o nome hebreu Davi significa "amado" ou "bem-amado", e assim a "chave de Davi" é o amor espiritual. Davi foi o segundo rei de Israel, sucessor de Saul, e as histórias bíblicas de Davi na sua juventude ilustram o poder do amor. Por exemplo, a música de Davi foi capaz de aliviar e distrair Saul quando este estava deprimido (1 Sm. 16:23), o que ilustra o poder do amor de harmonizar as dissonâncias criadas por uma consciência voluntariosa.

104. As palavras do versículo 7 são muito próximas às de Is. 22:22: "Porei a chave da casa de Davi sobre o seu ombro; se ele abrir, ninguém fechará, se ele fechar, ninguém abrirá". No versículo 7, "ninguém" (*no man,* nenhum homem, em inglês) significa uma imagem imaginada, ou conceito de si mesmo. Paulo, em Cl. 3:9, usa essa palavra de um modo similar: "Não mintais uns aos outros, pois que já vos despistes do velho homem com os seus feitos".

8. Conheço as tuas obras; eis que diante de ti pus uma porta aberta, e ninguém a pode fechar; tendo pouca força, guardaste a minha palavra, e não negaste o meu nome.

8. Sei o que você conseguiu, e assim, como pode observar, permiti que seu chacra coronário fosse aberto aos discernimentos, independente do fato da autoimagem estar presente.[105] Você obteve este estado mediante sua aspiração direcionada e controlada, e seguindo minha instrução e expressando minha natureza.[106]

9. Eis que eu farei aos da sinagoga de Satanás, aos que se dizem judeus, e não são, mas mentem: eis que eu farei que venham, e que adorem prostrados a teus pés, e que saibam que eu te amo.

9. Como pode observar, estou trazendo à tona suas crenças de superioridades. Estas são falsas crenças, porque todo ser humano é essencialmente igual a todos os outros;[107] e estou transformando essas crenças em novos princípios de sabedoria que melhoram sua compreensão do amor espiritual.[108]

---

105. Blavatsky, *The Voice of the Silence,* p. 96, descreve a realização do sexto estágio: "Agora estás no caminho que leva ao porto da Dhyana, o sexto, o portal Bodhi. O portal da Dhyana é como um vaso de alabastro, branco e transparente; dentro dele queima um fogo dourado, a chama de Prajna que irradia de Atman." Aqui, *Dhyana, Bodhi, Prajna* e *Atman* são palavras sânscritas para meditação, sabedoria, intuição espiritual e alma, respectivamente.

106. Bailey, *Discipleship in the New Age*, vol. II, p. 115, fala de "um estágio em que há uma elevação da energia do centro cardíaco por meio da aspiração direcionada e controlada – estimulada deliberadamente, apreciada mentalmente e impelida emocionalmente".

107. *The Impersonal Life*, p. 72, declara: "sou *Eu*, o Infinito, a parte *Impessoal* de Você, permanecendo sempre no *Interior*, que estou apontando para você todas essas ilusões da personalidade". No versículo 9, "farei" é uma tradução do verbo grego *didomi*, que também pode ser traduzido como "fazer surgir" (por exemplo, Mt. 13:8). Satanás, judeus e pés denotam ilusão, superioridade e compreensão, respectivamente (ver Ap. 2:9, 1:15).

108. Ap. 3:9, 6:9 e 14:19 contém a noção de que uma ilusão, ou falsa crença, pode ser transformada em um novo princípio de sabedoria. N. D. Walsch, *Communion with God* (New York: Penguin Putnam, 2000), p. 109, possui uma perspectiva similar: "Mas a ilusão *aponta* para o que é real e pode fornecer uma experiência do real". Bailey, *A Treatise on White Magic,* p. 473, diz: "aprenda o significado da ilusão, e no seu meio localize o fio dourado da verdade".

10. Como guardaste a palavra da minha paciência, também eu te guardarei da hora da tentação que há de vir sobre todo o mundo, para tentar os que habitam na terra.

11. Eis que venho sem demora; guarda o que tens, para que ninguém tome a tua coroa.

10. Como está seguindo minhas instruções sobre a auto-observação desapegada, vou impedir que falhe nos testes vindouros.[109] Estes testes vão purificar seu corpo emocional, especialmente aqueles sentimentos que são identificados com seu corpo físico.[110]

11. Como também pode observar, meus discernimentos vêm frequentemente. Guarde o que obteve, de modo que nenhuma autoimagem possa diminuir a receptividade do seu chacra coronário.[111]

---

109. Blavatsky, *The Voice of the Silence*, p. 96, diz para um aspirante no sexto estágio: "estás seguro".

110. A palavra "mundo" aparece em sete versículos; ela consistentemente refere-se ao mundo das emoções, que é o corpo emocional. Bailey, *A Treatise on White Magic,* p. 215, diz: "o elementar da terra é a soma das muitas vidas que formam o corpo físico". De modo similar, *A Commentary on the Book of the Revelation,* p. 141, considera a terra como um símbolo do "corpo físico". Este significado é justificado por Gn. 2:7 (NRSV), que declara que o homem foi formado "a partir da poeira do chão". Assim, "aqueles que habitam a terra" refere-se aos sentimentos que são identificados com o corpo físico.

111. "Coroa" refere-se ao chacra coronário (ver Ap. 2:10).

12. A quem vencer, eu o farei coluna no templo do meu Deus, e dele nunca sairá; e escreverei sobre ele o nome do meu Deus, e o nome da cidade do meu Deus, a nova Jerusalém, que desce do céu, do meu Deus, e também o meu novo nome.

12. Quando você vencer as impurezas restantes dentro de si mesmo, farei de você um pilar, ou alicerce, de uma comunidade espiritual,[112] e não será mais levado para o mundo físico como parte do ciclo de reencarnação.[113] Além disso, darei a você o conhecimento inabalável de que sua natureza é divina, que sua personalidade é transformada por ideias vindas de Deus,[114] e que minha natureza é sua própria natureza.[115]

13. Quem tiver ouvidos, ouça o que o Espírito diz às igrejas.

13. Continue a prestar atenção ao seu chacra coronário, de modo que possa receber minhas instruções para vencer suas impurezas restantes.

---

112. Paulo chama a igreja cristã de "um templo sagrado no Senhor" (Ef. 2:21) e refere-se aos apóstolos Tiago e João como "pilares" nessa igreja (Gl. 2:9).

113. W. Q. Judge, *The Ocean of Theosophy* (1893; reimpressão; Los Angeles: The Theosophy Company, 1987), p. 63-64, escreve: "São João, o Revelador, diz em A III: 12 que ouviu em uma visão... que quem quer que vença não estará mais sob a necessidade de 'sair', isto é, não precisará mais reencarnar".

114. O Testamento de Dan foi escrito no segundo século a.C., e inclui uma referência antiga à Nova Jerusalém: "os justos se rejubilarão na Nova Jerusalém, que existirá eternamente para a glorificação de Deus" (Dan 5:12). Esse texto é citado em Charlesworth, *The Old Testament Pseudepigrapha*, vol. 1. Uma cidade é uma comunidade com muitos habitantes. No versículo 12, a cidade simboliza a personalidade, que é habitada por muitos pensamentos, sentimentos e motivos, e a Nova Jerusalém simboliza a personalidade transformada espiritualmente. Aivanhov, *The Book of Revelations*, p. 175, fornece uma interpretação similar: "A Nova Jerusalém é o símbolo de um ser humano que trabalhou com o poder do espírito para transformar sua própria matéria".

115. Yogananda, *Autobiography of a Yogi*, p. 494, diz: "Para o homem, a verdade é o conhecimento inabalável da sua natureza real, sua Individualidade como alma".

14. E ao anjo da igreja que está em Laodiceia escreve: Isto diz o Amém, a testemunha fiel e verdadeira, o princípio da criação de Deus:

15. Conheço as tuas obras, que nem és frio nem quente; quem dera fosses frio ou quente!

16. Assim, porque és morno, e não és frio nem quente, vomitar-te-ei da minha boca.

14. Quanto ao aspecto da vontade do seu chacra básico,[116] aplique estas instruções, porque elas vêm daquele que transmite verdades autovalidadas,[117] padrões interiores da verdade[118] e sabedoria divina.[119]

15. "Sei que seus motivos são tanto egoístas quanto altruístas.[120] Eu quero que você seja altruísta o tempo todo.[121]

16. Como seus motivos são misturados em vez de terem um propósito único, você ainda não está pronto para experimentar a união consciente comigo.

---

116. Como mostrado na Tabela 2, o nome grego *Laodicea* significa "justiça do povo" ou simplesmente "justiça". Bailey diz que "o centro mais inativo do corpo... é o centro básico", "o aspecto da vontade... pode ativar o centro básico" e "a vontade ou poder expressa-se... como legislação, legalidade, justiça" (*Esoteric Healing*, p. 169, 183; *Esoteric Astrology*, p. 244). Assim, a última igreja, Laodiceia, simboliza o chacra básico e seu anjo como o aspecto da vontade.

117. A palavra hebraica *Amen* significa "firme e fiel". É usada no fim de orações para confirmar as palavras e invocar a sua realização (Sl. 41:13, 72:19, 89:52). As promessas de Deus são Amém no sentido em que são verdadeiras e certas (2 Cor. 1:20). A mensagem da alma também é Amém, porque a mensagem é experimentada como o próprio conhecimento intuitivo interno da verdade do indivíduo.

118. Uma testemunha fiel e verdadeira significa um padrão de verdade. As intuições da alma são padrões de verdade já que reconhecemos uma declaração externa como verdadeira quando ela confirma uma intuição da alma. *The Impersonal Life*, p. 16, diz: "*tudo que já apelou a você, vindo de alguma expressão externa*, nada mais é do que a *confirmação* da Minha Palavra que já foi dita *interiormente*".

119. "O princípio da criação de Deus" é tomado como sabedoria divina. Por exemplo, Pr. 8:22 (ICB) declara: "Eu, a sabedoria, estava com Deus nas primícias de sua obra, muito antes que ele criasse qualquer outra coisa". Sabedoria de Salomão 7:22-25 (RSV) declara: "pois a sabedoria forma todas as coisas... é o sopro do poder de Deus". Veja também Pr. 3:19 e Eclesiástico 24.

120. Bailey, *A Treatise on White Magic*, p. 558-559, escreve: "Motivos misturados são universais. Motivos puros são raros, e onde eles existem, sempre há sucesso e realização. Tais motivos puros podem ser inteiramente egoístas e pessoais, ou altruístas e espirituais, e no meio, no que concerne aos aspirantes, misturados em diferentes intensidades... A unidade de propósito pode ocasionalmente ser realizada em momentos elevados, mas não está sempre conosco".

121. Blavatsky, *The Voice of the Silence*, p. 106, descreve o esforço do sétimo estágio: "Realizarás o sétimo estágio e cruzarás o portal do conhecimento final, mas apenas para casar-se com a tristeza – se desejas ser um Tathagata, segue os passos do teu predecessor, permanecendo altruísta até o fim infinito". Aqui, a palavra sânscrita *Tathagata* é um título do Buda.

17. Como dizes: Rico sou, e estou enriquecido, e de nada tenho falta; e não sabes que és um desgraçado, e miserável, e pobre, e cego, e nu;

18. Aconselho-te que de mim compres ouro provado no fogo, para que te enriqueças; e roupas brancas, para que te vistas, e não apareça a vergonha da tua nudez; e que unjas os teus olhos com colírio, para que vejas.

17. Embora se sinta sábio, tenha orgulho das suas realizações espirituais e esteja satisfeito consigo mesmo, não sabe que é na verdade deplorável, infeliz, ignorante, inconsciente e temeroso.[122]

18. Eu, portanto, o aconselho a adquirir mais lições das suas experiências para que possa tornar-se rico em sabedoria. Eu o aconselho a vestir-se com amor espiritual para que o medo não apareça,[123] e que eleve a kundalini por intermédio dos seus chacras para que possa tornar-se consciente daquilo que não foi reconhecido anteriormente.[124]

---

122. A riqueza representa a sabedoria (ver Ap. 2:9). A nudez implica vulnerabilidade e falta de proteção, e portanto a nudez pode significar temor, como em Amós 2:16 (NIV): "Mesmo os guerreiros mais valentes fugirão nus naquele dia, declara o Senhor".
123. Is. 61:10 declara: "Regozijar-me-ei muito no SENHOR, a minha alma se alegrará no meu Deus; porque me vestiu de roupas de salvação". As roupas de salvação representam o amor espiritual, porque o último fornece salvação do medo. De fato, 1 João 4:18 afirma: "o amor perfeito expulsa o temor". No versículo 18, os trajes brancos são as roupas da salvação.
124. Bailey, *Esoteric Psychology,* vol. II, p. 432, diz: "Por meio da elevação da vibração, pela ativação dos centros e pelo desenvolvimento subsequente e consequente do aparato humano de resposta, novas avenidas para abordar a realidade, novas qualidades de consciência, nova sensibilidade àquilo que não havia sido reconhecido previamente e novos poderes começam a se abrir". " No versículo 18, "olhos" significam os chacras, ou centros energéticos, e "colírio" é a kundalini. Elevar a kundalini amplia a vibração dos chacras e os desperta para maior atividade, com efeitos que serão considerados nos capítulos 8, 9 e 10.

19. Eu repreendo e castigo aqueles que amo; sê pois zeloso, e arrepende-te.

19. Minhas mensagens são na verdade expressões do meu amor, mesmo quando parecem censurar e criticar.[125] Portanto, seja zeloso na aplicação dessas mensagens e transforme-se.[126]

20. Eis que estou à porta, e bato; se alguém ouvir a minha voz, e abrir a porta, entrarei em sua casa, e com ele cearei, e ele comigo.

20. Como pode observar, estou revelando as barreiras restantes que separam você de mim.[127] Se escutar as minhas mensagens e remover essas barreiras, você vai obter a união consciente comigo.[128]

21. Ao que vencer lhe concederei que se assente comigo no meu trono; assim como eu venci, e me assentei com meu Pai no seu trono.

21. Ao remover as barreiras restantes, você vai reinar comigo, assim como já reina com Deus.[129]

22. Quem tiver ouvidos, ouça o que o Espírito diz às igrejas.

22. Continue a ouvir a orientação interior, para que possa continuar a receber minhas mensagens sobre seus chacras."

---

125. A ideia da disciplina divina aparece em toda a escritura. Por exemplo, Pr. 3:11-12 declara: "Meu filho, não despreze a censura do Senhor; tampouco se canse da Sua correção: pois aquele que o Senhor ama ele censura, como um pai faz com o filho que ama".

126. Salmo 69:9, *New King James Version* (NKJV), declara: "Pois o zelo pela Vossa casa me devora". Aurobindo, *The Synthesis of Yoga*, p. 65, explica: "É este zelo pelo Senhor... que devora o ego e rompe as limitações do seu molde mesquinho e estreito".

127. Bailey, *The Rays and the Initiations*, p. 347, escreve: "O significado real por trás da frase 'porta da iniciação' é de uma obstrução, de algo que barra o caminho, que deve ser aberto, ou que oculta ou serve de obstáculo entre o aspirante e seu objetivo". A porta no versículo 20 simboliza a "porta da iniciação", e assim representa as barreiras restantes que o aspirante deve vencer.

128. São João da Cruz, *The Complete Works*, considera "a União Divina" como sendo o resultado de ter percorrido "os sete passos do amor" (vol. I, p. 107) e interpreta o versículo 20 como descrevendo "o efeito da União Divina" (vol. II, p. 274). Blavatsky, *The Voice of the Silence,* p. 37, fornece uma descrição similar de tal união: "E agora teu *eu* perdeu-se no EU, ti mesmo em TI MESMO, unido com o EU, de onde irradiaste originalmente".

129. Para o versículo 21, Yukteswar, *The Holy Science*, p. 23, fornece a seguinte interpretação: "Assim, sendo um com o Espírito Santo de Deus Pai, ele torna-se unificado com a Substância Real, Deus". Paulo refere-se ao "trono do julgamento de Deus" (Rm. 14:10, RSV) e "o trono de julgamento de Cristo" (2 Cor. 5:10, RSV). Do mesmo modo, o versículo 21 menciona dois tronos: o trono de Deus e o trono da alma. Esses tronos simplesmente significam a soberania.

Capítulo 4

MEDITAÇÃO

João tem uma nova visão que mostra os efeitos de praticar as instruções fornecidas na visão anterior. O primeiro episódio exibe a constituição interna do aspirante e as etapas da meditação receptiva.

VERSÃO DO REI JAMES

1. Depois destas coisas, olhei, e eis que estava uma porta aberta no céu; e a primeira voz que, como de trombeta, ouvira falar comigo, disse: Sobe aqui, e mostrar-te-ei as coisas que depois destas devem acontecer.

INTERPRETAÇÃO PSICOLÓGICA

1. Depois de receber a visão nos capítulos 2 e 3, que descrevem disciplinas em cada estágio da jornada espiritual, João percebe que o canal de comunicação com o mundo espiritual ainda está aberto, e ele recebe uma mensagem intuitiva que diz: "Eleve a sua consciência, e mostrarei o que deve ocorrer depois que as disciplinas de cada estágio forem aplicadas".[130]

---

130. O versículo 1 provavelmente baseia-se em Ez. 1:1: "os céus se abriram, e vi visões de Deus". A palavra céu aparece frequentemente no *Apocalipse*; representa o mundo espiritual ou alguma coisa nesse mundo, dependendo do contexto do versículo em que a palavra aparece. Ap. 10:6 indica que o mundo espiritual consiste de tudo que está fora dos mundos físico e emocional, e portanto inclui a mente, o corpo causal (que é apresentado no versículo 4) e a alma. A trombeta é a faculdade intuitiva (ver Ap. 1:10).

2. E logo fui arrebatado no Espírito, e vi que um trono estava posto no céu, e um assentado sobre o trono.

3. E o que estava assentado era, na aparência, semelhante à pedra jaspe e sardônica; e o arco celeste estava ao redor do trono, e parecia semelhante à esmeralda.

2. João imediatamente tem outra visão que começa com uma imagem do coração de Deus, que está localizado no mundo espiritual,[131] e Deus operando por meio do coração divino.[132]

3. Deus possui três características: inteligência divina, amor divino e vontade divina.[133] A vontade divina emana do coração de Deus com sete aspectos, ou raios – como um arco-íris com sete cores.[134]

---

131. No versículo 2, o trono simboliza o coração de Deus (ver Ap. 1:4). Nos seus livros, Bailey afirma que o coração de Deus é o "centro de puro amor", "o centro de todas as coisas" e "o ponto interior da vida em todas as formas manifestadas" (*The Rays and the Initiation*, p. 399; *The Light of the Soul*, p. 351; e *Esoteric Psychology*, vol. II, p. 396). *ACIM*, vol. II, p. 378, também menciona esse tema: "No seu coração mora o Coração de Deus".

132. "O assentado" refere-se à fonte divina de toda a vida e consciência por meio do mundo manifesto. Na Bíblia, essa fonte divina é chamada de Deus ou Ele, como em Atos 17:28 (NKJV): "pois n'Ele vivemos, nos movemos e existimos". Nos Upanixades hindus, o nome sânscrito para essa fonte é Paramatman, que J. M. Tyberg, *The Language of the Gods* (Los Angeles: East-West Cultural Centre, 1970), p. 66, define como "o Espírito Supremo que anima as formas e movimentos do Universo".

133. Jaspe, sardônica e esmeralda faziam parte da placa peitoral do sumo sacerdote (Êx. 28:17-20) e adornavam o rei de Tiro (Ez. 28:12-13). O versículo 3 usa essas pedras para representar a natureza de Deus. Embora a jaspe dos tempos modernos seja opaca, Ap. 21:11 diz que a jaspe é "transparente como cristal". A clareza da antiga jaspe simboliza a inteligência divina, porque a última não tem quaisquer falhas ou impedimentos. Charles, *The Revelation of St. John*, vol. I, p. 114, e Mounce, *The Book of Revelation*, p. 120, relatam que a sardônica era uma pedra "rubra como sangue". O sangue simboliza o amor (ver Ap. 1:5), de modo que a sardônica simboliza o amor divino. Como a esmeralda é uma pedra verde e a cor verde simboliza o crescimento (Jó 8:16), a esmeralda simboliza a vontade divina.

134. Bailey, *Esoteric Astrology*, p. 605, parece usar a metáfora do arco-íris para caracterizar a vontade divina, porque ela diz que "a vontade divina prototípica" possui os seguintes "sete aspectos em raios": "Raio I – a vontade da iniciação. Raio II – a vontade de unificar. Raio III – a vontade de evoluir. Raio IV – a vontade de harmonizar ou relacionar-se. Raio V – a vontade de agir. Raio VI – a vontade de causar. Raio VII – a vontade de expressar".

Meditação

4. E ao redor do trono havia vinte e quatro tronos; e vi assentados sobre os tronos vinte e quatro anciãos vestidos de vestes brancas; e tinham sobre suas cabeças coroas de ouro.

4. O coração de Deus é o ponto interno da vida em um receptáculo sutil, frequentemente chamado de corpo causal,[135] devido à sabedoria adquirida com o passar do tempo.[136] O aspirante recorda-se dos princípios de sabedoria que aprendeu,[137] que estão armazenados dentro do seu corpo causal e que são a essência dos seus pensamentos e de sentimentos puros e nobres.[138]

---

135. A. E. Powell, *The Causal Body and the Ego* (1928; reimpressão; Wheaton, IL: Theosophical Publishing House, 1978), p. 89, afirma: "O corpo causal deve seu nome ao fato de que nele residem as causas que se manifestam como efeitos nos planos inferiores. Pois são as experiências das vidas passadas, armazenadas no corpo causal, que são a *causa* da atitude geral em relação à vida". A Bíblia refere-se ao corpo causal como "a casa que não é feita com mãos, eterna nos céus" (2 Cor. 5:1). A noção do corpo causal pode ser encontrada na filosofia da ioga, na qual o seu nome sânscrito é *Karana Sarira; Karana* significa "causa" e *Sarira* significa "corpo". Por exemplo, Yogananda, *Autobiography of a Yogi*, p. 415, fala do "corpo ideal, ou causal" e Aurobindo, *The Synthesis of Yoga*, p. 592, fala do "nosso corpo causal ou envelope de gnose".

136. O número 24 simboliza a passagem do tempo, porque há 24 horas em um dia. (João 11:9, Atos 23:23). Bailey, *The Rays and the Initiations*, p. 80, concorda: "O número 24 expressa o *tempo*, e é a chave para o grande ciclo de manifestação". I. K. Taimni, *Self Culture* (1945; reimpressão; Adyar, Madras, India: Theosophical Publishing House, 1976), p. 115, associa o corpo causal com a passagem do tempo: "o corpo causal é... um receptáculo dos frutos da evolução humana". No versículo 4, os 24 assentos simbolizam o corpo causal, porque este último é o receptáculo para a sabedoria adquirida com o passar do tempo.

137. Jó 12:12 (NASB) declara: "A sabedoria está com varões idosos, com a vida longa está o entendimento". Powell, *The Causal Body and the Ego*, p. 91, faz uma declaração semelhante: "A sabedoria é fruto da experiência de uma vida, a coroa possuída pelos idosos". No versículo 4, cada ancião simboliza um princípio de sabedoria que aprendeu.

138. Powell, *The Causal Body and the Ego*, p. 90, diz: "O corpo causal... é o receptáculo de tudo que é permanente – isto é, *somente* aquilo que é nobre e harmônico, e de acordo com a lei do espírito; pois cada pensamento grande e nobre, cada emoção pura e elevada, é transportada para cima, e a sua essência é trabalhada na substância do corpo causal". O versículo 4 mostra cada princípio de conhecimento como puro e nobre, porque a cor branca simboliza a pureza (Tabela 4) e as coroas douradas simbolizam a nobreza (2 Cr. 23:11).

5. E do trono saíam relâmpagos, e trovões, e vozes; e diante do trono ardiam sete lâmpadas de fogo, as quais são os sete espíritos de Deus.

5. Do coração de Deus procedem o amor divino, a vontade divina e a divina inteligência.[139] Essas qualidades divinas são transformadas pelos sete arcanjos,[140] que estão na presença do coração de Deus, na iluminação que é concedida durante a meditação.[141]

---

139. O Antigo Testamento às vezes utiliza o trovão e o relâmpago para representar a presença de Deus (Êx. 20:18, Sl. 77:18) e vozes para representar a instrução divina (Êx. 19:5, Ez. 1:28). Os relâmpagos, trovões e vozes no versículo 5 simbolizam o amor divino, a vontade divina e a inteligência divina, respectivamente, correspondendo às três características divinas no versículo 3.

140. No versículo 5, os sete Espíritos de Deus são os sete arcanjos (ver Ap. 1:4). Sua função pode ser deduzida dos versículos iniciais do Gênesis. Ali, como é apontado por Blavatsky, *The Secret Doctrine,* vol. I, p. 336-337, "'Deus, comanda *outro* 'deus', *que realiza sua ordem...* Aquele que comanda é a *Lei Eterna,* e aquele que obedece, *Elohim* ". Por exemplo, Gn. 1:6 diz: "E Deus criou o firmamento". O Deus que emite o comando em Gn 1:6 é a Divindade Suprema; o Deus que cumpre o comando em Gn 1:7 é Elohim, ou, de modo equivalente, o grupo dos sete arcanjos.

141. Uma lâmpada às vezes é usada metaforicamente para representar a iluminação mental, como em 2 Sm. 22:29: "Porque tu, Senhor, és a minha lâmpada; e o Senhor ilumina minhas trevas".

6. E havia diante do trono como que um mar de vidro, semelhante ao cristal. E no meio do trono, e ao redor do trono, quatro animais cheios de olhos, por diante e por detrás.

6. Como a primeira etapa na meditação receptiva, as emoções aquietam-se para que possam agir como um cristal,[142] transmitindo a paz do coração de Deus[143] para as quatro partes da personalidade.[144] Essas partes recebem sua vida do coração de Deus, mas geralmente tornam-se agitadas por se concentrarem no futuro ou no passado.[145]

---

142. Por todo o *Apocalipse*, as águas de vários tipos representam emoções de vários tipos (ver Ap. 1:15). Para o versículo 6, *A Commentary on the Book of the Revelation*, p. 145, interpreta o mar de vidro como "emoções tranquilizadas".

143. *ACIM*, vol. II, p. 391, fornece esta instrução: "ficarei imóvel, e deixe a terra ficar imóvel junto comigo. E nessa imobilidade encontraremos a paz de Deus". A. E. Powell, *The Astral Body* (1927; reimpressão; Wheaton, IL: Theosophical Publishing House, 1978), p. 230, faz uma observação similar: "Emoções grandiosas podem ser sentidas, que vêm do nível búdico, isto é, do próximo plano acima do mental superior, e são refletidas no corpo astral". Aqui, o nível búdico é o plano das ideias divinas (ver capítulo 10), e o corpo astral é o corpo emocional.

144. O versículo 6 é baseado parcialmente em Ez. 1:5: "E do meio dela saía a semelhança de quatro seres viventes. E esta era a sua aparência: tinham a semelhança de homem". Tanto Blavatsky quanto Bailey usam "quaternário" como um sinônimo de personalidade, porque consideram a personalidade como tendo quatro partes principais; ver Blavatsky, *Collected Writings*, vol. 12, p. 692, e A. A. Bailey, *Esoteric Psychology*, vol. I (1936; reimpressão; New York: Lucis Publishing Company, 1979), p. 162. A personalidade é a parte mais baixa, ou animal, de um ser humano, e assim os quatro animais no versículo 6 simbolizam as quatro partes da personalidade.

145. Bailey, *A Treatise on White Magic*, p. 512, diz: "Deus respira e Sua vida pulsante emana do coração divino e manifesta-se como a energia vital de todas as formas". Esta citação é similar à última frase no versículo 6, já que o coração divino é simbolizado pelo trono e as formas, ou partes da personalidade são simbolizadas pelos animais.

7. E o primeiro animal era semelhante a um leão, e o segundo animal semelhante a um bezerro, e o terceiro animal tinha o rosto como o de homem, e o quarto animal era semelhante a uma águia voando.

7. As quatro partes da personalidade são o corpo físico,[146] o corpo vital,[147] o corpo emocional[148] e o corpo mental.[149]

---

146. Ez. 1:10 descreve quatro seres vivos similares àqueles descritos no versículo 7, mas as criaturas de Ezequiel possuem quatro faces: de homem, de leão, de touro e de águia. Na visão de João, cada criatura possui suas características distintas, seja a de leão, de bezerro, de rosto de homem ou de águia voando. O leão é o mais forte animal carnívoro (Jz. 14:18); ele representa o corpo físico, que é a única parte da personalidade com força física. O corpo físico inclui músculos e ossos.

147. O "bezerro" era considerado a mais deliciosa comida animal (1 Sm. 28:24, Am. 6:4, Lc. 15:23); representa o corpo vital, que nutre o corpo físico. O corpo vital recebeu muitos outros nomes: "biocampo" na medicina alternativa; "copo de ouro" na Bíblia (Ecl. 12:6); e "duplo etérico" na Teosofia (A. E. Powell, *The Etheric Double,* Wheaton, IL: Theosophical Publishing House, 1979). O corpo vital é discutido em vários Upanixades hindus, onde seu nome sânscrito é *pranamayakosha*, e é composto pelos ditos "meridianos" na medicina tradicional chinesa. Há uma concordância geral nas várias descrições deste corpo fornecidas nos Upanixades, na medicina tradicional chinesa e em investigações clarividentes (H. Motoyama, *Theories of the Chakras*, Wheaton, IL: Theosophical Publishing House, 1984). O corpo vital inclui os sete chacras da filosofia indiana.

148. O rosto humano revela o caráter e expressa emoções, como mostrado em Is. 3:9 (NRSV): "A expressão nos seus rostos testemunha contra eles". Assim, o rosto humano simboliza o corpo emocional, que gera nossos anseios, apetites, humores, sentimentos e desejos. A literatura teosófica costuma referir-se ao corpo emocional como o "corpo astral"; ver Powell, *The Astral Body.*

149. A águia tem a velocidade do voo (2 Sm. 1:23) e o poder da visão (Jó 39:27-29), que também são características do pensamento. Portanto, a águia voando representa o corpo mental, que às vezes é chamado de "mente inferior" ou simplesmente "a mente". Ver A. E. Powell, *The Mental Body* (1927; reimpressão; Wheaton, IL: Theosophical Publishing House, 1975).

8. E os quatro animais tinham, cada um, seis asas, e ao redor, e por dentro, estavam cheios de olhos; e não descansam nem de dia nem de noite, dizendo: Santo, Santo, Santo, é o Senhor Deus, o Todo-Poderoso, que era, e que é, e que há de vir.

9. E, quando os animais davam glória, e honra, e ações de graças ao que estava assentado sobre o trono, ao que vive para todo o sempre,

8. Como a segunda etapa na meditação, a personalidade quádrupla muda sua orientação, de modo que procura iluminação no interior, em vez de buscá-la no futuro ou passado.[150] A personalidade realiza essa mudança afirmando repetidas vezes: "Deus é fiel, compassivo, bom, todo-poderoso e eterno".[151]

9. Quando a personalidade quádrupla procura iluminação no interior, fornece atenção, honra e gratidão para a fonte interior de toda a vida, que é eterna.

---

150. Cada uma das quatro criaturas é dotada de seis asas, como o serafim de Isaías (Is. 6:2). Essas asas simbolizam movimento ou reorientação. No versículo 6, os animais são "cheios de olhos, por diante e por detrás", mostrando que a personalidade mudou sua orientação, porque agora está procurando a iluminação no interior.

151. O versículo 8 descreve uma abordagem contemplativa à meditação. J. S. Goldsmith, *The Contemplative Life* (New Hyde Park, NY: University Books, 1963), p. 95, explica: "Você permaneceu em uma contemplação contínua da totalidade de Deus, do poder de Deus, da graça de Deus, do amor de Deus; e tendo chegado ao fim dos seus pensamentos por enquanto, agora torna-se quieto e espera que Deus fale com você. Você mantém o silêncio, enquanto seus ouvidos estão abertos como se uma pequena voz estivesse prestes a falar com você".

10. Os vinte e quatro anciãos prostravam-se diante do que estava assentado sobre o trono, e adoravam o que vive para todo o sempre; e lançavam as suas coroas diante do trono, dizendo:

11. Digno és, Senhor, de receber glória, e honra, e poder; porque tu criaste todas as coisas, e por tua vontade são e foram criadas.

10. Como etapa final da meditação, o corpo causal muda sua orientação, de modo que ele procura iluminação vinda da fonte eterna da vida. Essa mudança ocorre quando o corpo causal percebe que sua própria sabedoria é limitada e conclui:[152]

11. "És digno, Senhor, de receber atenção, honra e fé, pois criaste todas as coisas e deste-lhes seus propósitos".

---

152. Taimni, *Self Culture*, p. 110, diz: "A primeira função do corpo Causal é servir como o órgão do pensamento abstrato". O pensamento abstrato inclui compreensões, expressões de sabedoria, raciocínio filosófico e compreensão de ideias. No versículo 10, lançar coroas diante do trono simboliza a percepção por parte do corpo causal de que sua própria sabedoria é limitada. A Bíblia faz observações similares: "Não te estribes no teu próprio entendimento" (Pr. 3:5); "Não sejas sábio aos teus próprios olhos" (Pr. 3:7).

Capítulo 5

ORIENTAÇÃO

O aspirante começa a praticar meditação, recebe orientação da alma e descobre o valor dessa orientação.

VERSÃO DO REI JAMES

1. E vi na destra do que estava assentado sobre o trono um livro escrito por dentro e por fora, selado com sete selos.

INTERPRETAÇÃO PSICOLÓGICA

1. Por meio da meditação receptiva, o aspirante ganha três discernimentos iniciais: sua personalidade é absolutamente dependente do poder de Deus;[153] sua personalidade é como um livro fechado devido à sua completa ausência de autoconhecimento;[154] e sua personalidade está aprisionada pelos seus sete chacras.[155]

---

153. F. Schleiermacher, *The Christian Faith* (1821-22; Edinburgh: T&T Clark, 1999), p. 16, declara: "Mas a autoconsciência que acompanha toda a nossa atividade e que, portanto, já que nunca chega ao zero, acompanha toda a nossa existência... é precisamente uma consciência da absoluta dependência; pois é a consciência de que toda a nossa atividade espontânea vem de uma fonte fora de nós". Jó 33:4 (RSV) faz uma observação similar: "O Espírito de Deus me fez, e o hálito do Todo-Poderoso me deu vida". No versículo 1, "vi" significa compreensão, "destra" significa poder, "o assentado no trono" é Deus, e "livro" simboliza a personalidade (ver Ap. 1:17, 1:16, 4:2, 1:11).

154. Ezequiel recebeu um livro de lamentações que estava "escrito por dentro e por fora" (Ez. 2:10). No versículo 1, a posição fechada do livro indica ignorância sobre a personalidade. Blavatsky, *Collected Writings,* vol. 8, p. 108, diz: "A primeira coisa necessária para obter autoconhecimento é tornar-se profundamente consciente da ignorância; sentir com cada fibra do coração que somos *continuamente* enganados por nós mesmos".

155. Daniel recebeu a ordem de "selar o livro" (Dn. 12:4). Quando um livro é protegido pela aplicação de um selo, pode ser examinado e lido apenas quando o selo for quebrado por uma pessoa autorizada. Em relação ao versículo 1, Pryse, *The Apocalipse Unsealed,* p. 39, diz que "os selos são os sete chacras principais"; D. H. Lawrence, *Apocalypse* (1931; reimpressão; New York: Penguin Books, 1995), p. 101, tem uma noção similar, afirmando que "os sete selos são... os grandes centros psíquicos do corpo humano".

2. E vi um anjo forte, bradando com grande voz: Quem é digno de abrir o livro e de desatar os seus selos?

2. O aspirante torna-se intuitivamente consciente de uma questão urgente: "qual fonte de orientação pode levar ao autoconhecimento e à liberdade?"[156]

3. E ninguém no céu, nem na terra, nem debaixo da terra, podia abrir o livro, nem olhar para ele.

3. A sabedoria do corpo causal, o conhecimento e os sentimentos da personalidade e os instintos da natureza subconsciente já foram testados, mas nenhum desses guias levou ao autoconhecimento ou à liberdade.[157]

4. E eu chorava muito, porque ninguém fora achado digno de abrir o livro, nem de lê-lo, nem de olhar para ele.

4. O aspirante passa por um período de sofrimento, porque ele é incapaz de encontrar qualquer forma de auto-orientação que leve ao autoconhecimento ou à liberdade.[158]

---

156. Um anjo é um mensageiro (ver Ap. 1:1). No versículo 2, o anjo é considerado como uma intuição, que é uma mensageira da alma. *ACIM*, vol. I, p. 298, faz uma pergunta similar ao versículo 2 e dá uma resposta que é similar ao versículo 3: "Como é que você, tão firmemente vinculado à culpa e comprometido em permanecer assim, pode estabelecer por si mesmo sua inocência? Isso é impossível. Mas certifique-se de que está disposto a reconhecer que *é* impossível".

157. Êx. 20:4 e Fl. 2:10 também dividem o universo em três partes: céu, terra e debaixo da terra. No versículo 3, "céu" representa o corpo causal, do mesmo modo como esse termo é usado em Mt. 6:20: "Mas ajuntai tesouros no céu". Bailey, *Esoteric Psychology*, vol. I, p. 327, usa o termo "aspecto material" como um sinônimo para a personalidade. Do mesmo modo, no versículo 3, "terra" simboliza a personalidade, e "debaixo da terra" é a natureza subconsciente, que está por baixo da personalidade.

158. Pr. 20:24 declara: "Os passos do homem são dirigidos pelo SENHOR; como, pois, entenderá o homem o seu caminho?" *ACIM*, vol. I, p. 299, diz: "Sempre que você pensa que sabe, a paz deixa você, porque abandonou o Mestre da paz".

ORIENTAÇÃO

5. E disse-me um dos anciãos: Não chores; eis aqui o Leão da tribo de Judá, a raiz de Davi, que venceu, para abrir o livro e desatar os seus sete selos.

5. Por meio do seu raciocínio abstrato, o aspirante chega à seguinte conclusão:[159] "O sofrimento pode ser eliminado encontrando-se a força interior que guiou a tribo de Judá e o rei Davi, porque esse guia foi capaz de trazer iluminação e liberdade no passado".[160]

---

159. Como os anciãos representam o corpo causal, o discurso de um ancião significa o raciocínio abstrato (ver Ap. 4:4, 10).

160. Leões representam força (Jz. 14:18). A tribo de Judá venceu suas batalhas quando contava com a orientação de Deus, como mostrado em 2 Cr. 32:7-8: "Esforçai-vos, e tende bom ânimo; não temais, nem vos espanteis, por causa do rei da Assíria, nem por causa de toda a multidão que está com ele, porque há um maior conosco do que com ele. Com ele está o braço de carne, mas conosco o SENHOR nosso Deus, para nos ajudar, e para guerrear por nós. E o povo descansou nas palavras de Ezequias, rei de Judá". Raízes indicam força interior (Pr. 12:3). Davi compôs muitos Salmos descrevendo como ele confiava em Deus como sua força interior, como o Salmo 28:7: "O SENHOR é a minha força e o meu escudo; nele confiou o meu coração, e fui socorrido".

6. E olhei, e eis que estava no meio do trono e dos quatro animais viventes e entre os anciãos um Cordeiro, como havendo sido morto, e tinha sete chifres e sete olhos, que são os sete espíritos de Deus enviados a toda a terra.

6. O aspirante aprende a discriminar procurando por uma fonte de orientação interior diferente da sua vitalidade, conhecimento, sentimentos, instintos e sabedoria.[161] Então, ele sente a alma como uma inocência interior[162] que havia sido enterrada.[163] A alma fornece a verdadeira orientação divina, porque ela expressa os poderes divinos e as perspectivas dos sete arcanjos que Deus enviou para toda a humanidade.[164]

---

161. Bailey, *The Light of the Soul*, p. 357, declara: "Ao aprender a discriminar entre o eu real e o eu pessoal inferior, ele se desembaraça, a luz que está nele é vista e ele é liberado". No versículo 6, o aspirante aprende a discriminar entre a alma e as outras vozes interiores. Os quatro animais são as quatro partes da personalidade (ver Ap. 4:7).

162. A Bíblia às vezes usa um cordeiro para representar a inocência. No seu comentário sobre o *Apocalipse*, Cayce interpreta "o Cordeiro" como "a mente, espiritual" e "a Consciência Crística", ambas sinônimos para a alma; ver J. Van Auken, *Edgar Cayce on the Revelation* (Virginia Beach, VA: A.R.E. Press, 2000), p. 196.

163. O versículo 6 mostra a alma como tendo se erguido de uma condição de morte. Blavatsky, *Collected Writings*, vol. 8, p. 173, explica, usando o Cristo como um sinônimo de alma: "Cristo – o verdadeiro Salvador esotérico – não é *um homem*, mas o Princípio Divino dentro de cada ser humano. Aquele que se esforça para ressuscitar o Espírito *crucificado dentro de si por suas próprias paixões terrestres*, e enterrado fundo no 'sepulcro' de sua carne pecaminosa; aquele que tem a força para afastar a *pedra da matéria* da porta do seu próprio santuário *interior, possui o Cristo ressuscitado dentro de si*".

164. Bailey, *Esoteric Psychology*, vol. II, p. 491-492, escreve: "A orientação pode vir, como bem sabe, da própria alma do homem através de meditação, disciplina e serviço, caso ele tenha estabelecido contato e haja consequentemente um canal direto de comunicação da alma para o cérebro, através da mente. Este, quando é claro e direto, é uma verdadeira orientação divina, vindo da divindade interior". No versículo 6, os chifres são símbolos de poder e domínio, já que são o meio principal de ataque e defesa para os animais que os possuem (Dt. 33:17). Os sete olhos simbolizam a visão divina, como em Zc. 4:10 (NIV): "Estes sete são os olhos do Senhor, que percorrem toda a terra". Os sete Espíritos de Deus são os sete arcanjos (ver Ap. 1:4, 4:5). A terra refere-se à humanidade, como em Gn. 11:1, Sl. 98:9 e Lm. 2:15.

ORIENTAÇÃO   63

7. E veio, e tomou o livro da destra do que estava assentado no trono.

8. E, havendo tomado o livro, os quatro animais e os vinte e quatro anciãos prostraram-se diante do Cordeiro, tendo todos eles harpas e salvas de ouro cheias de incenso, que são as orações dos santos.

7. A alma torna-se aparente mediante discriminação correta e depois age como a intermediária entre Deus e a personalidade.[165]

8. Depois que a alma assume o controle da personalidade, os corpos físico, vital, emocional, mental e causal prestam homenagem à alma. Eles apreciam a harmonia e a unidade entre si,[166] e sentimentos consagrados cheios de devoção e de aspiração que refletem a compreensão espiritual do corpo causal.[167]

---

165. Bailey, *The Light of the Soul*, p. 411, fala da "alma, como a intermediária entre o espírito e a matéria". *ACIM,* vol. I, p. 280, também se refere a um intermediário: "A sua função aqui é só decidir contra decidir o que você quer, em reconhecimento do que não quer... Deixe todas as decisões para Aquele que fala por Deus, e para a sua função como Ele a conhece".

166. Muitos instrumentos tocando juntos significam harmonia e unidade, como em 2 Cr. 5:13: quando os trombeteiros e os cantores estavam acordes em fazerem ouvir uma só voz, louvando ao Senhor e dando-lhe graças".

167. A frase "as orações dos santos" aparece em Tobias 12:15 (RSV). No versículo 8, os santos simbolizam os anciãos que representam o corpo causal (ver Ap. 4:4). "De ouro" pode significar "consagrado", porque ouro era usado para o altar, o candelabro e outros objetos dentro da tenda sagrada de Israel (Êx. 25, 39). Bailey fala de um "sentimento consagrado" (*Telepathy*, p. 9) e diz que "a energia da intuição ou amor-sabedoria espiritual ou compreensão... é demonstrada como sensibilidade e sentimento no corpo astral" (*The Rays and the Initiations*, p. 445). No versículo 8, as "salvas" simbolizam os sentimentos, porque podem ser consagrados e refletir a compreensão do corpo causal. "Incenso" pode simbolizar a devoção (Sl. 141:2) e aspiração religiosa (Ml. 1:11), ambos exemplos de sentimentos consagrados.

9. E cantavam um novo cântico, dizendo: Digno és de tomar o livro, e de abrir os seus selos; porque foste morto, e com o teu sangue compraste para Deus homens de toda a tribo, e língua, e povo, e nação;

10. E para o nosso Deus os fizeste reis e sacerdotes; e eles reinarão sobre a terra.

9. E eles exibem uma nova fé, dizendo para a alma: "Você é digna de estar no comando e de desfazer todas as limitações. Embora antes nós houvéssemos ignorado você, seu amor espiritual ligou-nos diretamente a Deus, ultrapassando nossos relacionamentos anteriores com a família, raça, comunidade e nação;[168]

10. E você nos tornou um único organismo integrado dedicado a servir a Deus,[169] permitindo trazer nossas inspirações, pensamentos e desejos para a forma física."[170]

---

168. "Sangue" é um símbolo do amor (ver Ap. 1:5). O sangue no versículo 9 vem do Cordeiro, que simboliza a alma. Bailey, *A Treatise on White Magic*, p. 40, diz: "a característica principal da alma é o amor". 1 Jo. 3:1-2 indica que o amor pode transformar uma pessoa em um "filho de Deus": "Considerai com que amor nos amou o Pai, para que sejamos chamados filhos de Deus... Caríssimos, desde agora somos filhos de Deus".

169. Êx. 19:6 declara: "Mas vós me sereis um reino de sacerdotes e uma nação consagrada". Para o versículo 10, a RSV fornece a tradução "os fizeste um reino e sacerdotes para nosso Deus; e eles reinarão sobre a terra", que é mais próximo da maneira como está escrito em Êx. 19:6. Aqui, "um reino" é interpretado como indicando que os corpos físico, vital, emocional, mental e causal formam um único organismo integrado.

170. A. A. Bailey, *Letters on Occult Meditation* (1922; reimpressão; New York: Lucis Publishing Company, 1974), p. 1-2, discute os efeitos de integrar a personalidade e o corpo causal: "É no alinhamento dos três veículos, o corpo físico, emocional e mental inferior, dentro da periferia causal, e sua estabilização ali por um esforço de vontade, que o verdadeiro trabalho do Ego ou do Eu Superior em uma encarnação pode ser realizado... Então os grandes líderes da raça – aqueles que conduzem emocional e intelectualmente a humanidade – podem ser vistos trabalhando; então os escritores inspiracionais e os sonhadores podem trazer à terra suas inspirações e sonhos; e então os pensadores sintéticos e abstratos podem transferir seus conceitos para o mundo da forma". Aqui, Ego e Eu Superior são sinônimos para alma; ver Bailey, *A Treatise on Cosmic Fire* (1925; reimpressão; New York: Lucis Publishing Company, 1973), p. 48. No versículo 10, a terra refere-se à forma física (ver Ap. 3:10).

ORIENTAÇÃO

11. E olhei, e ouvi a voz de muitos anjos ao redor do trono, e dos animais, e dos anciãos; e era o número deles milhões de milhões, e milhares de milhares;

11. O aspirante pratica a discriminação correta e recebe assim muitas intuições que passam do coração de Deus para sua personalidade e corpo causal. Essas intuições são numerosas, porque vários tipos de decisões são deixados para a alma.[171]

12. que com grande voz diziam: Digno é o Cordeiro, que foi morto, de receber o poder, e riquezas, e sabedoria, e força, e honra, e glória, e ações de graças.

12. Essas intuições trazem liberação de todos os problemas abordados, mostrando que a alma, muito embora antes houvesse sido ignorada, é digna de receber fé, devoção, contemplação, obediência, honra, atenção e louvor.[172]

13. E ouvi toda a criatura que está no céu, e na terra, e debaixo da terra, e que está no mar, e a todas as coisas que neles há, dizer: Ao que está assentado sobre o trono, e ao Cordeiro, sejam dadas ações de graças, e honra, e glória, e poder para todo o sempre.

13. De todas essas maneiras (pensamentos abstratos, pensamentos concretos, instintos e sentimentos), o aspirante responde ao atribuir felicidade, honra, iluminação e poder tanto a Deus como à alma por toda a eternidade.[173]

14. E os quatro animais diziam: Amém. E os vinte e quatro anciãos prostraram-se, e adoraram ao que vive para todo o sempre.

14. A quádrupla personalidade afirma que a verdade das lições foi aprendida pela meditação. O corpo causal torna-se silencioso e espera por orientação a partir da fonte de vida eterna.

---

171. João 14:26 (NKJV) afirma: "Mas o Paráclito, o Espírito Santo, que o Pai enviará em meu nome, ensinar-vos-á todas as coisas e vos recordará tudo o que vos tenho dito". *ACIM*, vol. I, p. 277, encoraja-nos a "pedir tudo ao Espírito Santo, e a deixar todas as decisões à sua gentil escolha". Aqui, o Espírito Santo é um sinônimo para a alma (ver Ap. 2:7). No versículo 11, "olhei" refere-se à discriminação correta (ver versículo 6), e "anjos" às intuições (ver versículo 2).

172. *ACIM*, vol. I, afirma: "O Espírito Santo oferece liberação de todo problema que você acha que tem". No versículo 12, a "grande voz" simboliza a chegada de tal liberação.

173. O versículo 13 é similar a Pr. 3:6: "Sejam quais forem os teus caminhos, pensa nele, e ele aplainará tuas sendas". "Glória" é uma tradução da palavra grega *doxa*, que às vezes é traduzida como brilho (At. 22:11, NASB); aqui significa iluminação.

Capítulo 6

AUTOPURIFICAÇÃO

Os efeitos das instruções fornecidas anteriormente são descritos. Estes incluem a purificação das quatro partes da personalidade, a aquisição de uma nova sabedoria, e a auto-observação objetiva.

VERSÃO DO REI JAMES

1. E, havendo o Cordeiro aberto um dos selos, olhei, e ouvi um dos quatro animais, que dizia como em voz de trovão: Vem, e vê.

INTERPRETAÇÃO PSICOLÓGICA

1. O aspirante compreende o que fazer quando a alma revela como transformar o chacra sacral.[174] Ele é estimulado pelo seu corpo vital, como se essa fosse a sua vontade, para observar seus motivos.[175]

---

174. No versículo 1, "olhei" significa entendi, e "o Cordeiro" é a alma (ver Ap. 1:17, 5:6). Ap. 5:1 usa um selo fechado em um livro como uma metáfora para um chacra que o aspirante não sabe como transformar, porque tal chacra aprisiona sua personalidade. O versículo 1 utiliza um selo aberto como metáfora para um chacra que o aspirante sabe como transformar, porque ele pode encontrar a liberdade por meio dele.

175. Os "quatro animais" são as quatro partes da personalidade (ver Ap. 4:7), e "o som do trovão" simboliza a vontade (ver Ap. 4:5). Como em Ap. 2:1, o primeiro selo é o chacra sacro, e o primeiro animal é o corpo vital.

AUTOPURIFICAÇÃO

2. E olhei, e eis um cavalo branco; e o que estava assentado sobre ele tinha um arco; e foi-lhe dada uma coroa, e saiu vitorioso, e para vencer.

3. E, havendo aberto o segundo selo, ouvi o segundo animal, dizendo: Vem, e vê.

4. E saiu outro cavalo, vermelho; e ao que estava assentado sobre ele foi dado que tirasse a paz da terra, e que se matassem uns aos outros; e foi-lhe dada uma grande espada.

2. O aspirante aparece e purifica seu corpo vital[176] com o auxílio de uma inteligência penetrante que discerne o egoísmo e a hipocrisia.[177] Seu chacra coronário é ativado com discernimentos mostrando que tais motivos estão errados, e então ele os transforma progressivamente.[178]

3. Quando a alma revela como transformar o chacra do plexo solar, o aspirante é estimulado pelo seu corpo emocional a observar seus desejos.[179]

4. Há um conflito dentro do corpo emocional quando o aspirante coage ou disciplina um desejo, de modo que um desejo tenta conquistar o outro.[180] Desapegando-se dos seus desejos, ele recebe o discernimento que resolve esse conflito interno.[181]

---

176. Os "Quatro Cavaleiros do Apocalipse" são símbolos amplamente reconhecidos do *Apocalipse*. Esta imagem parece derivar de Zc. 6:1-7, que descreve cavalos de várias cores puxando quatro carruagens que patrulham a terra. Nos versículos 2, 4, 5 e 8, os quatro cavalos representam as quatro partes da personalidade, porque essas partes são veículos para a consciência do aspirante, e cada cavaleiro representa o aspirante depois que ele compreendeu como transformar o chacra correspondente. No versículo 2, o cavalo simboliza o corpo vital, e a cor branca representa a pureza (Tabela 4).

177. Um arco simboliza uma inteligência que pode penetrar, como uma flecha, sob a superfície do comportamento e discernir um motivo ulterior. Sl. 38:2 usa uma metáfora relacionada: "porque as vossas flechas me atingiram".

178. Uma coroa representa o chacra coronário quando foi despertado por discernimentos (ver Ap. 2:10, 3:11). A frase "vitorioso, e para vencer" sugere um processo progressivo de purificação.

179. Como em Ap. 2:8, o segundo selo é o chacra do plexo solar, e o segundo animal é o corpo emocional.

180. J. Krishnamurti, *Commentaries on Living, Third Series* (1960; reimpressão; Wheaton, IL: Theosophical Publishing House, 1970), p. 294, declara: "O desejo é energia, e precisa ser compreendido; ele não pode meramente ser suprimido, ou obrigado a conformar-se. Qualquer esforço de coagir ou disciplinar o desejo ocasiona conflitos". No versículo 4, a terra é a personalidade (ver Ap. 5:3), e um cavalo é o corpo emocional. A cor vermelha indica conflito, como em Na. 2:3: "O escudo dos seus homens fortes tornou-se rubro".

181. Uma espada simboliza uma intuição (ver Ap. 1:16). A palavra "grande" indica uma posição de autoridade (ver Ap. 1:10). A "grande espada" na última parte do versículo 4 simboliza um discernimento, que é um tipo de intuição, que resolve o conflito descrito na primeira parte desse versículo.

5. E, havendo aberto o terceiro selo, ouvi dizer ao terceiro animal: Vem, e vê. E olhei, e eis um cavalo preto; e o que sobre ele estava assentado tinha uma balança na mão.

5. Quando a alma revela como transformar o chacra cardíaco, o aspirante considera seu corpo físico um templo da alma,[182] o que chama sua atenção para a alma. Esta orientação permite que ele tenha intuições que substituem valores materialistas com justiça e imparcialidade.[183]

6. E ouvi uma voz no meio dos quatro animais, que dizia: Uma medida de trigo por um dinheiro, e três medidas de cevada por um dinheiro; e não danifiques o azeite e o vinho.

6. O aspirante escuta a alma, que está no meio da sua personalidade quádrupla, dizer: "Distinga o valor relativo das coisas físicas enquanto mantém a consciência das intuições e do amor espiritual".[184]

7. E, havendo aberto o quarto selo, ouvi a voz do quarto animal, que dizia: Vem, e vê.

7. Quando a alma revela como transformar o chacra laríngeo, o aspirante é instado pela sua mente a observar seus pensamentos.[185]

---

182. Como em Ap. 2:12, o terceiro selo é o chacra cardíaco, e o terceiro animal é o corpo físico. Paulo, em 1 Cor 6:19, diz: "o vosso corpo é templo do Espírito Santo, que habita em vós, o qual recebestes de Deus". Ver também João 2:21.

183. Preto é a cor do manto daqueles que estão de luto (Jr. 14:2) e simboliza a morte (Sl. 143:3). O cavalo representa o corpo físico, portanto o cavalo preto simboliza a morte de valores materialistas. Um par de balanças é um símbolo da justiça e da imparcialidade, como em Jó 31:6 (NRSV): "Que eu seja pesado em uma balança justa, e que Deus conheça minha integridade!" Ver também Sl. 62:9 e Pr. 11:1.

184. O azeite era o combustível comum para lâmpadas (Lv. 24:2, Êx. 27:20), e portanto representa intuições, a fonte da iluminação espiritual. O vinho representa amor espiritual por dois motivos. Primeiro, "o vinho... alegra o coração do homem" (Sl. 104:15), o que o amor espiritual realiza quando é recebido no chacra cardíaco; ver também Zc. 10:7. Em segundo lugar, o vinho às vezes é chamado de "sangue da uva" (Gn. 49:11, Dt. 32:14), e o sangue simboliza o amor espiritual (ver Ap. 1:5).

185. Como em Ap. 2:18, o quarto selo é o chacra laríngeo, e o quarto animal é o corpo mental.

AUTOPURIFICAÇÃO

8. E olhei, e eis um cavalo amarelo, e o que estava assentado sobre ele tinha por nome Morte; e o inferno o seguia; e foi-lhes dado poder para matar a quarta parte da terra, com espada, e com fome, e com peste, e com as feras da terra.

8. O aspirante contempla e deixa de lado seu pensamento corrompido e iludido, restaurando assim sua inocência enterrada.[186] Ele tem poder sobre sua mente, que é a parte mais elevada de sua personalidade quádrupla, e pode purificá-la de quatro maneiras: tendo compreensões que dispersam falsas crenças, recusando-se a expressar certas linhas de pensamento, refutando crenças falsas e preconceitos por meio de argumentos lógicos, e envolvendo outras partes da personalidade em serviço altruísta.[187]

9. E, havendo aberto o quinto selo, vi debaixo do altar as almas dos que foram mortos por amor da palavra de Deus e por amor do testemunho que deram.

9. Quando a alma revela como transformar o chacra frontal, o aspirante compreende novos princípios de sabedoria, que então são armazenados dentro do corpo causal. Esses novos princípios são a essência transmutada dos motivos, sentimentos e pensamentos que foram eliminados pela sua oposição às intuições da alma e por estarem baseados na ilusão.[188]

---

186. Paulo, em Ef. 4:22-23 (NRSV), captura o significado da primeira parte do versículo 8: "Renunciai à vida passada, despojai-vos do homem velho, corrompido pelas concupiscências enganadoras. Renovai sem cessar o sentimento da vossa alma..." O nome de algo representa sua natureza (ver Ap. 2:3). A natureza do aspirante no versículo 8 é a morte, já que ele deixa de lado seu pensamento corrupto e iludido. O cavalo é amarelo, como um corpo doente ou moribundo, e representa os antigos comportamentos mentais. O inferno, que é o lugar dos mortos, segue-o de perto e representa a renovação da inocência que foi enterrada.

187. No versículo 8, os quatro métodos de matar são similares aos "quatro flagelos funestos" listados em Ez. 14:21: "a espada, a fome, a fera e a peste". As "feras da terra" referem-se às partes da personalidade (ver Ap. 4:6-7, 5:3).

188. Como em Ap. 3:1, o quinto selo é o chacra frontal. O altar no versículo 9 refere-se ao "altar de holocausto" (Êx. 38:1). A tradição era "derramar todo o sangue do bezerro na parte inferior do altar do holocausto" (Lv. 4:7). No versículo 9, o altar é o corpo causal, que é um repositório de sabedoria (ver Ap. 4:4); as almas, que representam o sangue do bezerro, são os princípios de sabedoria adquiridos pela transmutação de várias impurezas (ver Ap. 3:9). As palavras de Deus são intuições (ver Ap. 1:2) e vêm da alma, porque a alma age como intermediária entre Deus e a personalidade (ver Ap. 5:7).

10. E clamavam com grande voz, dizendo: Até quando, ó verdadeiro e santo Dominador, não julgarás e vingarás o nosso sangue naqueles que habitam sobre a terra?

10. Os pensamentos abstratos do aspirante gritam para a alma, dizendo: "Quanto tempo ainda passará, ó Senhor, antes que seu amor espiritual e seus discernimentos[189] julguem e eliminem as principais causas de sofrimento, que são os sentimentos de identificação com o corpo físico?"[190]

11. E foram dadas a cada um longas vestes brancas e foi-lhes dito que repousassem ainda um pouco de tempo, até que também se completasse o número de seus companheiros e seus irmãos, que haviam de ser mortos como eles foram.

11. Cada impureza, depois de ser compreendida, torna-se sabedoria valorizada. Uma intuição diz ao aspirante para esperar mais um pouco, até que as impurezas restantes também sejam transmutadas em princípios de sabedoria.[191]

---

189. No versículo 10, "grande voz" é o pensamento abstrato, porque vem do corpo causal (ver Ap. 4:10). "Verdadeiro e santo" refere-se ao amor espiritual e aos discernimentos, respectivamente (ver Ap. 3:7).

190. O versículo 10 refere-se à antiga lei de retaliação, na qual "O vingador do sangue é aquele que matará o assassino" (Nm. 33:19, NRSV). O sangue é um símbolo com vários significados; além de simbolizar o amor espiritual (ver Ap. 1:5, 5:9), ele também simboliza sofrimento, como em Hab. 2:12. No versículo 10, "vingar nosso sangue" é interpretado como eliminar as causas do sofrimento. "Os que habitam sobre a terra" são sentimentos de identificação com o corpo físico (ver Ap. 3:10). D. Ming-Dao, *Chronicles of Tao* (New York: Harper Collins, 1993), p. 298, considera a falsa identificação como a causa do sofrimento: "Você sofre porque se imagina como algo diferente de quem realmente é".

191. Uma questão similar àquela do versículo 10 e uma resposta similar ao versículo 11 são oferecidas em 4 Esdras 4:35-36: "As almas dos justos em seus aposentos perguntaram sobre essas questões, dizendo: 'Quanto tempo permaneceremos aqui? E quando colheremos nossa recompensa?' E o arcanjo Jeremiel respondeu-lhes: 'Quando o número daqueles que são iguais a vocês for completado'". Este texto vem de Charlesworth, *The Old Testament Pseudepigrapha*, vol. I.

12. E, havendo aberto o sexto selo, olhei, e eis que houve um grande tremor de terra; e o sol tornou-se negro como saco de cilício, e a lua tornou-se rubra como sangue;

12. Quando a alma revela como transformar o chacra coronário, o aspirante observa a si mesmo com discernimento divino, que traz uma grande mudança na sua personalidade.[192] Ele não depende mais de mestres e de ensinamentos externos.[193]

13. E as estrelas do céu caíram sobre a terra, como quando a figueira deixa cair os seus figos verdes, abalada por um vento forte.

13. Ele deixa de lado os ideais mentais tão facilmente quanto uma figueira se desfaz de figos murchos quando sopra um vento forte.[194]

---

192. Como em Ap. 3:7, o sexto selo é o chacra coronário. Um terremoto está sacudindo ou deslocando a crosta da terra. Um grande terremoto é associado com julgamento divino, como em Ez. 38:19 (NIV): "Na explosão de meu ciúme e na exasperação de minha raiva, eu o afirmo, naquele dia, eu o juro, haverá terrível abalo na terra de Israel". Ver também Is. 29:6 e Sl. 60:2. No versículo 12, um grande terremoto é considerado uma grande mudança na personalidade por causa do discernimento divino.

193. A imagem na última parte do versículo 12 vem de Joel 2:31: "O sol se transformará em escuridão, e a lua em sangue, antes da chegada do grande e terrível dia do Senhor". De acordo com Atos 2:20, Pedro cita esta passagem de Joel no dia de Pentecostes, acreditando que os eventos daquele dia realizavam a profecia de Joel. O sol é uma fonte externa de luz; ele representa um mestre ou uma figura de autoridade externo. A lua é uma fonte externa de luz refletida; ela representa um ensinamento externo, como aquele encontrado em livros. No dia de Pentecostes, os apóstolos ouviram e seguiram a voz interior, chamada de Espírito Santo, em vez de seguirem mestres e ensinamentos externos. J. Krishnamurti, *Krishnamurti's Journal* (San Francisco: Harper and Row, 1982), p. 28, usa imagens similares: "É preciso ser uma luz para si mesmo... Ser uma luz para si mesmo é não seguir a luz de outro, por mais razoável, lógica, histórica e convincente que ela seja".

194. O versículo 13 baseia-se em Is. 34:4 (ICB): "As estrelas cairão como folhas secas de uma vinha ou figos murchos de uma figueira". Blavatsky, *Collected Writings*, vol. 11, p. 262, usa uma estrela como uma metáfora para um "ideal". Quanto ao versículo 13, *A Commentary on the Book of the Revelation*, p. 149, considera as estrelas do céu como "ideais mentais". Krishnamurti, *Freedom from the Known*, p. 19, discorre sobre a necessidade de desistir de ideais: "Tendo percebido que não podemos depender de nenhuma autoridade externa para realizar uma revolução total dentro da estrutura da nossa psique, há a dificuldade imensamente maior de rejeitar nossa própria autoridade interior, a autoridade das nossas pequenas experiências particulares e opiniões, conhecimentos, ideias e ideais acumulados".

14. E o céu enrolou-se como um pergaminho; e todos os montes e ilhas foram removidos dos seus lugares.

15. E os reis da terra, e os grandes, e os ricos, e os tribunos, e os poderosos, e todo o servo, e todo o livre, esconderam-se nas cavernas e nas rochas das montanhas;

16. E diziam aos montes e aos rochedos: Caí sobre nós, e escondei-nos do rosto daquele que está assentado sobre o trono, e da ira do Cordeiro;

14. Ele não usa mais os princípios de sabedoria armazenados dentro do seu corpo causal como guias para atividades.[195] Ele percebe sentimentos de orgulho e de separação de modo diferente.[196]

15. Várias formas de orgulho – vaidade do poder, autoridade, sabedoria, superioridade, força, associações e independência – tentam proteger-se por meio de diversas defesas e desculpas.[197]

16. Eles tentam esconder-se por trás dessas defesas e desculpas, para que possam escapar da luz da presença de Deus e da correção da alma:[198]

---

195. A primeira parte do versículo 14 também se baseia em Is. 34:4: "Os céus se enrolarão como um pergaminho". Um rolo de papiro era a forma mais antiga de livro. No versículo 14, o céu é o corpo causal (ver Ap. 5:3). Os princípios da sabedoria armazenados dentro desse corpo são como palavras escritas em um pergaminho, de modo que enrolar um pergaminho significa que esses princípios não estão mais sendo consultados (ver Ap. 4:4).

196. Is. 40:4 declara: "Que todo vale seja aterrado, que toda montanha e colina sejam abaixadas". Mt. 23:12 diz algo semelhante: "Aquele que se exaltar será humilhado, e aquele que se humilhar será exaltado". Esses dois versículos mostram que as montanhas podem ser usadas para representar sentimentos de orgulho. A palavra ilha pode ser usada metaforicamente para representar qualquer coisa que esteja separada ou isolada. Por exemplo, John Donne, o poeta inglês, diz: "nenhum homem é uma ilha, inteiro por si só; cada homem é parte do continente" (*Devotions upon Emergent Occasions*, 1624, nº 17). No versículo 14, ilhas simbolizam sentimentos de separação.

197. O versículo 15 baseia-se em Is. 2:19: "Refugiai-vos nas cavernas dos rochedos, e nos antros da terra, sob o impulso do terror do Senhor, e do esplendor de sua majestade, quando ele se levantar para aterrorizar a terra". Ver também Is. 2:10, 21. Psicólogos modernos descreveram uma variedade de reações defensivas, ou mecanismos, que usamos para evitar ou amenizar ameaças à nossa autoestima, como repressão, racionalização, isolamento, projeção, formação de reação, fantasia e afastamento. No versículo 15, os esforços de fuga simbolizam as reações defensivas.

198. O versículo 16 baseia-se em Os. 10:8: "dirão então às montanhas: Cobri-nos! E às colinas: Caí sobre nós!" Ver também Lucas 23:30. Gn. 3:8 contém a frase "a presença do Senhor Deus" na VRJ, mas contém "a face de Jeová Deus" na *Young's Literal Translation* (YLT). Do mesmo modo, no versículo 16, o "rosto daquele que está assentado" significa a presença de Deus.

17. Porque é vindo o grande dia da sua ira; e quem poderá subsistir?

17. Pois quando a observação objetiva quase contínua está presente,[199] que formas de orgulho podem permanecer?[200]

---

199. "O grande dia da sua ira" é um período do julgamento de Deus que foi previsto pelos profetas: Joel 2:11, Is. 13:6 e Sf. 1:14. Ele se refere ao período contínuo de observar a si mesmo com discernimento divino, que começou no versículo 12.

200. A pergunta feita no versículo 17 é similar àquela perguntada em Na. 1:6: "Quem poderia enfrentar sua cólera? Quem poderia resistir ao ardor de sua ira?" Ver também Ml. 3:2 e Joel 2:11. O contexto do versículo 17 mostra que "quem" nesse versículo refere-se às formas de orgulho ocultas nos versículos 15 e 16.

Capítulo 7

PREPARAÇÃO PARA
A KUNDALINI

O aspirante compreende que completou a preparação necessária para evitar
ser superestimulado quando a kundalini for despertada.

VERSÃO DO REI JAMES

1. E depois destas coisas vi quatro anjos que estavam sobre os quatro cantos da terra, retendo os quatro ventos da terra, para que nenhum vento soprasse sobre a terra, nem sobre o mar, nem contra árvore alguma.

INTERPRETAÇÃO PSICOLÓGICA

1. Depois de suportar as experiências do capítulo anterior, o aspirante percebe que uma falta anterior de integração na sua personalidade quádrupla[201] impediu que as energias dos quatro chacras se unissem,[202] de modo que a kundalini não pôde ser despertada e afeta seu corpo físico ou emocional, ou seus sistemas nervosos.[203]

---

201. Anjo significa mensageiro (ver Ap. 1:1). *A Commentary on the Book of Revelation,* p. 151, diz que os quatro anjos no versículo 1 são "inteligências controladoras encarregadas dos quatro elementos do corpo". Esses anjos simbolizam as quatro partes da personalidade (corpos mental, emocional, vital e físico), porque cada parte tornou-se um mensageiro para a alma.

202. O Antigo Testamento faz diversas referências aos "quatro ventos" (Jr. 49:36, Ez. 37:9, Dan. 8:8 e Zc. 2:6) e um referência aos "quatro cantos da terra" (Is. 11:12). No versículo 1, os "quatro cantos" são os centros de força principais, ou chacras, dentro do corpo vital, "quatro ventos" são as energias sutis que fluem dentro do corpo vital, e "o vento" é a energia misturada, ou kundalini despertada. Bailey explica: "o tríplice fogo latente da kundalini... é despertado e sobe por meio do tríplice canal da espinha, assim que os três centros principais (a cabeça, o coração e a garganta) formam um triângulo esotérico, e assim podem passar a energia flamejante oculta em cada centro de uma maneira circular" (*A Treatise on Cosmic Fire,* p. 1129); "O Fogo da Kundalini... é na verdade a união desses três fogos, que são focalizados por um ato da vontade iluminada, sob o impulso do fogo, no centro básico" (*Esoteric Healing,* p. 185).

203. A terra é o corpo físico, e o mar é o corpo emocional (ver Ap. 3:10, 4:6). A frase "árvore dos nervos" às vezes é usada em artigos sobre a anatomia humana para denotar um

2. E vi outro anjo subir do lado do sol nascente, e que tinha o selo do Deus vivo; e clamou com grande voz aos quatro anjos, a quem fora dado o poder de danificar a terra e o mar,

2. O aspirante está ciente de uma intuição vinda da alma[204] que traz autoridade divina;[205] ela fornece instruções claras para sua personalidade quádrupla, que agora tem a capacidade de despertar a kundalini.

---

sistema nervoso, porque este último é semelhante a uma árvore. J. Bell-Ranske, *The Revelation of Man* (New York: William S. Rhode Company, 1924), p. 190, interpreta as duas árvores em Ap. 11:4 como "o sistema nervoso com seus gânglios". Do mesmo modo, "árvore alguma" no versículo 1 simboliza qualquer sistema nervoso.

204. A Bíblia às vezes usa o sol como um símbolo da alma; por exemplo, ver Ml. 4:2. O leste é a direção de onde a luz se eleva do sol, e assim simboliza a direção de onde a luz vem da alma. Por exemplo, Ez. 43:2 declara: "E eis que a glória do Deus de Israel chegava do oriente". Bailey, *Esoteric Psychology*, vol. I, p. 84, também usa esse símbolo direcional, referindo-se à alma como "o Mestre no oriente". Do mesmo modo, o anjo do leste no versículo 2 é uma intuição da alma, que é também o modo como o anjo em Ap. 5:2 é interpretado.

205. Nos tempos antigos, um selo permitia que um documento fosse considerado autêntico; por exemplo, 1 Reis 21:8. O título "Deus vivo" aparece muitas vezes no Antigo Testamento; por exemplo, Js. 3:10. Mounce, *The Book of Revelation*, p. 157: diz: "o título é apropriado sempre que Deus está prestes a intervir em prol do seu povo". O "selo do Deus vivo" no versículo 2 simboliza a autoridade divina.

3. Dizendo: Não danifiqueis a terra, nem o mar, nem as árvores, até que hajamos assinalado nas suas testas os servos do nosso Deus.

3. Esta intuição diz: "Não fira o corpo físico, o corpo emocional e os sistemas nervosos.[206] Antes que a kundalini possa ser despertada de modo seguro, outras intuições devem proteger as células em todo o corpo físico[207] elevando sua consciência.[208]

---

206. Muitos escritores alertam que despertar a kundalini sem a preparação adequada pode danificar os corpos físico e emocional e os sistemas nervosos. Por exemplo, Swami Rama, "The Awakening of Kundalini", em White (org.), *Kundalini,* p. 35, aconselha: "Para despertar verdadeiramente a kundalini, é preciso preparar-se primeiro. Sem uma prática longa e paciente de autopurificação e de fortalecimento da própria capacidade de tolerar e assimilar tamanha torrente de energia, o despertar desse poder latente perturbaria profundamente, desorientaria e confundiria o estudante. Mesmo no nível físico, tal carga de energia pode ameaçar a integridade do corpo".

207. Ez. 9:4 fornece o fundamento para marcar a testa: "E o Senhor lhe disse: Percorre a cidade, o centro de Jerusalém, e marca com uma cruz na fronte os que gemem e suspiram devido a tantas abominações que na cidade se cometem". Nesta passagem, a marca na testa serve como uma proteção. *A Commentary on the Book of Revelation,* p. 151, considera os servos de Deus no versículo 3 como sendo "certas células principais por todo o corpo", que é a interpretação usada aqui.

208. A testa representa a mente e a consciência. Como um exemplo de uso similar, a RSV fornece a tradução literal "testa dura" em Ez. 3:7 onde a NASB usa "teimoso". Ver também Jr. 3:3. Yogi Ramacharaka, *The Science of Psychic Healing* (1909; reimpressão; Chicago: Yogi Publication Society, 1937), p. 26-27, diz que "vidas celulares... são na verdade mentes de certo grau de desenvolvimento". Bailey, *Discipleship in the New Age*, vol. I, p. 263-264, observa: "as células do corpo físico precisam de uma sensibilização mais rápida, e isso é feito trazendo energia para elas, e não por meio de dietas ou de outros meios do plano físico". Assim, marcar os servos nas suas testas simboliza elevar a consciência das células pelo recebimento das intuições da alma.

4. E ouvi o número dos assinalados, e eram cento e quarenta e quatro mil assinalados, de todas as tribos dos filhos de Israel.

5. Da tribo de Judá, havia doze mil assinalados; da tribo de Rúben, doze mil assinalados; da tribo de Gade, doze mil assinalados;

4. Eventualmente, o aspirante recebe uma intuição dizendo que a consciência celular foi elevada[209] dentro das doze partes principais[210] do seu corpo físico.[211]

5. A cabeça possui três partes principais: o cérebro, os olhos e as glândulas pineal, pituitária e carótida. A consciência celular dentro dessas partes foi elevada.[212]

---

209. Cayce respondeu "correto" à pergunta "É certo interpretar os 144 mil que foram marcados como a estrutura celular espiritualizada das 12 principais divisões do corpo?" (Van Auken, *Edgar Cayce on the Revelation*, p. 170). C. Fillmore, *Jesus Christ Heals* (Unity Village, MO: Unity School of Christianity, 1996), p. 152, oferece uma interpretação similar: "O número assinalado é doze mil de cada uma das doze tribos. Tudo isso é simbólico e não deve ser levado ao pé da letra. O homem possui doze faculdades, representadas pelas doze tribos de Israel. Quando a consciência na testa é iluminada pelo espírito, todos os doze centros do corpo respondem automaticamente".

210. O número 12 representa o padrão divino ou a organização divina. Por exemplo, o ano foi dividido em 12 meses (1 Reis 4:7), o dia em 12 horas (João 11:9), o povo de Israel em 12 tribos (Gn. 49:28), e 12 apóstolos foram escolhidos por Jesus (Mt. 10:1). O *New Bible Dictionary*, p. 834, conclui: "Assim, doze é ligado aos propósitos eletivos de Deus". O número 10 representa plenitude (ver Ap. 2:10), e, portanto, o número 1.000 (que é 10 ao cubo) representa plenitude quanto a múltiplos critérios. O número 12.000, que é 12 vezes 1.000, representa a realização do padrão divino. O número 144.000, que é 12 vezes 12.000, representa a realização do padrão divino dentro de cada uma das 12 partes principais do corpo físico.

211. A Tabela 5 associa as doze tribos com partes do corpo físico. *A Commentary on the Book of Revelation*, p. 38, faz associações similares, mas sem combinar bem com os significados dos nomes hebraicos listados na Tabela 5. C. Fillmore, *The Twelve Powers of Man* (Unity Village, MO: Unity School of Christianity, 1995), p. 16, descreve doze centros no corpo físico e associa-os com os doze apóstolos de Jesus, mas não com as doze tribos. As doze partes físicas fornecidas na Tabela 5 vêm de Bailey, *Treatise on White Magic*, p. 43, que diz: "Existem outros órgão, mas aqueles enumerados são os que possuem um significado esotérico de maior valor do que as outras partes". Embora Bailey não associe suas doze partes com as doze tribos, a Tabela 5 mostra que elas podem ser associadas de tal modo que correspondam razoavelmente aos significados dos nomes hebraicos ou às passagens bíblicas relacionadas.

212. Quanto aos versículos 5 a 8, Charles, *The Revelation of St. John,* vol. I, p. 207, diz que "as tribos são enumeradas de uma maneira completamente ininteligível". Contudo, a Tabela 5 mostra que as tribos possuem uma ordem inteligível, porque os órgãos associados em cada versículo formam um agrupamento natural. Por exemplo, os órgãos associados com as três tribos mencionadas no versículo 5 são partes da cabeça. Nos artigos sobre a anatomia humana, a glândula carótida muitas vezes é chamada de "corpo carotídeo".

6. Da tribo de Aser, doze mil assinalados; da tribo de Neftali, doze mil assinalados; da tribo de Manassés, doze mil assinalados;

7. Da tribo de Simeão, doze mil assinalados; da tribo de Levi, doze mil assinalados; da tribo de Issacar, doze mil assinalados;

8. Da tribo de Zebulon, doze mil assinalados; da tribo de José, doze mil assinalados; da tribo de Benjamim, doze mil assinalados.

9. Depois destas coisas olhei, e vi uma multidão, a qual ninguém podia contar, de todas as nações, tribos, povos e línguas, que estavam diante do trono, e perante o Cordeiro, trajando vestes brancas e portando palmas em suas mãos;

6. O corpo superior possui três partes principais: coração, pulmões e garganta. A consciência celular dentro dessas partes foi elevada.

7. O corpo inferior possui três partes principais: órgãos sexuais, estômago e baço. A consciência celular dentro dessas partes foi elevada.

8. O corpo como um todo possui três partes principais: a pele e a estrutura óssea, o triplo sistema nervoso (central, simpático e parassimpático), e o sistema circulatório. A consciência celular dentro dessas partes também foi elevada.

9. Depois de receber essa intuição, o aspirante observa cuidadosamente suas experiências e tem os seguintes discernimentos. Vasto número de células físicas, pertencentes a todos os tecidos, órgãos, regiões e sistemas, foi alinhado com o coração de Deus e com a alma. Elas foram purificadas das influências negativas e estão prosperando,[213]

---

213. Cayce respondeu "isto é correto" à pergunta "A multidão diante do trono descrita no capítulo 7 é o resto da estrutura celular no processo de espiritualização?" (Van Auken, *Edgar Cayce on the Revelation,* p. 170). O trono, o Cordeiro e a cor branca indicam o coração de Deus, a alma e a pureza, respectivamente (ver Ap. 1:4, 5:6, 2:17). Estar de pé indica alinhamento espiritual, como em Rm. 11:20: "é pela fé que estás firme (de pé)". A roupa simboliza a natureza de quem a veste, como mostrado em Zc. 3:4: "Eis que tirei de ti a tua imundície e te revesti de roupa de festa". Uma palmeira representa a prosperidade, como no Salmo 92:12: "O justo florescerá como a palmeira".

10. E clamavam com grande voz, dizendo: Salvação ao nosso Deus, que está assentado no trono, e ao Cordeiro.

11. E todos os anjos estavam ao redor do trono, e dos anciãos, e dos quatro animais; e prostraram-se diante do trono sobre seus rostos, e adoraram a Deus,

12. Dizendo: Amém. Louvor, e glória, e sabedoria, e ação de graças, e honra, e poder, e força ao nosso Deus, para todo o sempre. Amém.

13. E um dos anciãos falou-me, dizendo: Estes que estão vestidos de vestes brancas, quem são, e de onde vieram?

10. porque sua consciência foi transformada pelas intuições que emanam do coração de Deus e que passam pela alma.[214]

11. Todas essas conexões conectam o coração de Deus com o corpo causal e a personalidade quádrupla.[215] Elas enfatizam a unidade da vida e a importância de Deus,

12. revelando esta verdade autovalidada: "A felicidade, a iluminação, a sabedoria, a gratidão, a honra, a virtude e a força sempre têm Deus como fonte suprema".[216]

13. Em seguida, com seu raciocínio abstrato, o aspirante responde a esses discernimentos perguntando a si mesmo: "Qual é a natureza das células físicas que foram purificadas? E a partir de que fonte foram influenciadas?"[217]

---

214. O Salmo 36:9 usa a luz como uma metáfora para a intuição: "na tua luz veremos a luz". Bailey, *Glamour*, p. 5-6, usa essa metáfora para descrever a transformação das células do corpo: "O núcleo de cada célula no corpo é um ponto de luz, e quando a luz da intuição é sentida, é esta luz-célula que responde imediatamente. A continuação do fluxo de luz da intuição vai chamar, esotericamente falando, para a luz do dia todas as células que são constituídas para assim responder".

215. No versículo 11, os anciãos e os animais são o corpo causal e a personalidade quádrupla, respectivamente (ver Ap. 4:4, 4:7).

216. O uso duplo de Amém indica uma verdade autovalidada (ver Ap. 3:14). "Poder" é a tradução da palavra grega *dunamis*, que às vezes é traduzida como "virtude" (Marcos 5:30).

217. O versículo 13 pode ter como base Js. 9:8: "Quem sois vós? De onde vindes?" O discurso de um ancião representa os pensamentos abstratos do corpo causal (ver Ap. 5:5). Nos versículos 9 a 12, o aspirante tem discernimentos. Nos versículos 13 a 17, ele contempla esses discernimentos com pensamento abstrato, convertendo-os em uma nova compreensão. A. A. Bailey, *Initiation, Human and Solar* (1922; reimpressão; New York: Lucis Publishing Company, 1974), p. 12, diz: "*O entendimento* pode ser definido como a faculdade do Pensador no Tempo para apropriar-se de conhecimento como o fundamento da sabedoria, aquilo que permite adaptar as coisas do mundo da forma para a vida do espírito, e capturar os lampejos de inspiração que ele recebe... e ligá-los aos fatos".

14. E eu lhe disse: Senhor, tu sabes. E ele me disse: Estes são os que vieram da grande tribulação, e lavaram as suas vestes e as branquearam no sangue do Cordeiro.

14. O aspirante confia nesse raciocínio abstrato, que chega às seguintes conclusões: "Essas células físicas antes eram afetadas por pensamentos e sentimentos discordantes, mas agora foram purificadas pelo amor espiritual da alma".[218]

15. Por isso estão diante do trono de Deus, e o servem de dia e de noite no seu templo; e aquele que está assentado sobre o trono os cobrirá com a sua sombra.

16. Nunca mais terão fome, nunca mais terão sede; nem sol nem calor algum cairá sobre eles.

15. Portanto, essas células estão conectadas ao coração de Deus e formam um canal para Deus, porque a vida e o amor de Deus vão se manifestar por meio delas.[219]

16. Essas células não serão mais impuras ou não realizadas;[220] a alma não irá mais feri-las,[221] nem o calor da kundalini.[222]

---

218. A noção de que o sangue pode limpar ou purificar pode ser encontrada em Lv. 14:52, Hb. 9:14 e 1 João 1:7. O sangue do Cordeiro é o amor espiritual da alma (ver Ap. 1:5, 5:9).

219. O versículo 15 baseia-se nas promessas do Antigo Testamento de que Deus habitará em meio ao seu povo (Ez. 37:27, Zc. 2:10). Bailey, *A Treatise on White Magic*, p. 321, diz que o "amor de Deus" é uma "corrente de energia viva" que emana do "Coração do Sol". Bailey, *The Light of the Soul*, p. 417, também descreve como "os corpos físico, emocional e mental simplesmente formam um canal para a luz divina, e constituem o veículo através do qual a vida e o amor de Deus podem manifestar-se".

220. Os versículos 16 e 17 baseiam-se em Is. 49:10: "Não sentirão fome nem sede; o vento quente e o sol não os castigarão, porque aquele que tem piedade deles os guiará e os conduzirá às fontes". No versículo 16, a fome e a sede simbolizam a falta de pureza e de realização, como em Mt. 5:6: "Bem-aventurados os que têm fome e sede de justiça, porque serão saciados".

221. O sol é considerado uma metáfora para a alma, como em Ml. 3:20: "Mas, sobre vós que temeis o meu nome, levantar-se-á o sol de justiça que traz a salvação em seus raios. Saireis e saltareis, livres como os bezerros ao saírem do estábulo". Interpretar o sol como a alma é consistente com o modo como o versículo 20 é interpretado. Além disso, Bailey, *Discipleship in the New Age*, vol. I, p. 462, fala da "alma, o sol interior".

222. Bailey, *A Treatise on Cosmic Fire*, p. 124, associa a kundalini com calor: "O fogo da kundalini produz o calor do centro, e sua intensa radiância e brilho". Aqui, centro é um sinônimo para chacra (Bailey, *A Treatise on White Magic*, p. 362). Do mesmo modo, no versículo 16, calor simboliza um efeito da kundalini despertada.

17. Porque o Cordeiro que está no meio do trono os apascentará, e lhes servirá de guia para as fontes das águas da vida; e Deus limpará de seus olhos toda a lágrima.

17. Pois a alma é uma intermediária dentro da corrente viva que se estende do coração de Deus até essas células vivas. Enquanto a alma está expressando amor espiritual para elas, Deus está eliminando toda discórdia da sua consciência.[223]

---

223. Bailey, *Telepathy*, p. 9, 20, distingue entre emoções associadas com o chacra do plexo solar, como "medo, ódio, repulsa, amor, desejo e muitas outras reações puramente astrais", e emoções associadas com o chacra cardíaco, como "sentimento elevado e consagrado, devoção, aspiração e amor". Dois tipos de água aparecem no capítulo 7: "o mar" no versículo 1, que possui uma altitude relativamente baixa; e "fontes de água" no versículo 17, que possuem uma altura superior. As águas mais baixas representam as emoções mais baixas, ou do plexo solar, como no Salmo 69:2: "Estou imerso num abismo de lodo, no qual não há onde firmar o pé. Vim a dar em águas profundas, encobrem-me as ondas". As águas superiores representam as emoções superiores, ou do coração, com no Salmo 36:8-9: "Eles se saciam da abundância de vossa casa, e lhes dais de beber das torrentes de vossas delícias, porque em vós está a fonte da vida".

Capítulo 8

DESPERTANDO A KUNDALINI

O aspirante invoca a vontade espiritual e desperta a kundalini, que sobe pela sua coluna vertebral e age em cada um dos seus chacras em sequência.

VERSÃO DO REI JAMES

1. E, havendo aberto o sétimo selo, fez-se silêncio no céu quase por meia hora.

INTERPRETAÇÃO PSICOLÓGICA

1. Quando a alma revela como transformar o chacra básico,[224] o aspirante alcança o silêncio mental[225] e invoca a vontade espiritual.[226]

---

224. Como em Ap. 3:14, o sétimo selo, ou chacra, é o básico.

225. Bailey, *The Rays and the Initiations*, p. 517, considera a etapa de alcançar "silêncio mental" como equivalente a alcançar "o ponto focal necessário de silêncio" e tornar-se "simplesmente um ponto de concentração inteligente".

226. A vontade espiritual é a vontade de Deus em nós. Sri Aurobindo, *The Life Divine* (1949; Pondicherry, India: Sri Aurobindo Ashram, 1990), p. 414, diz: "A vontade de Deus em nós é transcender o mal e o sofrimento, transformar imperfeição em perfeição, e elevar-se até uma lei superior da Natureza Divina". Quanto à vontade espiritual, Bailey, *Esoteric Astrology*, p. 584, diz: "Essa Vontade *precisa* ser invocada e evocada". Invocação é o ato de solicitar ajuda ou auxílio de uma entidade superior; evocação é a resposta subsequente de ajuda. No versículo 1, "meia hora" significa invocar a vontade espiritual, que é a primeira metade de todo o processo de invocação e evocação. A metade evocativa do processo é a resposta subsequente da alma; ela é abordada nos versículos 3 a 5.

2. E vi os sete anjos, que estavam diante de Deus, e foram-lhes dadas sete trombetas.

3. E veio outro anjo, e pôs-se junto ao altar, tendo um incensário de ouro; e foi-lhe dado muito incenso, para pô-lo com as orações de todos os santos sobre o altar de ouro, que está diante do trono.

2. O aspirante percebe que as energias dos seus sete chacras, que estão alinhadas com o coração de Deus devido à preparação anterior, podem ser estimuladas pela kundalini à medida que ela se eleva pela sua coluna vertebral.[227]

3. A alma responde à evocação do aspirante e torna-se pronta para trabalhar com o corpo causal[228] do aspirante e seu chacra coronário.[229] A alma recebe a vontade espiritual do coração de Deus e a oferece aos pensamentos abstratos no corpo causal.[230]

---

227. O versículo 2 é similar a Js. 6:4: "E sete sacerdotes levarão diante da arca sete trombetas feitas de chifre de carneiro". No versículo 2, os sete anjos são as energias dentro dos sete chacras (ver Ap. 1:20), sua posição em pé simboliza alinhamento (ver Ap. 7:9), e sua posse de sete trombetas representa a prontidão dos chacras para o estímulo da kundalini.
228. O altar no versículo 3 refere-se ao "altar de incenso", às vezes chamado de "altar de ouro" (Êx. 40:5, RSV), que é o termo usado neste versículo. Êx. 30:6 (ICB) declara: "Colocarás o altar diante do véu que oculta a arca da aliança, em frente do propiciatório que se encontra sobre a arca, no lugar onde virei a ti". Assim, o altar de incenso é um lugar onde um ser humano pode encontrar-se com Deus. Bailey fala do "corpo causal, o *karana sarira*, o corpo espiritual da alma, servindo como intermediário entre o Espírito e a matéria" (*A Treatise on White Magic,* p. 247), e considera a alma e o Anjo Solar sinônimos (*A Treatise on Cosmic Fire*, p. 48). Igualmente, o altar no versículo 3 simboliza o corpo causal, e o anjo, que está de pé diante do altar, simboliza a alma.
229. Bailey menciona "a alma trabalhando através do primeiro centro, ou o centro mais alto da cabeça" (*Esoteric Astrology*, p. 301) e diz que "o centro da cabeça torna-se um ponto de contato para a vontade espiritual" (*Esoteric Healing*, p. 159). O incensário de ouro no versículo 3 simboliza o centro mais elevado da cabeça, que é o chacra coronário, porque a alma pode trabalhar com ele e porque ele pode ser um veículo para a vontade espiritual.
230. O incenso no versículo 3 é interpretado como a vontade espiritual, devido ao efeito descrito no versículo 4. Além disso, o trono e as orações dos santos são o coração de Deus e os pensamentos abstratos (ver Ap. 1:4, 5:8).

4. E a fumaça do incenso subiu com as orações dos santos desde a mão do anjo até diante de Deus.

5. E o anjo tomou o incensário, e o encheu do fogo do altar, e o lançou sobre a terra; e houve depois vozes, e trovões, e relâmpagos e terremotos.

6. E os sete anjos, que tinham as sete trombetas, prepararam-se para tocá-las.

4. Ao compartilhar um propósito comum, os pensamentos abstratos tornam-se unificados com Deus através da mediação da alma.[231]

5. A alma preenche o chacra coronário com a vontade espiritual do corpo causal, e joga essa vontade para baixo através da coluna vertebral até o chacra básico.[232] Aqui, as energias vitais dos chacras laríngeo, coronário e cardíaco se unem,[233] o que desperta a kundalini.[234]

6. A kundalini sobe pela coluna vertebral e age em sequência sobre cada um dos sete chacras.[235]

---

231. *ACIM*, vol. I, p. 498, fala sobre o poder unificador de um propósito comum: "Só um propósito unifica, e é como se aqueles que compartilham um propósito tivessem uma única mente".

232. Bailey descreve "o despertar do sétimo centro, o centro na base da espinha, pela alma trabalhando através do primeiro ou mais elevado centro na cabeça e produzindo (como consequência) o impulso para cima do fogo da kundalini" (*Esoteric Astrology*, p. 301), menciona "a descida do fogo da vontade até a base da espinha" (*Esoteric Psychology*, vol. II, p. 388) e refere-se à "forma física material com seu centro na base da espinha" (*A Treatise on White Magic,* p. 106). Igualmente no versículo 5, o anjo, o incensário, o fogo e a terra simbolizam a alma, o chacra coronário, a vontade espiritual e o chacra básico, respectivamente.

233. Em Ap. 4:5, "relâmpagos, trovões e vozes" representam o amor divino, a vontade divina e a inteligência divina, respectivamente. Do mesmo modo, no versículo 5, "vozes, trovões e relâmpagos" representam as energias vitais dos chacras coronário, laríngeo e cardíaco, respectivamente, já que são os centros através dos quais a inteligência, a vontade e o amor são expressos.

234. H. Hotema, *Awaken the World Within* (Pomeroy, WA: Health Research, 1962), usa "Fogo Serpentino" como um sinônimo para kundalini (p. 299) e interpreta o terremoto no versículo 5 como o despertar da kundalini: "então com um choque (terremoto) o Fogo Serpentino começa a fluir" (p. 132). O despertar da kundalini ocorre unindo as energias dos chacras laríngeo, coronário e cardíaco com o chacra básico (ver notas para Ap. 7:1). O aspirante em Ap. 7:2 possui a capacidade de unir essas energias, mas espera até o versículo 5 antes de fazê-lo.

235. Swami Vivekananda, *The Yogas and Other Works* (segunda edição, New York: Ramakrishna-Vivekananda Center, 1953), p. 602, descreve o efeito da kundalini nos chacras: "Se esta energia enrolada é elevada e ativada, e depois levada conscientemente a viajar até o canal Sushumna, à medida que ela age sobre cada centro haverá uma reação tremenda". Aqui, Sushumna é a palavra sânscrita para coluna dorsal.

7. E o primeiro anjo tocou a sua trombeta, e houve saraiva e fogo misturado com sangue, e foram lançados na terra, que foi queimada na sua terça parte; queimou-se a terça parte das árvores, e toda a erva verde foi queimada.

7. Quando a kundalini alcança o chacra sacral,[236] o aspirante adquire sensibilidade ampliada a motivos, ideais espirituais e sua influência sobre o comportamento.[237] Essa sensibilidade deriva do estímulo do sistema nervoso parassimpático, que faz parte do triplo sistema nervoso,[238] e da estimulação dos nadis[239] por todo o corpo vital.[240]

---

236. Os anjos com as trombetas, ou chacras, são enumerados de acordo com a Tabela 2, de modo que o primeiro anjo soa como o chacra do sacro, que é o primeiro chacra acima do chacra básico.

237. O versículo 7 é similar a Êx. 9:23: "Moisés estendeu sua vara para o céu, e o Senhor enviou trovões e chuva de pedras, e o fogo do céu caiu sobre a terra". C.W. Leadbeater, *The Chakras* (1927; reimpressão; Wheaton, IL: Theosophical Publishing House, 1977), p. 83, declara que "o desdobramento dos aspectos superiores da kundalini... intensifica tudo na natureza do homem". A natureza de uma pessoa inclui motivos, ideais e comportamento. Um motivo é o resultado de transformar uma emoção em energia vital. No versículo 7, "saraiva" (granizo) representa motivos, porque é o resultado de transformar água líquida, representando as emoções (ver Ap. 1:15), em sólida. "Fogo misturado com sangue" simboliza ideais mentais baseados no amor espiritual, porque fogo e sangue representam intelecto e amor espiritual (ver Ap. 1:15, 1:5). "Terra" representa o corpo físico (ver Ap. 3:10).

238. Árvores simbolizam os sistemas nervosos humanos (ver Ap. 7:1, 3), que são organizados em três partes principais: central, simpático e parassimpático. Os nervos parassimpáticos originam-se nas regiões cranial (base do cérebro) e sacral (próximo ao cóccix) da espinha dorsal. Os nervos parassimpáticos sacrais afetam os órgão urinários e genitais, que formam a área do corpo físico que Motoyama, *Theories of the Chakras*, p. 24, afirma ser controlada pelo chacra sacral.

239. Bailey, *Esoteric Healing,* p. 197-198, diz: "Quando os centros são despertados por todo o corpo, haverá um sistema nervoso altamente elétrico, e extremamente sensível à energia levada pelos nadis". Esta citação descreve um efeito da kundalini, porque *Esoteric Healing*, p. 185, também diz: "O fogo da kundalini será elevado... *quando* todos os centros forem despertados". Aqui, a palavra sânscrita *nadis* denota uma rede ampla e intricada dos canais de energia do corpo vital. Um único nadi é um canal fino de força, então sua forma é similar a uma folha de erva. Vários *Upanixades* hindus alegam que existem 72 mil nadis no corpo vital (ver Motoyama, *Theories of the Chakras*, p. 135). De forma semelhante, um campo possui várias folhas de ervas. Do mesmo modo, "erva" no versículo 7 simboliza os nadis.

240. O Antigo Testamento usa a cor verde para representar vitalidade e crescimento, como em Jó 8:16: "Verdejante, ao sol, faz brotar suas hastes em seu jardim". Ver também Sl. 37:35, Is. 15:6 e Jr. 17:8. No versículo 7, "verde" refere-se ao corpo vital.

8. E o segundo anjo tocou a trombeta; e foi lançada no mar uma coisa como um grande monte ardendo em fogo, e tornou-se em sangue a terça parte do mar.

9. E morreu a terça parte das criaturas que viviam no mar; e foi perdida a terça parte das embarcações.

10. E o terceiro anjo tocou a sua trombeta, e caiu do céu uma grande estrela ardendo como uma lâmpada, e caiu sobre a terça parte dos rios, e sobre as fontes das águas.

8. Quando a kundalini alcança o chacra do plexo solar, a mente torna-se uma força poderosa que domina o corpo emocional.[241] A vontade espiritual, agindo por meio da mente, transforma muitas emoções em amor espiritual,[242]

9. e elimina muitas imagens, fantasias, preconceitos e motivos.[243]

10. Quando a kundalini alcança o chacra cardíaco, ela traz o reconhecimento intuitivo da realidade que concilia todas as partes diferenciadas em uma unidade e produz iluminação. A vontade espiritual, agindo por meio da mente iluminada, fortalece emoções superiores como a devoção e a aspiração.[244]

---

241. Leadbeater, *The Chakras*, p. 83, diz: "a kundalini... provavelmente trará consigo grande intensificação do poder do intelecto". No versículo 8, "grande" indica autoridade (ver Ap. 1:10), e "fogo" simboliza o intelecto (ver versículo 7), de modo que "um grande monte ardendo em fogo" simboliza uma mente dominante. Além disso, "mar" e "sangue" denotam emoções e poder espiritual, respectivamente (ver Ap. 4:6, 1:5).

242. No "terceiro dia", Deus devia descer até o Monte Sinai (Êx. 19:11), ergueria seu povo (Os. 6:2), libertou Jonas (Jn. 1:17), e ergueu Jesus dos mortos (1 Cor. 15:4). O *New Bible Dictionary*, p. 831, conclui: "O número 3 também está associado a alguns dos atos milagrosos de Deus". Ez. 5:2 afirma: "Queimarás um terço no meio da cidade, logo que tiver decorrido o tempo do assédio; tomarás outro terço, e o cortarás com a espada, em derredor da cidade; o último terço, dispersá-lo-ás ao vento". Nesta passagem, "terço" é associado a um ato executado por um homem espiritual que está cooperando com o plano e o propósito de Deus. Ver Ne. 10:32 para um exemplo similar. A vontade espiritual é a vontade de Deus em um ser humano. Do mesmo modo, no versículo 8, "terça parte" é interpretada como indicando um ato direto da vontade espiritual e um ato indireto de Deus.

243. No versículo 9, "as criaturas que viviam no mar" incluem imagens, fantasias e preconceitos, porque são parte das experiências emocionais. Embarcações são veículos físicos que se movem sobre o mar; elas representam motivos, que são impulsos vitais baseados em emoções.

244. Bailey, *Esoteric Psychology*, vol. II, p. 417, menciona "o reconhecimento intuitivo da realidade, que une as partes diferenciadas em uma unidade, produzindo a iluminação". No versículo 10, a "estrela" cadente simboliza esse reconhecimento intuitivo. Além disso, "lâmpada" simboliza iluminação mental (ver Ap. 4:5), e "rios" e "fontes de água" representam as emoções superiores associadas com o chacra cardíaco (ver Ap. 7:17). A devoção e a aspiração são exemplos de emoções superiores e sentimentos consagrados (ver Ap. 5:8).

11. E o nome da estrela era Absinto, e a terça parte das águas tornou-se em absinto, e muitos homens morreram das águas, porque se tornaram amargas.

12. E o quarto anjo tocou a sua trombeta, e foi ferida a terça parte do sol, e a terça parte da lua, e a terça parte das estrelas; para que a terça parte deles se escurecesse, e a terça parte do dia não brilhasse, como se fosse noite.

13. E olhei, e ouvi um anjo voar pelo meio do céu, dizendo com grande voz: Ai! ai! ai! dos que habitam sobre a terra! por causa das outras vozes das trombetas dos três anjos que hão de ainda tocar.

11. Esta nova iluminação, como absinto, torna os sentimentos de separação, que são incompatíveis com a vontade espiritual, extremamente amargos. Muitas autoimagens orgulhosas desaparecem, porque se tornam demasiado desagradáveis.[245]

12. Quando a kundalini alcança o chacra laríngeo, a vontade espiritual joga a mente de volta sobre si mesma,[246] desprezando mestres, ensinamentos e ideais externos. O aspirante não consulta mais esses guias para saber como ser iluminado ou para vencer a ignorância.[247]

13. Em vez disso, o aspirante procura orientação do seu interior e recebe uma clara mensagem intuitiva: "Ainda existem apegos físicos que devem ser purificados por meio da resposta dos três chacras restantes, que ainda não estão totalmente ativos".[248]

---

245. Absinto (*Artemisia absinthium*) é uma planta em forma de arbusto encontrada em muitas partes do mundo. Suas folhas são notadas por seu intenso amargor, como na frase "amargo como absinto" de Pr. 5:4. No versículo 11, o nome de algo representa a sua natureza (ver Ap. 2:3), e os homens simbolizam autoimagens (ver Ap. 3:7).

246. Is. 45:3 usa a metáfora da escuridão de uma maneira similar ao versículo 12: "Dar-te-ei os tesouros da escuridão". Bailey, *The Rays and the Initiations*, p. 198, explica: "O discípulo é lançado de volta a si mesmo. Tudo o que ele pode ver é seu problema, seu pequeno campo de experiência, e seu fraco e limitado equipamento. É a esse estágio que o profeta Isaías refere-se quando fala em dar ao aspirante esforçado 'os tesouros da escuridão'. A beleza do imediato, a glória da oportunidade presente e a necessidade de concentrar-se na tarefa e no serviço do momento são as recompensas de avançar rumo à escuridão aparentemente impenetrável".

247. O sol, a lua e as estrelas são mestres exteriores, ensinamentos exteriores e ideais, respectivamente (ver Ap. 6:12-13). O dia e a noite denotam iluminação e ignorância, respectivamente, como em Rm. 13:12-13: "A noite vai adiantada, e o dia vem chegando. Despojemo-nos das obras das trevas e vistamo-nos das armas da luz. Comportemo-nos honestamente, como em pleno dia: nada de orgias, nada de bebedeira; nada de desonestidades nem de dissoluções; nada de contendas, nada de ciúmes".

248. No versículo 13, "olhei" refere-se a procurar orientação interior (ver Ap. 5:6), e o anjo voador é uma intuição (ver Ap. 5:2). "Os que habitam sobre a terra" são sentimentos de identificação com o corpo físico (ver Ap. 3:10).

Capítulo 9

CULPA E MEDO

Sentimentos há muito reprimidos de culpa chegam ao nível da consciência e levam a novos discernimentos. O aspirante progressivamente elimina autoimagens baseadas no medo.

VERSÃO DO REI JAMES

1. E o quinto anjo tocou a sua trombeta, e vi uma estrela que do céu caiu na terra; e foi-lhe dada a chave do poço do abismo.

INTERPRETAÇÃO PSICOLÓGICA

1. Quando a kundalini alcança o chacra frontal,[249] o aspirante observa sua personalidade do ponto de vista do seu corpo causal.[250] Essa observação desapegada é a chave para abrir a natureza subconsciente,[251] porque qualquer resistência ao surgimento do sentimento subconsciente pode ser observada e removida, permitindo que o sentimento suba para o nível da consciência.[252]

---

249. Nikhilananda, *The Gospel of Sri Ramakrisna*, p. 581, descreve o efeito da kundalini no chacra frontal: "Durante essa jornada ascendente da Kundalini, o jiva ainda não está totalmente liberado do estado relativo até alcançar o sexto centro ou plano, que é a "abertura" para a experiência da Realidade. Neste sexto centro (o lótus branco de duas pétalas localizado na junção das sobrancelhas), o jiva se desfaz do seu ego e queima a semente da dualidade, e seu eu superior eleva-se das cinzas do seu eu inferior". A palavra sânscrita *jiva* é traduzida literalmente como "ser vivo".

250. Se o céu e a terra simbolizam o corpo causal e a personalidade (ver Ap. 5:3), e se a estrela cadente é interpretada como a luz da auto-observação, o versículo 1 indica que o centro da consciência do aspirante deslocou-se da personalidade para o corpo causal. Bailey, *Letters on Occult Meditation*, p. 96, fala sobre esse deslocamento: "O estudante, tendo retirado sua consciência para o plano mental em algum ponto dentro do cérebro... pode elevar sua vibração tanto quanto quiser, e intencionando em seguida elevá-la além do corpo mental para o causal". Bailey refere-se à polarização dentro do corpo causal como "consciência causal" ou como "a consciência plena do Eu superior" (p. 28, 292, 340).

2. E abriu o poço do abismo, e subiu fumaça do poço, como a fumaça de uma grande fornalha, e com a fumaça do poço escureceram-se o sol e o ar.

3. E da fumaça vieram gafanhotos sobre a terra; e foi-lhes dado poder, como o poder que têm os escorpiões da terra.

2. Depois que a observação desapegada abriu a natureza subconsciente, a confusão surge daquela natureza, como a fumaça de uma grande fornalha; e a alma e suas intuições são bloqueadas pela confusão emergente.[253]

3. Sentimentos de culpa há muito reprimidos saem da confusão para a personalidade. Esses sentimentos, como gafanhotos, podem devorar a paz interior e o contentamento.[254] Eles têm o poder, como o de escorpiões, para envenenar ou corromper pensamentos e sentimentos.[255]

---

251. O poço sem fundo, ou abismo, é mencionado em Lucas 8:31, Rm. 10:7 e I Enoque 88:1. *A Commentary on the Book of the Revelation*, p. 155, interpreta o poço do abismo no versículo 1 como a "mente subconsciente" ou "área de repressão". Bailey, *Esoteric Psychology*, vol. II, p. 440, usa uma imagem similar para representar a natureza subconsciente: "A natureza subconsciente é como um poço fundo de onde um homem pode tirar quase tudo da sua experiência anterior, se ele assim o desejar, e que pode ser remexido até que se torne um caldeirão fervilhante, causando muita perturbação".

252. Motoyama, *Theories of the Chakras*, p. 216, descreve como a kundalini afeta o subconsciente: "Quando a kundalini desperta como resultado da prática da ioga ou de outras disciplinas espirituais, há um jorro explosivo vindo do inconsciente. É como um terremoto, no qual coisas ocultas são pressionadas para a superfície".

253. *A Commentary on the Book of the Revelation*, p. 155, interpreta a fumaça como "obscuridade" ou "confusão". O sol representa a alma (ver Ap. 7:16). Bailey, *A Treatise on Cosmic Fire*, p. 82, 269, usa o ar como um símbolo de intuições.

254. O versículo 3 baseia-se em Êx. 10:1-20, que descreve uma praga de gafanhotos que devoram toda a vegetação dentro do Egito. Os gafanhotos são grandes insetos migratórios que causam enormes danos às plantações, e são usados como símbolos de destruição por todo o Antigo Testamento; por exemplo, Dt. 28:42, 1 Reis 8:37 e Sl. 78:46. *A Comentary on the Book of Revelation*, p. 155, interpreta os gafanhotos como "emoções negativas reprimidas", incluindo "antigos arrependimentos e sentimentos de culpa".

255. Escorpiões são comuns nas áreas selvagens por onde o povo de Israel viajou (Dt. 8:15). Este animal tem cerca de 10 a 15 centímetros, com duas garras e oito pernas; seu corpo esguio é geralmente curvado para cima e para a frente sobre suas costas e possui um ferrão venenoso. O ferrão da maioria das espécies de escorpiões produz dor e inchaço em seres humanos. O Antigo Testamento figurativamente usa escorpiões para representar inimigos (Ez. 2:6) e crueldade (1 Reis 12:11, 14).

4. E foi-lhes dito que não fizessem dano à erva da terra, nem a verdura alguma, nem a árvore alguma, mas somente aos homens que não têm nas suas testas o sinal de Deus.

4. A observação desapegada impede o surgimento de sentimentos de culpa e de operarem por meio dos nadis e dos chacras do corpo vital, ou por qualquer sistema nervoso do corpo físico, de modo que esses sentimentos não possam afetar o comportamento externo.[256] Em vez disso, esses sentimentos podem apenas ferir autoimagens baseadas na ilusão.[257]

5. E foi-lhes permitido, não que os matassem, mas que por cinco meses os atormentassem; e o seu tormento era semelhante ao tormento do escorpião, quando fere o homem.

5. Os sentimentos de culpa emergentes não destroem as autoimagens com que entram em conflito. Em vez disso, os sentimentos causarão tormento enquanto a mente defender essas imagens.[258] Esse tormento emocional é similar ao inchamento físico que ocorre com a picada de um escorpião, porque a mente responde aos sentimentos de culpa com um tumulto de desculpas e de justificações.

---

256. No versículo 4, a "erva da terra" são os nadis (ver Ap. 8:7). O verde refere-se ao corpo vital (ver Ap. 8:7), e assim "verdura" é qualquer parte do corpo vital, como um chacra. "Árvore" é qualquer sistema nervoso (ver Ap. 7:1, 8:7). Os versículos 4 e Ap. 3:7 contêm a noção de que a observação desapegada impede que um sentimento observado seja expressado por meio de comportamento externo.

257. No versículo 4, os homens e as testas representam autoimagens e consciência (ver Ap. 3:7, 7:3). Assim, "esses homens que não têm nas suas testas o sinal de Deus" representam autoimagens baseadas no orgulho, na vaidade ou em alguma outra forma de ilusão.

258. O versículo 5 declara que o tormento vai durar cinco meses. W. Smith, *A Dictionary of the Bible* (Hartford, CT: J. B. Burr and Hyde, 1873), p. 465, diz: "*Cinco* aparece na tabela de punições, de requisitos legais". Por exemplo, Êx. 22:1 declara: "ele compensará cinco bois por um boi". Ver também Lv. 5:16, 22:14, 27:15. No versículo 5, esse número representa a duração do tempo que o aspirante é atormentado pela sua própria insensatez. A Sabedoria de Salomão (12:23, RSV) fala sobre esse tormento: "Por isso também aqueles que loucamente viveram no mal, vós os torturastes por meio das suas próprias abominações".

6. E naqueles dias os homens buscarão a morte, e não a acharão; e desejarão morrer, e a morte fugirá deles.

7. E o parecer dos gafanhotos era semelhante ao de cavalos aparelhados para a guerra; e sobre as suas cabeças havia coroas semelhantes ao ouro; e os seus rostos eram como rostos de homens.

6. O aspirante está ciente de seu desejo de reprimir suas memórias culpadas, mas sua auto-observação o impede de fazê-lo. Embora ele tenha um desejo de reprimir, possui um desejo ainda mais forte de continuar sua observação e de ganhar os discernimentos seguintes.[259]

7. Um sentimento de culpa está sempre pronto para a batalha, seja para se defender ou para atribuir culpa.[260] Projetar culpa sobre outras pessoas na forma de acusações ou de julgamentos faz com que o aspirante se sinta superior, como um rei coroado.[261] A culpa é ressentimento projetado, porque dentro de todo sentimento de culpa existe uma imagem de alguém a quem o aspirante prejudicou e que ele acredita que ainda se ressente dele.[262]

---

259. *ACIM*, vol. II, p. 309, diz: "A morte é um pensamento que assume (...) todas as formas nas quais o desejo de ser como você não é pode vir tentá-lo". A repressão denota o processo de esquecimento, no qual ideias inaceitáveis são impedidas de adentrar na mente consciente. A morte no versículo 6 é interpretada como repressão, porque esta última é um desejo de ser o que não se é.

260. Jó 39:19-24 descreve um cavalo preparado para a batalha: "És tu que dás o vigor ao cavalo, e foste tu que enfeitaste seu pescoço com o trovão?... Orgulhoso de sua força, escava a terra com a pata, vai de encontro aos guerreiros... Ele devora o espaço com sua fúria e ferocidade". Um sentimento de culpa é como um cavalo preparado para a batalha, porque está sempre pronto a atacar. *ACIM,* vol. I, p. 260, faz uma observação similar: "Os culpados sempre condenam".

261. Na psicologia junguiana, o termo "sombra" denota a soma das características pessoais que desejamos esconder de nós mesmos. C. G. Jung, *Analytic Psychology: Its Theory and Practice* (New York: Random House, 1970), p. 179, explica: "Quando o paciente projeta qualidades negativas e portanto odeia e despreza o objeto, ele precisa descobrir que está projetando seu próprio lado inferior, sua sombra, por assim dizer, porque ele prefere ter uma visão otimista e unilateral de si mesmo". Uma coroa de ouro é símbolo da realeza (2 Sm. 12:30). No versículo 7, a coroa representa a imagem otimista e unilateral que a pessoa obtém ao projetar sua sombra em outra pessoa.

262. F. S. Perls, *Gestalt Therapy Verbatim* (1969; reimpressão; New York: Bantam Books, 1976), p. 51, diz: "Nós vemos a culpa como *ressentimento* projetado".

8. E tinham cabelos como cabelos de mulheres, e os seus dentes eram como de leões.

9. E tinham couraças como couraças de ferro; e o ruído das suas asas era como o ruído de carros, quando muitos cavalos correm ao combate.

10. E tinham caudas semelhantes às dos escorpiões, e aguilhões nas suas caudas; e o seu poder era para causar dano aos homens por cinco meses.

8. A culpa é sedutora, pois o aspirante a aumentou voluntariamente dentro de si ao ressentir-se ou ao intimidar outras pessoas.[263] Um sentimento de culpa possui o poder de despedaçar a fachada moralista do aspirante e de expor sua hipocrisia.[264]

9. Um sentimento de culpa é invulnerável a todas as armas que a personalidade possa usar contra ele – luta, repressão, projeção, distração ou argumentação. Os vários sentimentos de culpa se fortalecem e atacam juntos.[265]

10. Um sentimento de culpa fere como um escorpião, porque o aspirante se condena com o mesmo julgamento usado para condenar outras pessoas. Um sentimento particular de culpa possui poder apenas durante um período limitado, porque eventualmente vai desaparecer se o aspirante deixar de lutar com ele.[266]

---

263. 1 Pedro 3:3 (NRSV) instrui as mulheres cristãs, dizendo: "Não se adornem externamente trançando seu cabelo". Essa exortação reconhece que o cabelo das mulheres possui o potencial de ser sedutor. *ACIM*, vol. I, p. 415, alude ao aspecto sedutor da culpa: "A quem você enviaria mensagens de ódio e ataque se compreendesse que as envia para si mesmo? Quem acusaria, culparia e condenaria a si mesmo?"

264. Os dentes dos leões simbolizam poder destrutivo, como em Joel 1:6: "Minha terra foi invadida por um povo forte e inumerável; seus dentes são dentes de leão".

265. Uma couraça é um símbolo de proteção, como em Is. 59:17, Ef. 6:14 e 1 Ts. 5:8. O ferro é um símbolo de força, como em Jr. 1:18 e Jó 40:18.

266. O Salmo 32:5 (NIV) declara: "Então eu vos confessei o meu pecado, e não mais dissimulei a minha culpa. Disse: 'Sim, vou confessar ao Senhor a minha iniquidade'. E vós perdoastes a pena do meu pecado". J. Krishnamurti, *Last Talks at Saanen 1985* (San Francisco: Harper and Row, 1986), p. 123, faz uma observação similar: "Todas as implicações da culpa, todas as implicações da sua sutileza, onde ela se esconde, é como uma flor desabrochando. E se você deixá-la desabrochar, não aja, não diga, 'eu devo ou não devo fazer', então ela começa a murchar e a morrer".

11. E tinham sobre si o rei, o anjo do abismo; em hebreu era o seu nome Abadom, e em grego Apoliom.

11. Finalmente, todos os sentimentos de culpa são causados pela mesma crença – ou seja, de que os seres humanos são entidades separadas. Essa crença é poderosa, ativa e destrutiva.[267]

12. Passado é já um ai; eis que depois disso vêm ainda dois ais.

12. Esses discernimentos sobre a natureza da culpa completam outra experiência com a kundalini, mas mais duas experiências permanecem.

13. E tocou o sexto anjo a sua trombeta, e ouvi uma voz que vinha dos quatro chifres do altar de ouro, que estava diante de Deus,

13. Quando a kundalini alcança o chacra coronário, o corpo causal ganha poder quádruplo sobre a personalidade. O aspirante usa os pensamentos abstratos do seu corpo causal, que ainda estão unificados com Deus, já que compartilham da vontade espiritual,[268]

---

267. A palavra hebraica *Abaddon* é usada no Antigo Testamento para indicar destruição (Jó 26:6), ou a personificação da destruição (Jó 28:22). A palavra grega *Apollyon* significa destruidor. As duas palavras simbolizam a crença na separação. *ACIM,* vol. I, p. 50, possui uma perspectiva similar: "A mente pode tornar a crença na separação muito real e assustadora, e essa crença é o 'diabo'. Ela é poderosa, ativa, destrutiva e claramente em oposição a Deus". Para mais informações sobre essa crença básica, ver Ap. 2:13 e 11:4.

268. No versículo 13, o altar de ouro é o corpo causal (ver Ap. 8:13), de modo que a voz que vem do altar consiste em pensamentos abstratos (ver Ap. 4:10). Os chifres representam poderes (ver Ap. 5:6), e são considerados novos poderes porque não foram mencionados antes. A frase "altar de ouro, que estava diante de Deus" refere-se a Ap. 8:4, em que os pensamentos abstratos do corpo causal tornam-se unificados com Deus ao compartilhar um propósito comum.

14. A qual dizia ao sexto anjo, que tinha a trombeta: Solta os quatro anjos, que estão presos junto ao grande rio Eufrates.

15. E foram soltos os quatro anjos, que estavam preparados para a hora, e dia, e mês, e ano, a fim de matarem a terça parte dos homens.

16. E o número dos exércitos dos cavaleiros era de duzentos milhões; e ouvi o número deles.

14. dizendo para o chacra coronário: "Libere as quatro partes da personalidade",[269] que estão presas na emoção generalizada do medo".[270]

15. A personalidade quádrupla, que estava preparada para este momento pelos esforços anteriores da jornada espiritual, é liberada de ter medo de analisar qualquer medo súbito que possa surgir, então pode realizar o propósito da vontade espiritual de eliminar todas as autoimagens temerosas.[271]

16. O número de perguntas necessárias para desenraizar todas as autoimagens temerosas é bem grande, como o aspirante vem a perceber.[272]

---

269. No versículo 14, o sexto anjo é o chacra coronário (ver versículo 13), e os quatro anjos são as quatro partes da personalidade (ver Ap. 7:1).

270. O Eufrates era o maior rio da Ásia ocidental e formava a fronteira ao nordeste da terra que os israelitas desejavam ocupar (Gn. 15:18). Is. 8:6-8 usa a inundação simbólica dessa terra pelo Eufrates para representar os exércitos invasores da Assíria. A água é um símbolo para emoções (ver Ap. 1:15), e os israelitas representam a personalidade (ver Ap. 2:14). Os exércitos da Assíria eram objeto de grande temor para os israelitas, então o Eufrates simboliza a emoção de medo dentro da personalidade. Assim como o Reino de Israel precisava ser liberado do império assírio, a personalidade precisa livrar-se de todos os traços do medo.

271. Pr. 3:25 aconselha: "Não tenha medo do medo súbito". No versículo 15, "a terça parte" indica a atividade da vontade espiritual (ver Ap. 8:8), e "homens" representam autoimagens (ver versículo 4).

272. J. Krishnamurti, *Krishnamurti on Education* (New Delhi: Orient Longman, 1974), p. 35, diz: "Então, quando encaro o medo ele vai embora. Mas para encarar o medo, preciso inquirir". No versículo 16, um cavaleiro é considerado uma inquirição sobre o medo, porque tal inquirição vai para a área da personalidade que precisa de atenção. O número de cavaleiros é duzentos milhões, que é duas miríades de miríades (duas vezes 10.000 vezes 10.000); ele simplesmente representa um número indefinidamente grande. Esse número pode ser uma referência ao Sl. 68:17, American Standard Version (ASV): "As carruagens de Deus eram vinte mil, milhares e milhares".

17. E assim vi os cavalos nesta visão; e os que sobre eles cavalgavam tinham couraças de fogo, e de jacinto, e de enxofre; e as cabeças dos cavalos eram como cabeças de leões; e de suas bocas saíam fogo e fumaça e enxofre.

17. O aspirante compreende a natureza dessas investigações e as direciona com seu corpo causal. Seu pensamento abstrato fornece suficiente clareza, tranquilidade e incentivo para vencer qualquer resistência que uma autoimagem temerosa possa oferecer, como desculpas, negações e distrações.[273] Uma vez que uma investigação examine uma autoimagem temerosa específica, ela se une àquela imagem até que o medo seja resolvido.[274] Cada resolução é realizada por pensamentos, sentimentos e motivos purificados que nascem dos chacras.[275]

18. Por estes três foi morta a terça parte dos homens, isto é, pelo fogo, pela fumaça e pelo enxofre, que saíam das suas bocas.

18. A vontade espiritual, agindo pelos pensamentos, sentimentos e motivos purificados que passam por meio dos chacras, progressivamente elimina todas as autoimagens temerosas.[276]

---

273. Jacinto pode referir-se a uma pedra preciosa, a uma flor ou a uma cor. Smith, *A Dictionary of the Bible*, p. 267, afirma: "A expressão em Ap. ix. 17, 'de jacinto', aplicada à couraça, descreve simplesmente uma cor jacintina, isto é, roxo-escuro". O jacinto simboliza uma compostura perfeita, indicando domínio sobre o corpo emocional (ou astral), porque púrpura é associado com realeza ou majestade (Jz. 8:26, Dn. 5:29). Bailey, *Esoteric Healing,* p. 672-673, diz: "*Compostura perfeita* indica controle completo do corpo astral, de modo que os distúrbios emocionais são vencidos, ou pelo menos minimizados na vida do discípulo".
274. Leões representam a força, de modo que "cabeças de leões" indicam que as inquirições não podem ser desalojadas do foco nos seus temas até estarem completas.
275. O versículo 17 pode basear-se em Gn. 19:24, que descreve o fogo e o enxofre destruindo as cidades decadentes de Sodoma e de Gomorra, e em Jó 41:19-21, que descreve o fogo saindo da boca e a fumaça das narinas do monstro Leviatã. O fogo simboliza pensamentos purificados (ver Ap. 1:15). A fumaça pode significar névoa aquosa, e portanto simboliza sentimentos purificados (ver Ap. 1:15). O enxofre é facilmente inflamável e queima com uma fumaça quase invisível; é interpretado como os motivos purificados que praticamente não apresentam egoísmo. Uma boca aberta tem a forma de uma roda, que é a forma de um chacra; ver Powell, *The Etheric Double*, p. 22. Na verdade, a palavra sânscrita *chakra* significa "roda". Assim, a boca simboliza um chacra.
276. *ACIM*, vol. II, p. 161, diz: "sua imagem de si mesmo não pode enfrentar a Vontade de Deus".

19. Porque o poder dos cavalos está na sua boca e nas suas caudas. Porquanto as suas caudas são semelhantes a serpentes, e têm cabeças, e com elas danificam.

20. E os outros homens, que não foram mortos por essas pragas, não se arrependeram das obras de suas mãos, para não adorarem os demônios, e os ídolos de ouro, e de prata, e de bronze, e de pedra, e de madeira, que nem podem ver, nem ouvir, nem andar.

21. E não se arrependeram dos seus homicídios, nem das suas feitiçarias, nem da sua fornicação, nem dos seus furtos.

19. Pois o poder das investigações está nos chacras e na kundalini, que sobe pela coluna vertebral de um chacra para outro, fornecendo assim autoridade sobre a personalidade.[277]

20. Mesmo assim, ainda restam autoimagens que se orgulham das suas realizações pessoais, que se apegam a falsos conceitos de Deus ou que anseiam por posses físicas – como aquelas feitas de ouro, de prata, de bronze, de pedra ou de madeira, que não têm vida própria.[278]

21. Essas autoimagens trazem ódio, confusão, luxúria e inveja.[279]

---

277. A cauda simboliza a espinha dorsal, porque esta possui a forma de uma cauda. As cabeças são interpretadas como os chacras que estão distribuídos pela espinha dorsal. A serpente simboliza a kundalini fluindo pela espinha dorsal, porque a palavra sânscrita *kundalini* significa "serpente". Assim, o versículo 19 cumpre a promessa feita em Ap. 2:27.

278. Demônio é uma tradução da palavra grega *daimonion*, que às vezes é usada para denotar uma divindade pagã inferior (At. 17:18, 1 Cor. 10:20). No versículo 20, os demônios simbolizam conceitos falsos de Deus. Um ídolo simboliza qualquer posse física à qual tenha sido dado poder e importância (ver Ap. 2:14).

279. No versículo 21, o homicídio simboliza o ódio, como em 1 Jo. 3:15: "Aquele que odeia seu irmão é um assassino". A fornicação simboliza a luxúria (ver Ap. 2:14). Do mesmo modo, o furto simboliza a inveja, porque a inveja deseja privar outra pessoa daquilo que ela tem. A feitiçaria simboliza a fascinação ou confusão, como em Gl. 3:1: "Ó insensatos gálatas! Quem vos fascinou a vós, ante cujos olhos foi apresentada a imagem de Jesus Cristo crucificado?"

Capítulo 10

O Plano das Ideias Divinas

*O aspirante recusa-se a ser distraído por suas novas habilidades paranormais
e em vez disso recebe uma série de ideias divinas.*

Versão do Rei James

1. E vi outro anjo forte, que descia do céu, vestido com uma nuvem; e por cima da sua cabeça estava o arco celeste, e o seu rosto era como o sol, e os seus pés como colunas de fogo;

Interpretação Psicológica

1. O aspirante percebe que a alma está se aproximando do mundo espiritual.[280] Embora não possa perceber isso diretamente, ele reconhece a sua presença como a fonte de três tipos de intuições:[281] a vontade espiritual, que opera por meio do seu chacra coronário;[282] o amor espiritual, que irradia pelo seu corpo emocional; e a compreensão espiritual, que ilumina seu corpo e mente causal.[283]

---

280. Tiago 4:8 (NRSV) declara: "Aproximai-vos de Deus, e ele se aproximará de vós". Bailey, *Esoteric Psychology,* vol. II, p. 269, fala de um estágio no qual a alma se aproxima do aspirante: "Este estágio é chamado de '*Toque da Iluminação*', e pela união das forças da personalidade purificada e da alma 'que se aproxima', 'é engendrada uma luz que não se apaga'". No versículo 1, o céu é o mundo espiritual (ver Ap. 4:1). "Outro anjo forte" simboliza a alma, porque suas características são similares àquelas em Ap. 1:13-16 e porque "outro anjo" em Ap. 8:3 também denota a alma.

281. O versículo 1 pode ser baseado em Êx. 13:21: "e o SENHOR foi diante deles durante o dia em um pilar de nuvem, e os conduziu; e pela noite em um pilar de fogo, para iluminá-los; para ir de dia e de noite". As nuvens simbolizam a expressão de intuições (ver Ap. 1:7). No versículo 1, "vestido com uma nuvem" significa que a alma não pode ser percebida diretamente, mas que deve ser inferida como a fonte das intuições (ver Ap. 1:13). Aurobindo, *The Synthesis of Yoga*, p. 70, faz uma observação similar: "Nós reconhecemos esta condução divina... na maneira como nossos pensamentos são moldados por um Vidente transcendental, na maneira como nossas vontades e ações são moldadas por um Poder que tudo abarca, e como nossa vida emocional é moldada por uma Beatitude e Amor que tudo atraem e tudo assimilam".

2. E tinha na sua mão um livrinho aberto. E pôs o seu pé direito sobre o mar, e o esquerdo sobre a terra,

2. A alma está consciente do plano das ideias divinas e pode expressar essas ideias;[284] também compreende os mundos físico e emocional,[285]

---

282. Bailey, *A Treatise on White Magic*, p. 39, descreve o relacionamento entre a vontade espiritual e a vontade divina, ou universal: "A vontade espiritual – aquela parcela da vontade universal que qualquer alma pode expressar, e que é adequada para o propósito de habilitar o homem espiritual a cooperar com o plano e o propósito da grande vida na qual ele tem o seu ser". O arco-íris cercando o trono de Deus em Ap. 4:3 simboliza a vontade divina; mas o arco-íris na cabeça do anjo no versículo 1 simboliza a vida espiritual, que age por meio do chacra coronário (ver Ap. 8:5).

283. Um rosto como o sol indica amor espiritual (ver Ap. 1:16). Pés e fogo simbolizam a compreensão e o intelecto, respectivamente (ver Ap. 1:15).

284. Bailey, *A Treatise on White Magic*, p. 456-457, diz: "a alma está consciente... dos pensamentos de Deus" e é "possível para a alma agir como intermediária entre o plano das ideias divinas e o plano mental". Aqui, plano é sinônimo de mundo. No versículo 2, o "livrinho" simboliza o plano das ideias divinas, que é o modo como a "árvore da vida" é interpretada em Ap. 2:7. Esse plano às vezes é chamado de "plano búdico", "plano arquetípico", "plano da intuição" ou "mundo das ideias" (Taimni, *Self-Culture*, p. 7-9; Bailey, *A Treatise on White Magic*, p. 456-458). O plano das ideias divinas é "pequeno" no sentido de que é mais sutil, ou menos denso, do que os planos físico, emocional e mental. O livro no versículo 2 está aberto e na mão do anjo, indicando que a alma está ciente das ideias divinas e pode expressá-las.

285. O mar e a terra são os mundos físico e emocional, respectivamente (ver Ap. 4:6, 3:10), e pés significam entendimento (ver Ap. 1:15). De fato, *A Commentary on the Book of Revelation*, p. 157, interpreta "pé direito sobre o mar" como "compreensão da natureza emocional", e "pé esquerdo sobre a terra" como "compreensão da natureza física".

O PLANO DAS IDEIAS DIVINAS

3. E clamou com grande voz, como quando ruge um leão; e, havendo clamado, os sete trovões emitiram as suas vozes.

3. e pode usar uma Palavra de Poder, que é o som pronunciado com o propósito total da vontade, para elevar a kundalini.[286] Quando a alma o faz, os sete chacras do aspirante, energizados pela kundalini, fornecem novos poderes paranormais que podem ser usados para propósitos egoístas.[287]

4. E, quando os sete trovões acabaram de emitir as suas vozes, eu ia escrever; mas ouvi uma voz do céu, que me dizia: Sela o que os sete trovões emitiram, e não o escrevas.

4. Depois de sentir seus novos poderes paranormais, o aspirante é tentado a aplicá-los. Mas ele escuta um pensamento abstrato do seu corpo causal que diz:[288] "Ignore esses novos poderes, já que sua aplicação atrasaria seu crescimento espiritual".[289]

---

286. Bailey, *Initiation, Human and Solar*, p. 150, define uma Palavra de Poder como "um som pronunciado... com todo o propósito da vontade por trás dele". O leão é um símbolo do poder (ver Ap. 5:5, 9:8). No versículo 3, clamar como um leão simboliza usar uma Palavra de Poder. Bailey, *Esoteric Healing*, p. 185, descreve como a kundalini pode ser elevada deste modo: "Este fogo unificado é então elevado pelo uso de uma Palavra de Poder (enviada pela vontade da Mônada) e pela autoridade unida da alma e da personalidade, integrada e viva". Aqui, Mônada é um sinônimo para Eu Divino (Bailey, *A Treatise on Cosmic Fire*, p. 48).

287. No versículo 3, os sete trovões simbolizam os sete chacras depois de energizados pela kundalini, e suas vozes são novos poderes paranormais. Motoyama, *Theories of the Chakras*, p. 217, 227, 231 e 233, lista os poderes paranormais que a kundalini supostamente fornece ao agir sobre os chacras: telepatia, clarividência, clariaudiência, cura psíquica, poderes psicocinéticos, capacidade de ver o corpo de dentro e a capacidade de localizar tesouros ocultos.

288. Escrever significa aplicar em si mesmo (ver Ap. 1:11). O versículo 8 indica que "a voz do céu" é diferente do anjo do versículo 1. A "voz do céu" simboliza o pensamento abstrato do corpo causal, que é como as vozes em Ap. 4:10 e 9:13 são interpretadas.

289. Patanjali, o fundador do sistema da raja ioga, avisou contra transformar os poderes espirituais em um obstáculo (*Yoga Sutras*, Livro III, versículo 37). C. Johnson, *The Yoga Sutras of Patanjali* (1949; reimpressão; London: Stuart and Watkins, 1968), p. 82, comenta sobre esse aviso: "O homem divino está destinado a ultrapassar o homem espiritual, assim como o homem espiritual ultrapassa o homem natural... Os poderes abertos do homem espiritual, visão, escuta e tato espirituais, portanto, estão em contradistinção com o poder divino superior acima deles, e não devem de modo algum ser considerados o final do caminho... De modo que, se os poderes espirituais de que estivemos tratando forem considerados em qualquer sentido finais, eles são um obstáculo, uma barreira para os poderes muito superiores do homem divino. Mas vistos de baixo, do ponto de vista da experiência física normal, são poderes realmente mágicos".

5. E o anjo que estava sobre o mar e sobre a terra levantou a sua mão ao céu,

5. A alma, que ajudou o aspirante a compreender suas naturezas física e emocional,[290] agora o encoraja a aprender sobre a fonte divina da vida.[291]

6. E jurou por aquele que vive para todo o sempre, o qual criou o céu e o que nele há, e a terra e o que nela há, e o mar e o que nele há, que não haveria mais demora;

6. A alma, servindo como uma ligação com Deus – o criador dos mundos espiritual, físico e emocional e de todas as coisas dentro desses mundos –, declara: "Não deve haver mais atraso no aprendizado sobre Deus.[292]

---

290. Os versículo 5 e 6 baseiam-se em Dn. 12:7: "Então ouvi o homem vestido de linho, que estava em cima do rio, jurar, levantando para o céu sua mão esquerda bem como sua mão direita: pelo eterno vivo, será em um tempo, tempos e na metade de um tempo".

291. A kundalini alcançou o chacra coronário, como mostrado em Ap. 9:13 e no versículo 3. Nikhilananda, *The Gospel of Ramakrishna*, p. 582, descreve a consequência: "Finalmente, a kundalini eleva-se ao lótus no cérebro e torna-se unida com Siva, ou o Absoluto; e o aspirante realiza, na consciência transcendental, sua união com Siva-Sakti". Aqui, o lótus no cérebro é o chacra da coroa. Siva é um nome para Deus, e Siva-Sakti é o poder criativo de Deus. Esta citação parece sugerir que a realização divina ocorre automaticamente depois que a kundalini sobe até o chacra coronário. Em contraste, os versículos 4 e 5 indicam que a realização divina é possível apenas se o aspirante recusa-se a se desviar do caminho pelos poderes paranormais inferiores.

292. O versículo 6 usa céu, terra e mar como se cobrissem todas as possibilidades. Céu, terra e mar representam os mundos espiritual, físico e emocional, e assim o mundo espiritual deve incluir tudo fora dos mundos físico e emocional, incluindo a mente e o corpo causal, a alma e o plano das ideias divinas. A maioria das traduções modernas da Bíblia usa a palavra "demora" em vez de "tempo" neste versículo. Na RSV, por exemplo, a última parte do versículo 6 aparece como "não deve haver mais demora".

O Plano das Ideias Divinas

7. Mas nos dias da voz do sétimo anjo, quando tocar a sua trombeta, cumprir-se-á o segredo de Deus, como anunciou aos profetas, seus servos.

8. E a voz que eu do céu tinha ouvido tornou a falar comigo, e disse: Vai, e toma o livrinho aberto da mão do anjo que está em pé sobre o mar e sobre a terra.

9. E fui ao anjo, dizendo-lhe: Dá-me o livrinho. E ele disse-me: Toma-o, e come-o, e ele fará amargo o teu ventre, mas na tua boca será doce como mel.

7. Pois nos dias do chacra básico, quando o chacra alcançar sua expressão total, a natureza oculta de Deus já deve ter sido desvelada pela revelação que Deus fornece aos seus servos que falam por ele".[293]

8. Outro pensamento abstrato diz ao aspirante: "Vá e pegue as ideias divinas da alma, porque ela já provou que é capaz de trazer compreensão dos mundos físico e emocional".

9. E assim o aspirante alcança alinhamento com a alma e invoca as ideias divinas. A alma diz: "Assimile e pense sobre essas ideias; elas são difíceis de aplicar, mas agradáveis de contemplar".[294]

---

293. O versículo 7 baseia-se em Amós 3:7: "Ele revelou seu segredo aos seus servos, os profetas". A palavra profeta representa simplesmente porta-voz, ou aquele que fala por outro, como mostrado em Êx. 7:1-2. No Antigo Testamento, Deus fornece a revelação que transforma uma pessoa em um profeta, que então se posiciona perante outros seres humanos como uma pessoa que esteve diante de Deus. Para exemplos, veja Is. 6:1, Ez. 1:1 e 1 Reis 22:19. O chacra básico é o sétimo chacra listado na Tabela 2, porque é o último a ser transformado na jornada espiritual.

294. Os versículos 9 e 10 baseiam-se em Ez. 3:3: "E ele me disse, Filho do homem, nutre o teu corpo, enche o teu estômago com o rolo que te dou". Comer as ideias significa pensar sobre elas, como em Jr. 15:16: "Tuas palavras foram encontradas, e eu as devorei". *A Commentary on the Book of the Revelation*, p. 157, interpreta "fará amargo o teu ventre" como "difícil na experiência assim como é digerido na aplicação" e "na tua boca será doce" como "agradável de ouvir falar, de contemplar".

10. E tomei o livrinho da mão do anjo, e comi-o; e na minha boca era doce como mel; e, havendo-o comido, o meu ventre ficou amargo.

11. E ele me disse: Importa que profetizes outra vez a muitos povos, e nações, e línguas e reis.

10. O aspirante recebe uma série de ideias divinas da alma e pensa sobre elas,[295] descobrindo que são agradáveis de contemplar, mas difíceis de aplicar.[296]

11. Mesmo assim, a alma diz ao aspirante: "Você deve aplicar essas ideias a todas as pessoas, nações, comunidades e governantes do mundo".[297]

---

295. A metáfora do livro no versículo 10 sugere que as ideias divinas são recebidas e compreendidas de modo progressivo e serial. Bailey, *Glamour*, p. 135-136, descreve essa série de ideias: "Através da intuição, a compreensão progressiva dos caminhos de Deus no mundo e em prol da humanidade é revelada; através da intuição, a transcendência e a imanência de Deus são compreendidas e o homem pode adentrar naquele conhecimento puro, aquela razão inspirada, que vai capacitá-lo a compreender não só os processos da natureza na sua expressão divina quíntupla, como também as causas subjacentes desses processos".

296. As ideias divinas afirmam a unidade de toda a vida. Essas ideias são agradáveis de contemplar em um nível abstrato ou filosófico, porque fornecem um significado e significância subjacentes a todos os eventos e circunstâncias. Ainda assim, essas ideias são difíceis de aplicar em um nível prático, porque sua aplicação acarreta desistir de todo senso de separação, julgamento e orgulho.

297. *A Commentary on the Book of Revelation,* p. 157, interpreta o versículo 11 da seguinte maneira: "Ele escuta que deve aplicar aquilo que aprendeu para todas as pessoas, em todas as condições".

Capítulo 11

JULGAMENTO

O aspirante aprende sobre o julgamento, elimina todos os julgamentos de falta de valor e alcança a união consciente com a alma.

VERSÃO DO REI JAMES

1. E foi-me dada uma cana semelhante a uma vara; e chegou o anjo, e disse: Levanta-te, e mede o templo de Deus, e o altar, e os que nele adoram.

INTERPRETAÇÃO PSICOLÓGICA

1. O aspirante possui um padrão mental que ele acredita que pode ser usado para julgar o valor de outras pessoas.[298] A alma diz ao aspirante: "Eleve sua consciência até o corpo causal[299] e use seu padrão mental para identificar as pessoas que são dignas de receber as bênçãos de Deus,[300]

---

298. O versículo 1 provavelmente baseia-se em Ez. 40-42, no qual um homem com uma vara mede cuidadosamente cada parte do templo de Deus. Neste versículo, essa vara é interpretada como uma medida mental de julgamento.

299. O anjo é a alma, porque os eventos no capítulo 11 são uma continuação daqueles no capítulo 10. Assim como a consciência desperta ordinária não pode ser mantida indefinidamente, mas precisa alternar com períodos de sono, Bailey, *Letters on Occult Meditation*, p. 292, indica que a consciência causal pode durar apenas "um breve momento". Em Ap. 9:1, o aspirante alcança a consciência causal. No versículo 1 deste capítulo, "levanta-te" significa que o aspirante deve elevar a polarização da sua consciência, mais uma vez, para seu corpo causal.

300. Cayce comenta sobre o versículo 1: "Vocês, suas próprias almas como indivíduos, quem vai colocá-los no seu céu? Vocês de uma denominação, vocês de um certo credo, vocês de uma certa medida, com que medida seu quinhão será pedido para vocês de novo... Aqueles que medirão então, aqueles que estabelecerão quinhões e limites quantas vezes isso já foi feito? Quando vocês nomeiam um nome, ou quando atribuem quinhões e limites,

– 103 –

2. E deixa o átrio que está fora do templo, e não o meças; porque foi dado aos gentios, e pisarão a cidade santa por quarenta e dois meses.

2. e julgue todos os outros, sem ter que considerá-los indignos de modo explícito. Seus conceitos desdenhosos[301] sobre outras pessoas farão com que sua personalidade permaneça perturbada[302] enquanto mantiver seu julgamento sobre eles.[303]

---

vocês esquecem que a força de Deus, o poder de Deus é *infinito*!" (Van Auken, *Edgar Cayce on the Revelation*, p. 183-184). *ACIM*, vol. I, p. 284, possui uma noção similar: "Cada pessoa que você vê, você coloca dentro do círculo sagrado de Expiação ou deixa de fora, julgando-a digna da crucificação ou da redenção". No versículo 1, o templo é considerado aquilo que Cayce chama de "o seu céu" ou o que *ACIM* chama de "o círculo sagrado de Expiação".

301. A palavra *gentio* geralmente significa "qualquer nação menos os judeus". Com o passar do tempo, os judeus começaram a se orgulhar dos seus privilégios peculiares, e assim essa palavra tornou-se um termo de desprezo. Na época de Jesus, de acordo com Mateus 18:17 (RSV), "um gentio e um coletor de impostos" eram comparáveis no opróbrio. No versículo 2, os gentios são considerados conceitos desdenhosos de outras pessoas.

302. J. S. Goldsmith, *The Thunder of Silence* (New York: Harper and Row, 1961), p. 173, descreve como somos perturbados por nossos conceitos de outras pessoas: "Se continuamos a ficar perturbados por causa de alguém, é porque estamos entretendo um conceito daquela pessoa, e é esse conceito que está causando o conflito dentro de nós. Se somos perturbados por causa de um pessoa, podemos ter certeza de que o conceito que temos dela é totalmente errado". No versículo 2, a cidade é a personalidade (ver Ap. 3:12), de modo que pisar na cidade simboliza a perturbação que a personalidade sente como resultado dos seus conceitos errados de outros.

303. O versículo 2 diz que os conflitos duram 42 meses, o que também é o período durante o qual a besta tem autoridade em Ap. 13:5. Esse período de três anos e meio é equivalente ao "tempo, tempos e metade de um tempo" durante o qual a mulher é sustentada em Ap. 12:14, e também os três dias e meio mencionados nos versículo 9 e 11 deste capítulo. Se cada mês dura exatamente trinta dias, o mesmo período é equivalente aos 1.260 dias que as testemunhas profetizam no versículo 3 e durante os quais a mulher é sustentada em Ap. 12:6. Esse período tem sua origem em Dn. 7:25, no qual o poder do mal dura "até um tempo e tempos e a divisão do tempo". Mounce, *The Book of Revelation,* p. 215, diz: "a designação temporal dos 42 meses... tornou-se um símbolo padrão para o período limitado de tempo durante o qual o mal teria permissão de reinar livremente". No versículo 2, esse período simboliza o tempo durante o qual um julgamento de falta de valor é mantido.

JULGAMENTO

105

3. E darei poder às minhas duas testemunhas, e profetizarão por mil duzentos e sessenta dias, vestidas de saco.

4. Estas são as duas oliveiras e os dois castiçais que estão diante do Deus da terra.

3. Darei poder aos seus corpos emocional e vital para que testemunhem ou reflitam seu julgamento de falta de valor. Esses corpos vão expressar seu julgamento mental enquanto você o mantiver, mas o farão desprovidos de suas qualidades espirituais.[304]

4. A atividade dentro dos sistemas nervosos simpático e parassimpático reflete a atividade dentro dos chacras do plexo solar e sacral, que por sua vez reflete qualquer julgamento mental de falta de valor.[305] Julgamentos de falta de valor baseiam-se na crença da separação, que pode ser chamada de Deus da terra, porque controla a grande maioria das pessoas.[306]

---

304. As "duas testemunhas" simbolizam os corpos vital e emocional. Cayce fornece uma interpretação similar: "Estas então são as testemunhas. O inato e o emocional". (Van Auken, *Edgar Cayce on the Revelation*, p. 186). Como foi explicado na nota precedente, 1.260 dias simbolizam o período durante o qual um julgamento de falta de valor é mantido. Vestir-se de saco é um símbolo de perda ou lamentação; por exemplo, ver Is. 15:3 e Jr. 4:8.

305. O versículo 4 baseia-se em Zc. 4:2-3, que descreve um único candelabro de ouro cercado por duas oliveiras. As árvores são sistemas nervosos (ver Ap. 7:1) . No versículo 4, as duas árvores são os sistemas nervosos simpático e parassimpático, que são os dois ramos do sistema nervoso autônomo. Bell-Ranske, *The Revelation of Man*, p. 190, também interpreta as duas árvores neste versículo como "o sistema nervoso gangliônico". Os dois candelabros são os chacras do sacro e do plexo solar (ver Ap. 1:12). Os nervos parassimpáticos do sacro são conectados ao corpo vital por meio chacra sacral (ver Ap. 8:7). Bailey, *A Treatise on White Magic*, p. 284, descreve um papel similar para o chacra do plexo solar: "O sistema nervoso simpático, esse maravilhoso aparato de sensação, está intimamente associado com o corpo emocional ou astral. O contato é realizado através do plexo solar".

306. Paulo, em 2 Cor. 4:4, diz: "o deus deste mundo cegou as mentes daqueles que não acreditam". No versículo 4, a terra refere-se à humanidade (ver Ap. 5:6), e assim "Deus da terra" simboliza a crença na separação, porque esta distorce as percepções da maioria das pessoas (ver Ap. 2:13, 9:11). Por exemplo, Bailey, *Esoteric Psychology*, vol. I, p. 378, diz: "nossa raça é controlada pela grande heresia da separatividade".

5. E, se alguém lhes quiser fazer mal, fogo sairá da sua boca, e devorará os seus inimigos; e, se alguém lhes quiser fazer mal, importa que assim seja morto.

6. Estes têm poder para fechar os céus, para que não chova, nos dias da sua profecia; e têm poder sobre as águas para convertê-las em sangue, e para ferir a terra com toda a sorte de pragas, todas quantas vezes quiserem.

7. E, quando acabarem o seu testemunho, a besta que sobe do abismo lhes fará guerra, e os vencerá, e os matará.

5. Perturbados pelas pessoas indignas, os corpos emocional e vital respondem com sentimentos e comportamentos raivosos, e tentam ferir essas pessoas como se acreditassem que foram feridos.[307]

6. E os corpos emocional e vital têm poder de bloquear a influência do mundo espiritual, detendo assim o fluxo da virtude. Eles podem criar conflito no nível emocional e projetar esse conflito, na forma de doenças, sobre o corpo físico, repetidas vezes.[308]

7. O ato de julgar outros faz com que a culpa surja da natureza subconsciente e ataque os corpos emocional e vital, vencendo-os.[309] Um sentimento de culpa também traz morte no sentido espiritual; ele extingue o amor espiritual do corpo emocional e a vontade espiritual do corpo vital.

---

307. Krishnamurti, *Last Talks At Saanen*, p. 35, descreve como a divisão subjetiva leva ao conflito: "Mas se criarmos subjetivamente uma divisão – eu pertenço a isto e você pertence àquilo, eu sou católico, você é protestante, eu sou judeu e você é árabe –, então há conflito". O fogo pode ser um símbolo da ira, como em Is. 30:27: "Vede! É o nome do Senhor que vem de longe, sua cólera é ardente, uma nuvem pesada se levanta, seus lábios respiram furor, e sua língua é como um fogo devorador". No versículo 5, o fogo representa a raiva surgindo da divisão subjetiva trazida pelo julgamento.

308. A chuva pode ser um símbolo de integridade, como em Os. 10:12 (NASB): "É tempo de buscar o Senhor, até que venha verter a justiça como chuva sobre vós". Ver também Is. 45:8. No versículo 6, céus, águas, sangue e terra simbolizam o mundo espiritual, o corpo emocional, conflito e o corpo físico, respectivamente (ver Ap. 4:1, 1:15, 6:10, 3:10). Bailey, *Esoteric Healing*, p. 112, diz: "Noventa por cento das causas das doenças são encontradas nos corpos etérico e astral". Aqui, etérico e astral são sinônimos para vital e emocional. O poder de "ferir a terra com toda a sorte de pragas" simboliza o poder de projetar doenças no corpo físico.

309. O abismo é a natureza subconsciente, e a besta que emerge desse fosso é um sentimento de culpa (ver Ap. 9:1-3).

8. E jazerão os seus corpos mortos na rua da grande cidade que espiritualmente se chama Sodoma e Egito, onde o seu Senhor também foi crucificado.

9. E homens de vários povos, e tribos, e línguas, e nações verão seus corpos mortos por três dias e meio, e não permitirão que os seus corpos mortos sejam postos em sepulcros.

10. E os que habitam na terra se regozijarão sobre eles, e se alegrarão, e mandarão presentes uns aos outros; porquanto estes dois profetas tinham atormentado os que habitam sobre a terra.

8. Os corpos emocional e vital transmitem sua dor pelos canais de comunicação internos para o resto da personalidade, resultando em um senso generalizado de pecado, aprisionamento e sofrimento.[310]

9. Todos os elementos da personalidade focalizam memórias dolorosas de experiências emocionais e físicas do passado enquanto o julgamento de falta de valor persiste, e mantém essas memórias.[311]

10. As partes não redimidas da personalidade, que são identificadas com a forma física, usam esse sofrimento para justificativa, apoio e fortalecimento mútuos, porque foram superadas pelo amor e vontade espirituais que os corpos emocional e vital haviam exibido anteriormente.[312]

---

310. A cidade é a personalidade (ver versículo 2) e a rua da cidade consiste nos canais de comunicação internos que foram mencionados no versículo 4. Sodoma era um lugar de degradação moral (Gn. 19:4-11) e o Egito escravizou os israelitas (Êx. 1:13-14). Fillmore, *Metaphysical Bible Dictionary*, p. 183, 624, diz que "Sodoma simboliza a forma mais baixa do desejo sensual", e que "Egito significa a escuridão da ignorância".

311. J. Krishnamurti, *Commentaries on Living, First Series* (1956; reimpressão; Wheaton, IL: Theosophical Publishing House, 1970), p. 242-243, declara: "O que conhecemos é o passado morto, não o que é vivo. Para estar consciente do que é vivo, devemos enterrar o que está morto dentro de nós". No versículo 9, "corpos mortos" são memórias de experiências passadas, e "ser posto em sepulcro" representa esquecer essas memórias. Como explicado em uma nota de rodapé para o versículo 2, "três dias e meio" simboliza o período durante o qual um julgamento de falta de valor é mantido.

312. "Os que habitam na terra" são pensamentos, sentimentos e motivos identificados com o corpo físico (ver Ap. 3:10).

11. E depois daqueles três dias e meio o espírito de vida, vindo de Deus, entrou neles; e puseram-se sobre seus pés, e caiu grande temor sobre os que os viram.

11. Depois de ganhar os discernimentos definidos nos versículos 4 a 10, o aspirante lembra-se das ideias de Deus, que mostram que a crença da separação é irreal. Seus corpos emocional e vital começam a recuperar-se, e suas partes não redimidas não podem mais se justificar.[313]

12. E ouviram uma grande voz do céu, que lhes dizia: Subi para aqui. E subiram ao céu em uma nuvem; e os seus inimigos os viram.

12. O corpo causal, que compreende as ideias divinas, chama os corpos emocional e vital para chegarem à consciência, o que fazem apesar das partes não redimidas.[314]

---

313. Depois que lhe perguntaram "o que significa a ressurreição dessas testemunhas?", Cayce deu a seguinte resposta: "Como Ele deu? Se vocês meditarem sobre essas coisas, trarei para sua recordação todas as coisas. A ressurreição, a renovação, pelas habilidades da alma de capturar os testemunhos da própria vida! E o que é a vida? Deus!" (Van Auken, *Edgar Cayce on the Revelation,* p. 187). No versículo 11, "o espírito de vida, vindo de Deus" simboliza as ideias de Deus que foram recebidas em Ap. 10:10.

314. A "voz do céu" é o corpo causal (ver Ap. 10:4). A palavra "grande" indica autoridade (ver Ap. 1:10) e representa a compreensão que foi ganhada por meio da contemplação das ideias divinas em Ap. 10:10.

JULGAMENTO

13. E naquela mesma hora houve um grande terremoto, e caiu a décima parte da cidade, e no terremoto foram mortos sete mil homens; e os demais ficaram muito atemorizados, e deram glória ao Deus do céu.

14. É passado o segundo ai; eis que o terceiro ai cedo virá.

13. Logo depois, a aplicação de ideias divinas pelo aspirante elimina todos os juízos mentais de falta de valor, porque baseiam-se na crença da separação;[315] todos os sentimentos de separação, porque baseiam-se em julgamentos de falta de valor; e todas as atividades egoístas, porque baseiam-se em sentimentos de separação. As atividades restantes da personalidade refletem as ideias do Deus do céu em vez daquelas do Deus da terra.[316]

14. Quando essas mudanças são realizadas, só há mais uma etapa no processo de purificação, e ela vem rapidamente.

---

315. Mt. 7:1 declara: "Não julgue para não ser julgado". Goldsmith, *The Infinite Way,* p. 156, explica: "Na vida espiritual, você não coloca etiquetas no mundo. Você não julga o bem e o mal, doença ou saúde, riqueza ou pobreza". Um grande terremoto simboliza uma grande mudança na personalidade devido ao discernimento divino (ver Ap. 6:12). A grande mudança no versículo 13 simboliza a eliminação de todos os julgamentos de falta de valor devido à aplicação das ideias divinas.

316. Gn. 2:2-3 afirma: "E no sétimo dia Deus terminou sua obra; e ele descansou no sétimo dia de todo o trabalho que realizara. E Deus abençoou o sétimo dia, e o santificou". O *New Bible Dictionary*, p. 834, conclui: "*sete...* é associado com plenitude, realização e perfeição". Dez representa plenitude (ver Ap. 2:10), e portanto a perda de um décimo da cidade é considerada a perda de todos os sentimentos de separação. Mil representa a plenitude em relação a três critérios (ver Ap. 7:4). No contexto do versículo 13, sete mil refere-se à perfeição que é obtida na personalidade por meio da eliminação de todas as atividades egoístas nos níveis mental, emocional e físico.

15. E o sétimo anjo tocou a sua trombeta, e houve no céu grandes vozes, que diziam: Os reinos do mundo vieram a ser de nosso Senhor e do seu Cristo, e ele reinará para todo o sempre.

16. E os vinte e quatro anciãos, que estão assentados em seus tronos diante de Deus, prostraram-se sobre seus rostos e adoraram a Deus,

17. Dizendo: Graças te damos, Senhor Deus Todo-Poderoso, que és, e que eras, e que hás de vir, que tomaste o teu grande poder, e que reinaste.

15. O chacra básico é levado à sua expressão total.[317] O aspirante, que ainda está polarizado no seu corpo causal,[318] conclui que sua personalidade não é mais dominada pelo seu corpo emocional, respondendo ao poder de Deus e da alma. Esse poder vencerá qualquer resistência.[319]

16. Os pensamentos abstratos do aspirante, que foram alinhados com Deus, percebem suas próprias limitações e reconhecem o papel de Deus,[320]

17. Dizendo: "Obrigado, Senhor Deus, todo-poderoso e eterno, porque seu poder está governando a personalidade.

---

317. Bailey, *Esoteric Healing*, p. 216, descreve "o estágio de energizar o ser humano inteiro, através do centro básico, e portanto fazendo com que: a. O centro da cabeça e o centro básico, b. Estes dois e o centro ajna, c. Todos os três, entrem em expressão rítmica e coordenada". A etapa (a) ocorre quando a kundalini do chacra básico alcança o chacra coronário; ela corresponde ao som da trombeta do sexto anjo em Ap. 9:13. A etapa (b) ocorre quando a sabedoria do corpo causal é expressa através do chacra frontal (ou ajna); ela corresponde aos versículos 11 a 13. A etapa (c) ocorre quando todas as atividades refletem as ideias de Deus; ela corresponde ao som da trombeta do sétimo anjo no versículo 15.

318. No versículo 15, o mundo é o corpo emocional (ver Ap. 3:10).

319. Cristo é uma tradução da palavra grega *Christos*, que significa "ungido" ou "Messias". É um título aplicado a Jesus (Mt. 16:16, At. 17:3). Fillmore, *Metaphysical Bible Dictionary*, p. 150, diz que esse título também é aplicável ao nosso eu superior: "Este Cristo, ou ideia de homem perfeito existindo eternamente na mente divina, é o verdadeiro e espiritual eu superior de cada indivíduo. Cada um de nós tem dentro de si o Cristo, assim como Jesus o tinha, e precisamos olhar para dentro para reconhecer e realizar nossa filiação, nossa origem e nascimento divinos, do mesmo modo como Ele o fez. Ao nos unificarmos continuamente com o Altíssimo pelos nossos pensamentos e palavras, também nos tornaremos filhos de Deus, manifestos". No versículo 15, Cristo é considerado um sinônimo para alma, ou eu superior. Cayce, Blavatsky e Goldsmith usam o termo Cristo de modos similares; ver notas para Ap. 5:6, 12:10 e 20:4.

320. As frases dos 24 anciãos representam os pensamentos do corpo causal (ver Ap. 4:4, 10). O alinhamento desses pensamentos com Deus ocorreu em Ap. 8:4 e foi mencionado novamente em Ap. 9:13.

JULGAMENTO

18. E iraram-se as nações, e veio a tua ira, e o tempo dos mortos, para que sejam julgados, e o tempo de dares o galardão aos profetas, teus servos, e aos santos, e aos que temem o teu nome, a pequenos e a grandes, e o tempo de destruíres os que destroem a terra.

18. A personalidade anteriormente estava cheia de raiva, mas sua correção chegou. Agora é hora de observar quaisquer pensamentos, sentimentos e imagens sobre o passado, de modo que possam ser comparados com suas ideias. Por meio desse tipo de julgamento, você recompensará os corpos emocional e vital, o corpo causal[321] e as atividades alinhadas com sua natureza, grandes e pequenas. Também destruirá os fatores que causam doença e sofrimento".[322]

---

321. A ira de Deus é correção ou punição para injustiça, como mostrado em Rm. 1:18: "Pois a ira de Deus vem do céu contra o pecado e a injustiça dos homens, que têm como verdade a injustiça". No versículo 18, os "mortos" são memórias (ver versículo 9). "Os profetas, teus servos" são "minhas duas testemunhas" que profetizam no versículo 3, que por sua vez são os corpos emocional e vital. Os "santos" são princípios de sabedoria armazenados no corpo causal (ver Ap. 5:8).

322. O versículo 18 baseia-se parcialmente no Salmo 115:13: "Ele abençoará aqueles que temem ao Senhor, tanto grandes quanto pequenos". O medo é uma tradução da palavra grega *phobeo*, que às vezes significa tratar com obediência reverente (Ef. 5:33), ou, de modo mais simples, estar alinhado com. A última parte do versículo 18 responde à pergunta colocada em Ap. 6:10.

19. E abriu-se no céu o templo de Deus, e a arca de seu testamento foi vista no seu templo; e houve relâmpagos, e vozes, e trovões, e um terremoto e grande saraiva.

19. O conhecimento precedente da presença e do poder de Deus[323] cria uma abertura no corpo causal do aspirante no qual sua consciência se eleva para a alma.[324] Ele volta sua atenção para o corpo causal e vê que sua sabedoria acumulada contém evidência do amor, da vontade e da inteligência de Deus.[325] O aspirante, que agora é um adepto, descobre que é um ponto na vontade divina, concentrado no amor da alma e chegando à consciência do Ser por meio do uso da forma.[326]

---

323. Reconhecer a presença e o poder de Deus às vezes é chamado de "praticar a presença de Deus"; ver Brother Lawrence, *The Practice of the Presence of God* (1692; reimpressão; Grand Rapids, MI: Fleming H. Revell Company, 1989). O *Apocalipse* recomenda essa prática como o meio para alcançar a etapa final da jornada espiritual, que é a união com a alma. O capítulo 19 fornece mais informações sobre essa prática.

324. Bailey, *A Treatise on White Magic*, p. 264, diz que "*o corpo causal... é o veículo da consciência superior, o templo do Deus vivo*". Do mesmo modo, o templo de Deus no versículo 19 simboliza o corpo causal. Bailey, *Letters on Occult Meditation*, p. 95, fala de dois deslocamentos na consciência: "o corpo mental torna-se o centro da consciência e depois através da prática torna-se o ponto de partida para a transferência da polarização para um corpo superior, primeiro o causal e depois até a Tríade". O primeiro deslocamento resulta na consciência causal e é descrito nos capítulos 9 e 16. O segundo deslocamento resulta na união com Deus, porque a Tríade é um sinônimo para alma (Bailey, *A Treatise on Cosmic Fire*, p. 48); esse deslocamento é descrito no versículo 19 e no capítulo 19.

325. No Antigo Testamento, a arca sagrada é chamada de "arca do testemunho" (Êx. 30:6), "arca da aliança" (Nm. 10:33) e "arca de Deus" (1 Sm. 3:3). Essa arca era uma caixa folheada a ouro, e que continha as duas placas dos Dez Mandamentos, o pote de ouro contendo maná e o cajado de Aarão (Hb. 9:4). No versículo 19, a arca do testamento de Deus simboliza a sabedoria acumulada que contém evidência da vontade, do amor e da inteligência de Deus.

326. Bailey, *The Rays and the Initiation*, p. 107, descreve a suprema descoberta de autoidentidade do aspirante: "O discípulo... começa a perceber que é a alma. Então, mais tarde, vem o horrível 'momento no tempo' quando, pendendo no espaço, ele descobre que não é a alma. O que ele é, então? Um ponto da vontade divina, focalizada na alma e alcançando a consciência do Ser através do uso da forma". *ACIM*, vol. I, p. 129, faz uma afirmação similar: "Você *é* a Vontade de Deus". No versículo 19, "relâmpagos, e vozes, e trovões, e um terremoto" simbolizam a kundalini despertada, que é o resultado de expressar a vontade espiritual por intermédio da forma física (ver Ap. 8:5). "Grande saraiva" simboliza o amor espiritual expresso pela forma física (ver Ap. 8:7).

Capítulo 12

ILUSÃO

João tem outra visão que mostra a jornada espiritual do início ao fim, mas com ênfase e perspectiva diferentes. Nesta visão, o aspirante pede orientação, torna-se consciente da ilusão e aprende a livrar-se dela.

VERSÃO DO REI JAMES

1. E viu-se um grande sinal no céu: uma mulher vestida do sol, tendo a lua debaixo dos seus pés, e uma coroa de doze estrelas sobre a sua cabeça.

INTERPRETAÇÃO PSICOLÓGICA

1. No início da jornada espiritual, a mente do aspirante é receptiva ao divino,[327] porque é influenciada por professores externos, compreende ensinamentos externos e aspira aos ideais mentais do desenvolvimento espiritual.[328]

---

327. O céu é o mundo espiritual e inclui a mente (ver Ap. 10:6). A personalidade consiste nos corpos mental, emocional, vital e físico (ver Ap. 4:7). No versículo 1, a mulher simboliza o corpo mental, ou mente, porque é a única porção da personalidade que faz parte do mundo espiritual. A forma feminina é um símbolo de receptividade. Por exemplo, Is. 54:5 afirma: "Pois teu Criador é teu marido", indicando que um ser humano deveria ter uma relação feminina, ou receptiva, com o divino. Ver também Is. 62:5. O "grande sinal no céu" representado no versículo 1 é que a mente do aspirante desenvolveu essa receptividade.

328. Paulo, em Rm. 10:17 (RSV), declara: "Assim fé vem do que é ouvido, e o que é ouvido vem pela pregação do Cristo". Como em Ap. 6:12 e 8:12, o sol representa um mestre externo ou figura de autoridade, e a lua representa um ensinamento externo como aquele encontrado em livros. A roupa simboliza a natureza de quem a veste (ver Ap. 7:9) e, assim, "vestida do sol" indica uma natureza influenciada por mestres externos. Os pés significam entendimento (ver Ap. 1:15, 10:2); portanto, "a lua debaixo dos seus pés" indica uma compreensão de ensinamentos externos. As estrelas são ideais mentais e doze indica um padrão divino (ver Ap. 6:13, 7:4). Do mesmo modo, "uma coroa de doze estrelas" simboliza os ideais mentais do desenvolvimento espiritual.

2. E estava grávida, e com dores de parto, e gritava com ânsias de dar à luz.
3. E viu-se outro sinal no céu; e eis que era um grande dragão vermelho, que tinha sete cabeças e dez chifres, e sobre as suas cabeças sete coroas.

2. A mente do aspirante, receptiva à alma, pede sua orientação e fica perturbada ao ver o que é revelado.[329]
3. O fato da ilusão é revelado.[330] A ilusão aparece como um grande adversário responsável por todos os conflitos.[331] Ele controla os sete chacras e todos os desejos,[332] prioriza a forma externa[333] e ilude por meio da passagem do tempo.[334]

---

329. O versículo 2 baseia-se em Is. 26:17: "Como uma mulher grávida, prestes a dar à luz, se retorce e grita em suas dores, assim estamos diante de vós, Senhor". No versículo 2, a mulher, a criança, o choro e a dor de parto representam a mente (ver versículo 1), a alma (ver Ap. 2:18), a busca pela orientação da alma e o sofrimento por receber a iluminação da alma, respectivamente. Bailey, *Discipleship in the New Age*, vol. I, p. 727, fornece o motivo para essa perturbação: "O farol da alma revela falhas no caráter, limitações na expressão e inadequações na conduta. Tudo isso deve ser corrigido de modo inteligente".

330. Bailey, *Esoteric Healing*, p. 11, escreve: "As melhores mentes desta era só agora estão começando a ver o primeiro raio de luz que está... servindo, antes de tudo, para revelar o fato da ilusão". A ilusão é o agregado de falsas crenças aceitas pela mente. Sem a luz da alma, a mente nem mesmo pode reconhecer a presença da ilusão dentro de si. No versículo 3, o grande dragão vermelho simboliza a ilusão, porque o versículo 9 iguala o dragão com o Diabo ou Satanás, que representa a ilusão (ver Ap. 2:9-10).

331. A cor vermelha do dragão indica que a ilusão engendra conflito, porque vermelho simboliza o conflito (ver Ap. 6:4). De fato, *ACIM,* vol. II, p. 130, diz: "Sem ilusões o conflito é impossível". João 8:44 afirma algo parecido: "o diabo... era assassino desde o princípio".

332. As sete cabeças são os sete chacras (ver Ap. 9:19). Os dez chifres representam a faixa total de desejos, porque dez e chifre significam plenitude e poder (ver Ap. 2:10, 5:6).

333. Bailey, *Esoteric Psychology*, vol. II, p. 434, diz: "O corpo vital ou etérico... é uma réplica exata ou contraparte da forma externa". Como mostrado na Tabela 1, os sete chacras, que são centros de energia dentro do corpo vital, determinam o perfil do corpo físico, ou forma externa. As coroas nesses chacras significam que a ilusão dá mais importância à forma externa. Paulo, em Rm. 8:7 (RSV), expressa uma ideia similar: "Pois a mente que habita a carne é hostil a Deus; ela não se sujeita às leis de Deus, pois não pode fazê-lo".

334. Vinte e quatro características do dragão são mencionadas: 7 cabeças, 10 chifres e 7 coroas. Esse número indica que a ilusão está intimamente relacionada ao tempo, porque 24 simboliza a passagem do tempo (ver Ap. 4:4). J. Krishnamurti, *Krishnamurti's Notebook* (New York: Harper and Row, 1976), p. 153, diz algo parecido: "Tempo é ilusão". Além disso, Collins, *Light on the Path*, p. 31, fala do "Tempo, o grande enganador".

ILUSÃO | 115

4. E a sua cauda levou após si a terça parte das estrelas do céu, e lançou-as sobre a terra; e o dragão parou diante da mulher que havia de dar à luz, para que, dando ela à luz, tragasse-lhe o filho.

5. E deu à luz um filho homem que há de reger todas as nações com vara de ferro; e o seu filho foi arrebatado para Deus e para o seu trono.

4. Os chacras na coluna vertebral, que são controlados pela ilusão, corromperam algumas das ideias mentais,[335] transformando-as em crenças falsas, em reações emocionais e em compulsões.[336] A ilusão, operando no nível mental, está pronta para lutar contra qualquer orientação da alma assim que a mente a receber.

5. No devido tempo, a mente dá à luz a orientação da alma, que combina a sabedoria da maturidade com uma voz interior. A alma reinará sobre todos os aspectos da personalidade por intermédio da kundalini despertada na coluna vertebral. Ela age como a intermediária para Deus e está alinhada com o coração de Deus.[337]

---

335. O versículo 4 pode estar baseado em Dn. 8:10 (NIV): "Cresceu até alcançar os astros do céu, dos quais fez cair por terra algumas estrelas e as calcou aos pés". No versículo 4, a cauda é a espinha dorsal (ver Ap. 9:19), que contém os cinco chacras inferiores. A "terça parte" é interpretada simplesmente como significando "algumas", o que é consistente com o fraseado de Dn. 8:10.

336. A percepção, interpretação ou apropriação errônea de um ideal cria uma falsa crença no nível mental (ver Ap. 3:4). Combinar uma crença falsa com desejo produz uma reação no nível emocional, como orgulho ou raiva. Combinar uma reação emocional com energia vital produz uma compulsão no nível físico. Uma compulsão é um impulso de realizar um ato irracional, como um hábito persistente, fetiche sexual ou jogo compulsivo. A terra é o corpo físico (ver Ap. 3:10), e assim jogar ideais mentais no corpo físico simboliza transformá-los em crenças falsas, em reações emocionais e, finalmente, em compulsões.

337. O filho homem é a alma, porque a alma tem sabedoria, que é associada "com os idosos" (Jó 12:12, RSV), mas fala com "o murmúrio de uma brisa" (1 Reis 19:12, RSV). A mente traz a orientação da alma através da discriminação correta (ver Ap. 5:6). A vara de ferro é a kundalini despertada na coluna vertebral (ver Ap. 2:27). O trono de Deus é o coração de Deus (ver Ap. 1:4). "Arrebatado para Deus" pode ser traduzido como "arrastado para Deus" (Judas 23) e refere-se a agir como o intermediário entre a personalidade e Deus (ver Ap. 5:7).

6. E a mulher fugiu para o deserto, onde já tinha lugar preparado por Deus, para que ali fosse alimentada durante mil duzentos e sessenta dias.

7. E houve batalha no céu; Miguel e os seus anjos batalhavam contra o dragão, e batalhavam o dragão e os seus anjos;

6. Através da prática da meditação, a mente desapega-se do mundo externo[338] e habita um santuário interno,[339] permanecendo ali até a chegada da paz interior.[340]

7. Durante a meditação, uma guerra ocorre dentro da mente. Intuições da alma opõem-se às crenças estimuladas pela ilusão; a ilusão contra-ataca através dos seus julgamentos, dúvidas e projeções.[341]

---

338. Os versículos 6 a 8 são equivalentes à primeira etapa da meditação receptiva que é descrita em Ap. 4:6. A Bíblia frequentemente considera o deserto um local de refúgio e de comunhão com Deus, como em Os. 2:14: "Por isso a atrairei, conduzi-la-ei ao deserto e falar-lhe-ei ao coração". M. Kiddle, *The Revelation of St. John* (London: Hodder and Stoughton, 1940), p. 229, diz: "o deserto para onde a mulher fugiu representa... uma condição de *desapego espiritual* dos negócios e fortunas do mundo civilizado".

339. *ACIM*, vol. II, p. 228, declara: "No silêncio, feche seus olhos para o mundo que não compreende o perdão, e busque santuário no lugar silencioso, onde seus pensamentos são mudados e as falsas crenças são deixadas de lado". O "lugar silencioso" nesta citação e considerado idêntico ao "lugar preparado por Deus" no versículo 6.

340. A duração de cada sessão de meditação é simbolizada por 1260 dias, que representam o tempo antes da chegada de uma sensação de paz (ver as notas para Ap. 11:2). J. S. Goldsmith, *Collected Essays of Joel S. Goldsmith* (Marina del Rey, CA: Devorss and Company, 1986), p. 164-165, fala sobre essa duração: "pode levar cinco minutos para a paz chegar; pode levar quinze minutos. Há crenças obstinadas neste mundo, mas se somos pacientes e sabemos o que estamos esperando – a certeza vinda do interior –, ela descerá... Pode ser preciso praticar, mas sempre que a agitação chegar ao seu pensamento, encontre um lugar para descansar e relaxar e espere essa paz descer sobre você".

341. O versículo 7 relaciona-se com Dn. 12:1: "Naquele tempo, surgirá Miguel, o grande chefe, o protetor dos filhos do seu povo". Bailey, *Glamour*, p. 83, diz: "é a própria alma que dispersa ilusões, através do uso da faculdade da intuição". No versículo 7, Miguel luta contra o dragão, que simboliza a ilusão, e assim a citação de Bailey indica que Miguel simboliza a alma e que os anjos de Miguel simbolizam intuições da alma.

ILUSÃO

8. Mas não prevaleceram, nem mais o seu lugar se achou nos céus.

9. E foi precipitado o grande dragão, a antiga serpente, chamada o Diabo, e Satanás, que engana todo o mundo; ele foi precipitado na terra, e os seus anjos foram lançados com ele.

10. E ouvi uma grande voz no céu, que dizia: Agora é chegada a salvação, e a força, e o reino do nosso Deus, e o poder do seu Cristo; porque já o acusador de nossos irmãos é derrubado, o qual diante do nosso Deus os acusava de dia e de noite.

8. Eventualmente, a ilusão é vencida temporariamente durante um momento de iluminação no qual a mente habita dentro da inocência do presente e não é mais identificada com o passado ou com o futuro.[342]

9. Muito embora o grande adversário, a ilusão, tenha sido lançado para fora da mente durante um momento de iluminação, ainda faz parte do corpo emocional na forma de reações latentes; ainda faz parte do corpo físico na forma de compulsões latentes.[343]

10. O aspirante chega às seguintes conclusões com seu pensamento abstrato: "Um momento de iluminação traz a salvação do medo, paz interior, consciência do todo divino, e o poder da alma, porque a ilusão é jogada para fora da mente junto com seu julgamento contínuo que oculta a presença de Deus.[344]

---

342. *ACIM,* vol. I, p. 301-329, usa o termo "instante sagrado" para denotar um momento de iluminação. R. Perry, *A Course Glossary* (West Sedona, AZ: The Circle of Atonement, 1996), p. 35-36, fornece a seguinte definição de um tal momento: "Um momento no qual temporariamente deixamos de lado o passado e entramos no presente atemporal, no qual momentaneamente transcendemos a identificação com ilusões e reconhecemos o que é real. Nós entramos no instante sagrado não nos fazendo santos, mas esquecendo o nosso quadro de referência normal, com sua absorção no passado, no futuro, no corpo e na nossa própria natureza pecaminosa. Isso permite que nossas mentes estejam tranquilas e se desloquem para outro estado mental".

343. Blavatsky, *Collected Writings,* vol. 12, p. 693, declara: "Quando as tendências e os impulsos malignos foram completamente impressos na natureza física, eles não podem ser revertidos imediatamente". No versículo 9, o mundo é o corpo emocional (ver Ap. 3:10).

344. Goldsmith, *Practicing the Presence,* p. 116, escreve: "Essa prática de estar no presente (*nowness*) desenvolve uma consciência que nunca é pressionada do lado exterior, porque não há nada a fazer, exceto o que está à mão naquele momento. Vivendo nesta consciência, nunca estamos preocupados com suprimentos, nem com qualquer obrigação devido ao amanhã... Então desenvolve-se em nós – e nós não o fazemos – *Ele,* o Cristo no nosso ser, desenvolve em nós um senso de paz". Tanto o "agora" no versículo 10 e o que Goldsmith chama de "prática de estar no presente" são referências a um momento de iluminação. A voz do céu é o pensamento abstrato do corpo causal (ver Ap. 10:4), e Cristo é a alma (ver Ap. 11:15).

11. E eles o venceram pelo sangue do Cordeiro e pela palavra do seu testemunho; e não amaram as suas vidas até a morte.

11. Esses fatores espirituais vencem a ilusão por meio do amor espiritual da alma e das intuições relacionadas,[345] que eliminam as metas temporais que extinguem a consciência da vida eterna.[346]

12. Por isso alegrai-vos, ó céus, e vós que neles habitais. Ai dos que habitam na terra e no mar; porque o diabo desceu a vós, e tem grande ira, sabendo que já tem pouco tempo.

12. Portanto, a alegria vem do fato de estar em um momento de iluminação.[347] Mas entre tais momentos, o sofrimento vem da identificação com o corpo físico ou emocional, por meio da qual compulsões latentes e reações emocionais tornam-se ativas e podem preservar-se.[348]

13. E, quando o dragão viu que fora lançado na terra, perseguiu a mulher que dera à luz o filho homem.

13. Quando a ilusão está ativa por meio da identificação incorreta, ela pode atormentar a mente, mesmo depois que a mente tenha dado à luz a orientação da alma.[349]

---

345. "O sangue do Cordeiro" é o amor espiritual da alma (ver Ap. 5:9); "a palavra do seu testemunho" é uma intuição (ver Ap. 1:2, 6:9). Bailey diz que ambos são fatores para vencer a ilusão: "Se o curador *ama* o bastante... ele alcançou uma compostura que traz negação ao mundo da ilusão e do *glamour*" (*Esoteric Healing*, p. 675); "Só a intuição pode dispersar a ilusão" (*Glamour*, p. 23).

346. A última parte do versículo 11 baseia-se em João 12:25: "Quem ama a sua vida, perdê-la-á; mas quem odeia a sua vida neste mundo, conservá-la-á para a vida eterna". Goldsmith, *The Infinite Way*, p. 181-182, faz uma declaração similar: "Enquanto houver preocupação com o bem *pessoal*, segurança, saúde ou paz de espírito, existe o que deve 'morrer diariamente' para que seja possível 'renascer do Espírito' para a realidade da imortalidade aqui e agora".

347. L. Wittgenstein, *Notebooks, 1914-1916* (Oxford: Blackwell, 1961), p. 8.7.16, escreveu: "Só um homem que vive não no tempo, mas no presente, é feliz". No versículo 12, habitar em múltiplos "céus" simboliza habitar em um momento de iluminação, porque o último envolve viver dentro da inocência do presente (ver versículo 8), dentro do santuário interno (ver versículo 6) e dentro da mente (ver versículo 1).

348. O mar é o corpo emocional (ver Ap. 4:6).

349. Bailey, *Esoteric Healing*, p. 374, diz: "A identificação errada é a causa da dor e leva ao sofrimento, à perturbação e a vários efeitos".

ILUSÃO 119

14. E foram dadas à mulher duas asas de grande águia, para que voasse para o deserto, ao seu lugar, onde é sustentada por um tempo, e tempos, e metade de um tempo, fora da vista da serpente.

15. E a serpente lançou da sua boca, atrás da mulher, água como um rio, para que pela corrente a fizesse arrebatar.

16. E a terra ajudou a mulher; e a terra abriu a sua boca, e tragou o rio que o dragão lançara da sua boca.

17. E o dragão irou-se contra a mulher, e foi fazer guerra ao remanescente da sua semente, os que guardam os mandamentos de Deus, e que têm o testemunho de Jesus Cristo.

14. E contudo, a qualquer momento, a mente pode usar o amor e a intuição da alma para desapegar-se e ficar no santuário interior até que a ilusão seja dominada novamente.[350]

15. Apesar disso, a ilusão pode gerar poderosas reações emocionais que poderiam levar a mente a esquecer a alma e o santuário interior.[351]

16. O corpo físico ajuda a mente a lidar com essas reações emocionais estimuladas pela ilusão, porque qualquer indulgência emocional eventualmente precisa ser substituída por esforços para satisfazer necessidades físicas ordinárias de sono, comida, bebida e abrigo.

17. A ilusão continua atacando a mente, e tenta subverter as partes da personalidade que seguem as intuições da alma e os ensinamentos de Jesus.[352]

---

350. Dt. 32:11-12 compara o zelo de Deus pelo seu povo com o de uma águia treinando seus filhotes a voar: "Tal qual águia vigilante sobre o ninho, adejando sobre os filhotes, ele estendeu as asas e o tomou, o transportou sobre sua plumagem. Só o Senhor foi o seu guia; nenhum outro deus estava com ele". No versículo 14, a grande águia simboliza a alma, e as duas asas são os dois poderes da alma mencionados no versículo 11, ou seja, o amor e a intuição. "Um tempo, e tempos, e metade de um tempo" tem o mesmo sentido que os 1.260 dias no versículo 6 (ver as notas para Ap. 11:2). "Vista da serpente" significa presença da ilusão (ver Ap. 6:16).

351. A água simboliza emoções (ver Ap. 1:15). Cayce interpreta a "corrente" no versículo 15 como "a corrente de emoções que formam as dúvidas, os medos, os sofrimentos, as perturbações, as ansiedades" (Van Auken, *Edgar Cayce on the Revelation,* p. 190). Sl. 69:2 usa esse símbolo de maneira similar: "Estou imerso num abismo de lodo, no qual não há onde firmar o pé. Vim a dar em águas profundas, encobrem-me as ondas".

352. Os mandamentos de Deus são considerados como as palavras de Deus, que por sua vez são intuições da alma (ver Ap. 6:9).

Capítulo 13

GLAMOUR E MAYA

O aspirante estuda suas naturezas emocional e física e aprende sobre glamour e maya.

VERSÃO DO REI JAMES

1. E eu pus-me sobre a areia do mar. E vi subir do mar uma besta que tinha sete cabeças e dez chifres, e sobre os seus chifres dez coroas, e sobre as suas cabeças um nome de blasfêmia.

INTERPRETAÇÃO PSICOLÓGICA

1. A partir de uma posição de desapego,[353] o aspirante estuda sua natureza emocional e aprende sobre o *glamour*, que é agregado às suas reações emocionais.[354] O *glamour* controla os sete chacras e toda a gama de desejos.[355] Fornece o máximo de importância à realização de desejos, e possui natureza crítica.[356]

---

353. *A Commentary on the Book of the Revelation*, p. 163, interpreta estar de pé sobre a areia da praia como o "estado de observação desapegada".

354. A besta vinda do mar é o adversário que o aspirante deve eventualmente encarar e vencer no nível emocional, porque o mar é o corpo emocional (ver Ap. 4:6). *A Commentary on the Book of the Revelation*, p. 163, diz que essa besta simboliza "anseios emocionais para expressão de desejos *egoístas*". Bailey, *Glamour*, p. 241, usa o termo *glamour* para denotar o adversário emocional: "*Glamour*, por sua vez, vela e oculta a verdade por trás da neblina e da névoa do sentimento e da reação emocional". [N.T.: *Glamour* aqui se refere ao sentido arcaico da palavra, "encanto, enfeitiçamento".]

355. Quanto a essa besta, São João da Cruz, *The Complete Works*, vol. I, p. 107, escreveu: "Feliz a alma que pode lutar contra a besta do Apocalipse, que possui sete cabeças, dispostas contra os quatro passos do amor... E sem dúvida, se ela lutar fielmente contra cada uma dessas cabeças, e ganhar a vitória, ela vai desejar passar de uma etapa para outra... deixando a besta vencida depois de destruir suas sete cabeças". Essa citação é consistente com usar as sete cabeças para simbolizar os sete chacras (ver Ap. 9:19), porque os capítulos 2 e 3 mostram que cada estágio da jornada espiritual corresponde a transformar um dos chacras.

356. Paulo, em Ef. 2:3 (RVS), diz: "Também todos nós éramos deste número quando outrora vivíamos nos desejos carnais, fazendo a vontade da carne e da concupiscência. Éramos como os outros, por natureza, verdadeiros objetos da ira divina". No versículo 1, os dez chifres são toda a gama dos desejos; ter chifres com coroas significa que a realização de desejos é a meta principal (ver Ap. 12:3). O nome de algo é a sua natureza básica (ver Ap. 2:3). A blasfêmia refere-se a calúnia, abuso verbal ou maledicência (ver Ap. 2:9).

GLAMOUR E MAYA

2. E a besta que vi era semelhante ao leopardo, e os seus pés como os de urso, e a sua boca como a de leão; e o dragão deu-lhe o seu poder, e o seu trono, e grande poderio.

3. E vi uma das suas cabeças como ferida de morte, e a sua chaga mortal foi curada; e todo o mundo se maravilhou após a besta.

2. O *glamour* também é traiçoeiro, desajeitado e vaidoso.[357] A ilusão dá ao *glamour* o poder do engano, controla a personalidade por intermédio do *glamour* e torna o *glamour* a autoridade para julgar o valor de tudo que for percebido.[358]

3. O aspirante percebe que seu chacra do plexo solar, sob a influência do *glamour*, parece ferido pelo passado,[359] mas também pode sentir-se redimido pelo presente. O corpo emocional, seguindo a orientação do *glamour*, deseja circunstâncias externas que engendram esse sentimento de redenção.[360]

---

357. A besta no versículo 2 é uma composição das quatro bestas de Dn 7:4-7, que também vêm do mar: um leão alado, um urso, um leopardo de quatro cabeças e uma besta com dez chifres. *A Commentary on the Book of the Revelation,* p. 163, interpreta o leopardo como "traiçoeiro", as patas de um urso como "desajeitadas" e a boca de um leão como "vaidosa".

358. Bailey, *Glamour,* p. 21, diz: "*O Problema do Glamour* é encontrado quando a ilusão mental é intensificada pelo desejo... É a ilusão no plano astral". No versículo 2, o dragão é a ilusão (ver Ap. 12:3).

359. O chacra do plexo solar transmite sentimentos do corpo emocional para o sistema nervoso (ver Ap. 2:8).

360. R. Perry, *Relationships as a Spiritual Journey* (West Sedona, AZ.: The Circle of Atonement, 1997), p. 40, descreve a falsa forma de redenção oferecida pelos sentimentos: "Todos nós sentimos que o passado nos feriu e gostaríamos desesperadamente de curar essas feridas. Mas o passado se foi. Ele não pode ser mudado. O que, então, devemos fazer? Vamos trazer o passado para o presente. Vamos montar uma peça que reproduz o passado. Desta vez, contudo, vamos mudar o final. Esta vez será um final feliz. Vamos ser o herói, vamos conseguir o amor e o reconhecimento que nos foram negados da primeira vez. Todas as injustiças serão retificadas, todos os erros serão corrigidos, e nós seremos redimidos". No versículo 3, o mundo é o corpo emocional (ver Ap. 3:10).

4. E adoraram o dragão que deu à besta o seu poder; e adoraram a besta, dizendo: Quem é semelhante à besta? Quem poderá batalhar contra ela?

5. E foi-lhe dada uma boca, para falar e blasfemar; e deu-se-lhe poder para agir por quarenta e dois meses.

6. E abriu a sua boca em blasfêmias contra Deus, para blasfemar do seu nome, e do seu tabernáculo, e dos que habitam no céu.

7. E foi-lhe permitido fazer guerra aos santos, e vencê-los; e deu-se-lhe poder sobre toda a tribo, e língua, e nação.

4. Todos os desejos aceitam sem questionar as falsas crenças que estão por trás do *glamour* e que dão poder a ele. Todos os desejos agem como se o *glamour* fosse um guia infalível, em vez de algo que pode ou deve ser vencido.[361]

5. O *glamour* parece atraente porque oferece exaltação pessoal e julgamento dos outros. O aspirante continuará a dar poder ao *glamour* enquanto acreditar que este é atraente e digno de ser mantido.[362]

6. A vanglória do *glamour* de privilégio é um ataque calunioso contra Deus e Sua natureza, pois todos os seres humanos são criados iguais e unidos espiritualmente.[363]

7. O *glamour* distorce e subverte até mesmo a sabedoria do corpo causal, e controla todas as partes da personalidade.[364]

---

361. O versículo 4 é uma paródia do louvor a Deus encontrado em passagens como Êx. 15:11: "Quem é como vós, ó Senhor, entre os deuses?" Bailey, *Glamour*, p. 45, escreve: "Muitas boas pessoas da atualidade... deificam seus *glamours* e consideram suas ilusões como suas posses valiosas e conquistadas a duras penas".

362. O período de 42 meses representa o tempo durante o qual o aspirante sofre devido ao *glamour*, por causa de suas próprias decisões (ver notas para Ap. 11:2).

363. O privilégio alega que algumas pessoas no mundo são melhores que as outras. *ACIM*, vol. I, p. 501, pergunta: "O que é o privilégio, senão um ataque contra a Vontade de Deus?" Um tabernáculo de Deus é uma habitação de Deus na terra (Êx. 25:8-9). Paulo, em 1 Cor. 3:16, indica que os seres humanos são tais habitações: "Não sabeis que sois o templo de Deus, e que o Espírito de Deus habita em vós?"

364. No versículo 7, os santos são os princípios de sabedoria contidos dentro do corpo causal (ver Ap. 5:8).

8. E adoraram-na todos os que habitam sobre a terra, esses cujos nomes não estão escritos no livro da vida do Cordeiro que foi morto desde a fundação do mundo.

8. Todos os sentimentos de identificação com o corpo físico prestam homenagem ao *glamour*, mas tais sentimentos baseiam-se em crenças, que são inconsistentes com ideias divinas. A alma pode expressar ideias divinas ao aspirante, mas as crenças do aspirante, que são o fundamento dos seus sentimentos, fazem com que ele ignore ou esqueça a alma.[365]

9. Se alguém tiver ouvidos, ouça.

9. Se o aspirante tiver a capacidade de compreender os seguintes pontos principais, que ele o faça.[366]

10. Se alguém levar em cativeiro, em cativeiro irá; se alguém matar à espada, necessário é que à espada seja morto. Aqui está a paciência e a fé dos santos.

10. Quem quer que esteja com raiva de outras pessoas será prisioneiro da culpa. Quem quer que condene outras pessoas sofrerá com a autocondenação. Aqui está a sabedoria de desapegar-se das emoções e de perceber a divindade essencial dentro de outras pessoas.[367]

---

365. Cayce afirma: "o Livro da Vida foi consumido. Ele está na boca, doce; no estômago (ou no corpo), amargo" (Van Auken, *Edgar Cayce on the Revelation*, p. 185-186). De acordo com esta citação, o livro da vida é o livro de Ap. 10:10, que é o plano das ideias divinas. "Todos os que habitam sobre a terra" são sentimentos de identificação com o corpo físico (ver Ap. 3:10). O Cordeiro é a alma (ver Ap. 5:6). O nome de um sentimento simboliza sua crença subjacente, porque aquela crença determina a natureza do sentimento. O fundamento do mundo emocional é o conjunto de todas essas crenças.

366. No versículo 9, "ouvir" significa ouvir com o ouvido da mente, ou compreender (ver Ap. 3:3).

367. Matar, paciência e fé referem-se à condenação, à observação desapegada e à percepção da divindade dentro de outros, respectivamente (ver Ap. 9:21, 2:2, 2:13). A espada no versículo 10 simboliza o que *ACIM*, vol. I, p. 664, chama de "a espada do julgamento". Assim, a mensagem desse versículo é similar à de Lucas 6:37: "Não julgueis, e não sereis julgados; não condeneis, e não sereis condenados; perdoai, e sereis perdoados".

11. E vi subir da terra outra besta, e tinha dois chifres semelhantes aos de um cordeiro; e falava como o dragão.

11. Em seguida, o aspirante estuda sua natureza física e aprende sobre maya, que é o conjunto das suas compulsões. Maya é um falso profeta com os poderes de *glamour* e de vitalidade, e incorpora a ilusão.[368]

12. E exerce todo o poder da primeira besta na sua presença, e faz com que a terra e os que nela habitam adorem a primeira besta, cuja chaga mortal fora curada.

12. Mais especificamente, maya possui o poder de engano do *glamour*, assim como a energia vital que faz o corpo físico e as autoimagens identificadas com aquele corpo buscarem a falsa forma de redenção oferecida pelo *glamour*.[369]

13. E faz grandes sinais, de maneira que até fogo faz descer do céu à terra, à vista dos homens.

13. Maya possui o poder de manifestação, porque pode fazer os pensamentos descerem da mente e aparecerem externamente como comportamento físico.[370]

---

368. A besta da terra é o adversário que o aspirante deve eventualmente encarar e vencer no nível físico, porque a terra é o corpo físico (ver Ap. 3:10). Bailey, *Glamour*, p. 148, usa a palavra sânscrita *maya* para representar esse adversário: "Maya é predominantemente (para o indivíduo) o agregado das forças que controlam seus sete centros de força para a exclusão, devo enfatizar, da energia controladora da alma". A aparência da besta, semelhante a um cordeiro, mostra que é um falso profeta no sentido de uma versão falsificada da alma; seus dois chifres representam os dois poderes de maya (ver Ap. 5:6).

369. Bailey, *Glamour*, p. 149, distingue entre o *glamour* e maya: "No caso de *glamour*, as forças da natureza de um homem são assentadas no plexo solar. No caso de maya, elas se instalam no centro sacro. O *glamour* é sutil e emocional. Maya é tangível e etérica". Aqui, etérico é um sinônimo do corpo vital.

370. Bailey, *Glamour*, p. 26, afirma que maya fornece energia vital para a ilusão mental: "*Maya* é vital no seu caráter e é uma qualidade de força. Ela é essencialmente a energia do ser humano quando entra em atividade através da influência subjetiva da ilusão mental ou do *glamour* astral, ou de ambos em combinação". No versículo 13, o fogo representa pensamentos (ver Ap. 1:15), e o céu inclui a mente (ver Ap. 10:6).

14. E engana os que habitam na terra com sinais que lhe foi permitido fazer em presença da besta, dizendo aos que habitam na terra que fizessem uma imagem à besta que recebera a ferida da espada e que vivia.

15. E foi-lhe concedido que desse espírito à imagem da besta, para que também a imagem da besta falasse, e fizesse com que fossem mortos todos os que não adorassem a imagem da besta.

14. Maya reforça os sentimentos de identificação com o corpo físico ao realizar os desejos alimentados pelo *glamour*.[371] Maya encoraja fantasias de usar o corpo físico para autoglorificação. Cada uma dessas fantasias contém um sonho de retribuição do passado.[372]

15. Maya fornece energia vital a qualquer fantasia emocionalmente intensa, resultando em um impulso de expressar aquela fantasia e de ressentir-se de qualquer coisa que bloqueie a sua realização.[373]

---

371. Bailey, *Glamour*, p. 242, nota o relacionamento íntimo entre maya e a identificação com o corpo físico: "O homem médio... acredita que é a forma, o meio pelo qual ele tenta expressar seus desejos e ideias. Essa identificação completa com a criação transiente e com a aparência externa é maya".

372. De acordo com Pr. 6:16-18, uma das "seis coisas que o Senhor odeia" é "um coração que cria imaginações perversas". No versículo 14, uma imagem da besta é uma fantasia da realização de desejos. *ACIM*, vol. I, p. 348, diz: "Não há fantasia que não contenha o sonho de retribuição pelo passado".

373. Bailey, *A Treatise on White Magic*, p. 551, diz: "Potências produzem precipitação". Assim, uma fantasia sentida com intensidade precipita um *glamour* do corpo emocional até o corpo vital, o que significa que é transformado em compulsão. A referência a matar no versículo 15 é interpretada como uma forma de ódio (ver Ap. 9:21).

16. E faz que a todos, pequenos e grandes, ricos e pobres, livres e servos, lhes seja posto um sinal na sua mão direita, ou nas suas testas,

16. Maya compele todas as partes do corpo físico – menores ou maiores, saudáveis ou doentes, voluntárias ou involuntárias – a usar sua força e consciência para expressar fantasias emocionalmente intensas.[374]

17. Para que ninguém possa comprar ou vender, senão aquele que tiver o sinal, ou o nome da besta, ou o número do seu nome.

17. O aspirante não valorizaria coisas externas se não fosse afetado por maya, pelo *glamour* ou pela ilusão.[375]

---

374. *A Commentary on the Book of the Revelation*, p. 163, iguala "Marca da Besta" com "padrão de comportamento animalesco mostrado", que é o mesmo que uma compulsão. A mão e a testa simbolizam a força e a consciência das células e dos órgãos físicos (ver Ap. 1:16, 7:3).

375. Nos tempos antigos, havia uma crença difundida de que os números eram elementos essenciais de todas as coisas. Por exemplo, essa doutrina pode ser encontrada no *Timeu* (53b) de Platão e na Sabedoria de Salomão (11:20). Bailey, *A Treatise on White Magic*, p. 455-456, diz: "A matemática que está por trás da construção de uma ponte... é a própria ponte, reduzida aos seus termos essenciais". Aqui, a matemática refere-se aos números que caracterizam o padrão arquitetônico, ou planta, da ponte. No versículo 17, o "número" do *glamour* é considerado uma ilusão, porque a ilusão está por trás da construção do *glamour* e é a essência dele. A Tabela 6 resume os outros símbolos usados para ilusão, *glamour* e maya por todo o *Apocalipse*.

18. Aqui há sabedoria. Aquele que tiver entendimento, calcule o número da besta; porque é o número de um homem, e o seu número é seiscentos e sessenta e seis.

18. Aqui está um princípio básico da sabedoria: a ilusão opera por meio da personalidade,[376] invadindo o corpo mental na forma de crenças falsas, o corpo emocional na forma de *glamour,* e o corpo vital como maya.[377] Compreender este princípio significa desconfiar profundamente de todas as reações da personalidade à vida e às circunstâncias, porque a ilusão nem mesmo pode ser reconhecida como ilusão sem a iluminação da alma.[378]

---

376. Seis é um símbolo numérico da ilusão, que pode ser obtido de duas maneiras. Primeiro, o dragão em Ap. 12:3 simboliza a ilusão e possui 24 características: 7 cabeças, 10 chifres e 7 coroas. De acordo com a antiga numerologia grega, os dígitos de um número decimal podem ser somados para obter um número equivalente; ver M. P. Hall, *The Secret Teachings of All Ages* (1928; reimpressão; Los Angeles: The Philosophical Research Society, 1975), p. LXIX. Assim, como Bailey, *The Rays and the Initiations,* p. 79, observa: "o número 24... por sua vez é igual a 6". Em segundo lugar, W. E. Vine, *Vine's Complete Expository Dictionary of Old and New Testament Words* (Nashville, TN: Thomas Nelson, 1985), p. 579, diz que "seis... às vezes sugere algo incompleto, em comparação com o número perfeito sete". Para exemplos, ver Jó 5:19 e Pr. 6:16.

377. O número no versículo 18 pode ser escrito como a soma dos três números obtidos da sua expansão decimal: "seis centenas e seis dezenas e seis" (ASV). Aqui, seis representa a ilusão no nível mental. Sessenta (6 vezes 10) representa o *glamour,* que é o produto da ilusão e do processo gerador de desejos do corpo emocional, porque dez representa um processo completado (Tabela 3). Do mesmo modo, seiscentos (6 vezes 100), simboliza a Grande Ilusão – a mistura de ilusão, *glamour* e maya.

378. Bailey, *Glamour,* p. 82, aconselha: "uma profunda desconfiança das próprias reações à vida e às circunstâncias, quando tais reações despertam e invocam *críticas, separação* ou *orgulho,* é valiosa". Krishnamurti, *Commentaries on Living, First Series,* p. 82, declara: "A ignorância dos caminhos do eu leva à ilusão; e uma vez aprisionado na rede da ilusão, é extremamente difícil sair dela. É difícil reconhecer uma ilusão, pois, depois de criá-la, a mente não pode tornar-se consciente dela".

Capítulo 14

O REINO ESPIRITUAL

O aspirante torna-se consciente das poderosas forças evolutivas oriundas do reino espiritual que podem ajudar a vencer as forças involutivas descritas nos dois capítulos precedentes.

VERSÃO DO REI JAMES

1. E olhei, e eis que estava o Cordeiro sobre o monte Sião, e com ele cento e quarenta e quatro mil, que em suas testas tinham escrito o nome de seu Pai.

INTERPRETAÇÃO PSICOLÓGICA

1. O aspirante abre sua consciência mental para cima[379] e a eleva até o ponto mais alto possível,[380] tornando-se assim alinhado com a alma[381] e com o reino espiritual.[382] Os membros desse reino formam uma vasta organização integrada,[383] e estão cientes da sua própria natureza divina.[384]

---

379. Bailey, *Discipleship in the New Age*, vol. II, p. 490, diz que "você pode olhar *para fora*, rumo ao mundo da vida física, *para dentro,* rumo ao mundo das emoções e da percepção mental, ou *para cima,* rumo à alma". Baseado nesse contexto do versículo 1, o aspirante está olhando *para cima*. Sri Aurobindo, *The Integral Yoga* (Pondicherry, India: Sri Aurobindo Ashram, 1993), p. 152, descreve essa prática: "É preciso abrir a consciência mental silenciosa para cima, até tudo que está acima da mente. Depois de algum tempo, sentimos a consciência elevando-se, e no fim ela se eleva além da tampa que há tanto tempo foi presa ao corpo, e encontra um centro acima da cabeça onde é liberada para o Infinito". Essa prática é equivalente à segunda etapa da meditação receptiva fornecida em Ap. 4:8.

380. Monte Sião, ou Zion, é uma das colinas sobre as quais a antiga cidade de Jerusalém foi construída. O Antigo Testamento muitas vezes atribui significado teológico a esse monte, como no Salmo 2:6: "Sou eu, diz, quem me sagrei rei em Sião, minha montanha santa". O Monte Sião é interpretado aqui como o corpo mental, então "sobre o monte Sião" simboliza o ponto mais elevado da consciência mental. Bailey, *The Rays and the Initiations,* p. 487, refere-se a esse ponto: "eleve a consciência até o centro da cabeça; mantenha a consciência no ponto mais elevado possível".

381. O Cordeiro é a alma, e estar de pé indica alinhamento espiritual (ver Ap. 5:6, 7:9).

O REINO ESPIRITUAL

2. E ouvi uma voz do céu, como a voz de muitas águas, e como a voz de um grande trovão; e ouvi uma voz de harpistas, que tocavam as suas harpas.

2. O aspirante recebe impressões sutis do reino espiritual. Estas vêm como sentimentos espirituais, intenções espirituais e harmonia interior.[385]

---

382. *A Commentary on the Book of the Revelation*, p. 165, interpreta o número 144.000 no versículo 1 como as "almas aperfeiçoadas da humanidade". Leadbeater, *The Masters and the Path*, p. 3, 5, 256, refere-se a esse grupo como "Os Homens Aperfeiçoados que chamamos de Mestres", "Super-homens" ou "Hierarquia". Bailey refere-se a esse grupo como "reino espiritual", "Hierarquia" ou "Reino de Deus" (*Telepathy*, p. 194; *Discipleship in the New Age*, vol. II, p. 407). A Bíblia usa o termo "reino do céu" (Mt. 11:11), e este comentário usa o termo "reino espiritual".

383. Bailey, *Discipleship in the New Age*, vol. II, p. 407, declara: "O Reino de Deus é... um grupo vasto e integrado de pessoas inspiradas pela alma". O versículo 1 usa o número 144.000 para simbolizar o reino espiritual e Ap. 7:4 usa-o para simbolizar o corpo físico que foi transformado pelo amor espiritual, indicando que a organização do reino espiritual com pessoas inspiradas pela alma como elementos é análoga à organização de um corpo físico com células físicas como elementos.

384. O nome de qualquer coisa representa sua natureza (ver Ap. 2:3), de modo que o nome de Deus representa a natureza de Deus. Tanto Ap. 2:17 quanto Ap. 11:19 indicam que o aspirante vai tornar-se consciente da sua natureza divina até o fim da jornada espiritual.

385. Bailey, *Discipleship in the New Age,* vol. II, p. 407-408, descreve o reino espiritual como "amor radiante e intenção espiritual, motivadas pela boa vontade". No versículo 2, ouvir "uma voz do céu" é considerado como receber impressões do reino espiritual. Muitas águas, grande trovão e harpas representam sentimentos espirituais, intenção espiritual e harmonia interior, respectivamente (ver Ap. 1:15, 4:5, 5:8).

3. E cantavam um cântico como se fosse novo diante do trono, e diante dos quatro animais e dos anciãos; e ninguém podia aprender aquele cântico, senão os cento e quarenta e quatro mil que foram comprados da terra.

3. O reino espiritual também irradia amor espiritual do coração de Deus para a personalidade e o corpo causal do aspirante.[386] Ninguém conhece o amor espiritual na sua plenitude, exceto os membros do reino espiritual, que foram redimidos do sentido físico da vida.[387]

---

386. Os membros do reino espiritual às vezes são chamados de "Mestres". Bailey, *Discipleship in the New Age,* vol. I, p. 755, discute a irradiação do amor espiritual por um Mestre: "A irradiação que vem do plano de *buddhi* ou da intuição espiritual... é uma expressão da natureza amorosa do Mestre, e é aquilo que permite que Ele esteja em contato com o Coração de Deus". O plano de *buddhi* é o mesmo que o plano das ideias divinas (ver capítulo 10). No versículo 3, "cântico" é considerado amor espiritual. O trono, quatro animais, anciãos e terra são o coração de Deus, a personalidade quádrupla, o corpo causal e o corpo físico, respectivamente (ver Ap. 1:4, 4:7, 4:4, 3:10).

387. A última parte do versículo 3 faz uma observação similar a Collins, *Light on the Path,* p. 11: "Só fragmentos da grande canção chegam aos nossos ouvidos enquanto somos apenas humanos".

O Reino Espiritual

4. Estes são os que não estão contaminados com mulheres; porque são virgens. Estes são os que seguem o Cordeiro para onde quer que vá. Estes são os que dentre os homens foram comprados como primícias para Deus e para o Cordeiro.

4. Os membros do reino espiritual estão livres do ciclo da reencarnação.[388] Eles não precisam nascer de mulheres no mundo físico, pois são virgens no sentido de que seus pensamentos não podem ser desencaminhados.[389] Eles seguem consistentemente a orientação da alma, e são redimidos do reino humano, sendo os primeiros a alcançar os objetivos de Deus e da alma.[390]

5. E na sua boca não se achou engano; porque são irrepreensíveis diante do trono de Deus.

5. Os membros do reino espiritual só expressam mensagens verdadeiras, pois eles foram iluminados pelo coração de Deus.[391]

---

388. Mt. 11:11 cita Jesus: "Em verdade vos digo: entre os filhos das mulheres, não surgiu outro maior que João Batista. No entanto, o menor no reino dos céus é maior do que ele". Assim, os membros do reino espiritual não nasceram de mulheres.

389. Paulo (2 Cor. 11:2-3, NIV) escreve: "Desposei-vos com um esposo único e apresentei-vos a Cristo como virgem pura. Mas temo que, como a serpente enganou Eva com a sua astúcia, assim se corrompam os vossos pensamentos e se apartem da sinceridade para com Cristo". Aqui, a serpente é a ilusão e o Cristo é a alma (ver Ap. 12:9, 11:15); virgem refere-se à personalidade quando está livre da ilusão ou, de modo equivalente, quando não pode ser desviada de uma devoção sincera e pura à alma. M. Eckhart, *Meister Eckhart: A Modern Translation* (New York: Harper and Row, 1941), p. 207, fornece uma definição similar: "Uma virgem... é uma pessoa que está livre de ideias irrelevantes, tão livre quanto era antes de existir".

390. Os escritores teosóficos enfatizam que o reino espiritual inclui os santos e os sábios de todas as religiões. Por exemplo, Leadbeater, *The Masters and the Path*, p. 5, escreve: "Os registros de toda grande religião mostram a presença de tais Super-homens, tão plenos de Vida Divina que repetidas vezes são considerados representantes do próprio Deus. Em toda religião, especialmente na sua fundação, um desses Super-homens aparece, e frequentemente mais de um".

391. A. Jurriaanse, *Bridges* (Cape, South Africa: Sun Centre, 1980), p. 195, declara: "Os Mestres são membros daquele grupo de 'Mentes iluminadas' que é guiado pelo amor e pela sabedoria, e por compaixão e aceitação para com a humanidade. Eles estão lutando pela compreensão e tradução do Propósito Divino, e são iluminados pelo conhecimento do Plano".

6. E vi outro anjo voar pelo meio do céu, e tinha o evangelho eterno, para proclamar aos que habitam sobre a terra, e a toda a nação, e tribo, e língua, e povo.

7. Dizendo com grande voz: Temei a Deus, e dai-lhe glória; porque é vinda a hora do seu juízo. E adorai aquele que fez o céu, e a terra, e o mar, e as fontes das águas.

6. O aspirante torna-se consciente de uma mensagem telepática intuitiva do reino espiritual que expressa o evangelho eterno para seres humanos por todo o mundo, toda nação, idioma e comunidade.[392]

7. Essa mensagem diz com clareza: "Entre em alinhamento com Deus e dê-lhe sua atenção, pois sua iluminação está presente. Assim, busque a iluminação vinda do criador dos mundos espiritual, físico e emocional – o criador da devoção, da aspiração e do amor espiritual".[393]

---

392. Este comentário inclui citações das obras de Mary Bailey e Alice Bailey. M. Bailey, *A Learning Experience* (New York: Lucis Publishing Company, 1990), p. 19-20, usa os termos "comunicação telepática" e "sugestão intuitiva" para caracterizar mensagens do reino espiritual. O anjo no versículo 6 é considerado uma tal mensagem.

393. Temer a Deus significa estar alinhado com Deus (ver Ap. 11:18). O céu, a terra e o mar são os mundos espiritual, físico e emocional (ver Ap. 4:1, 3:10, 4:6). As fontes de água são as emoções superiores, tais como devoção, aspiração e amor espiritual (ver Ap. 7:17, 8:10).

8. E outro anjo seguiu, dizendo: Caiu, caiu Babilônia, aquela grande cidade, que a todas as nações deu a beber do vinho da ira da sua fornicação.

9. E seguiu-os o terceiro anjo, dizendo com grande voz: Se alguém adorar a besta e sua imagem, e receber o sinal na sua testa, ou na sua mão,

8. Logo segue outra mensagem intuitiva que diz: "Seu ego, ou eu pessoal, é um senso de identidade sem substância permanente ou independente.[394] Seu ego só parece ser um centro interno de autoridade,[395] porque todas as partes da sua personalidade aceitaram suas crenças, que trazem sofrimento devido a sua idolatria".[396]

9. Segue uma terceira mensagem intuitiva que diz: "Se você está enamorado pelo *glamour* e pelas fantasias de realização de desejos, e planeja ou age para realizar essas fantasias,[397]

---

394. A primeira parte do versículo 8 baseia-se em Is. 21:9: "Caiu, caiu Babilônia". Babilônia é a forma grega da palavra hebraica *Babel*, que por sua vez significa confusão (Gn. 11:9). Aqui, Babilônia é interpretada como o ego, ou eu pessoal, porque este é a fonte principal de confusão nas nossas mentes. Cayce também diz que "Babilônia representa o eu" (Van Auken, *Edgar Cayce on the Revelation,* p. 196). A condição da queda indica que o ego carece de substância intrínseca. *The Shambhala Dictionary of Buddhism and Zen* (Boston: Shambhala Publications, 1991), p. 8, possui perspectiva similar: "A doutrina *anatman* é um dos ensinamentos centrais do Budismo; ela afirma que o eu não existe no senso de uma substância permanente, eterna, integral e independente dentro de um indivíduo existente". Os capítulos 17 e 18 tratam o ego em mais detalhes.

395. Uma cidade é um centro de comércio e de leis para a região que a cerca (Nm. 21:25, 35:2). A palavra "grande" indica uma posição de autoridade (ver Ap. 1:10), de modo que "grande cidade" é considerada como um centro interno de autoridade que promulga valores e éditos para a personalidade que a cerca.

396. O Antigo Testamento às vezes usa uma referência à fornicação como uma metáfora para a idolatria. Por exemplo, Jr. 3:9 (ICB) declara: "Ela era culpada de adultério, porque adorava ídolos de pedra e madeira". Ver também Ez. 16:15, Jr. 3:8, Os. 1:2 e Os. 2:1-5. Este comentário usa a idolatria em um senso amplo, que significa dar poder a circunstâncias externas (ver Ap. 2:14). No versículo 8, vinho, ira e fornicação são considerados crenças, sofrimento e idolatria, respectivamente.

397. No versículo 9, "a besta e sua imagem" referem-se ao *glamour* e à fantasia (ver Ap. 13:1, 13:14).

10. Também este beberá do vinho da ira de Deus, que se deitou, não misturado, no cálice da sua ira; e será atormentado com fogo e enxofre diante dos santos anjos e diante do Cordeiro.

11. E a fumaça do seu tormento sobe para todo o sempre; e não têm repouso nem de dia nem de noite os que adoram a besta e a sua imagem, e aquele que receber a marca do seu nome.

12. Aqui está a paciência dos santos; aqui estão os que guardam os mandamentos de Deus e a fé em Jesus.

10. você vai sentir a presença da alma por meio da voz da consciência, que trará um tormento puro à sua personalidade.[398] Este tormento surgirá dos pensamentos que comparam seus motivos vis com o caminho superior mostrado pelas intuições da alma.[399]

11. O sofrimento deste tormento aumenta constantemente, sem pausa dia e noite, quando você está enamorado do *glamour* e da fantasia, e controlado por maya".[400]

12. Aqui está um chamado para aplicar três princípios da sabedoria: observe sua personalidade com desapego; siga as intuições da alma; cultive a fé de Jesus, que é a disposição de esperar pela vinda de uma intuição.[401]

---

398. A ira de Deus é correção ou punição para a injustiça (ver Ap. 11:18). O Antigo Testamento às vezes representa a ira de Deus como vinho; ver Sl. 75:8, Is. 51:17 e Jr. 25:15. *A Commentary on the Book of the Revelation*, p. 165, dá ao "vinho da ira de Deus" no versículo 10 o significado de consciência: "O aspecto da alma que está oculto dentro dos invólucros, fazendo com que sua presença seja sentida por meio daquilo que é chamado de "voz da consciência". A personalidade é denotada como os "invólucros" nesta citação e como o "cálice" no versículo 10.

399. O fogo e o enxofre são pensamentos e motivos, respectivamente (ver Ap. 9:17).

400. No versículo 11, "fumaça" simboliza o sofrimento e "marca do seu nome" é um símbolo de maya (ver Tabela 6).

401. Os santos são princípios de sabedoria (ver Ap. 5:8), paciência é a observação desapegada (ver Ap. 2:2), e um mandamento de Deus é uma intuição da alma (ver Ap. 12:17). Mt. 26:36-44 descreve Jesus esperando a orientação divina no Jardim de Getsêmani. Muitos versículos na Bíblia dizem-nos para cultivar a mesma fé, recomendando "esperar o Senhor" (Pr. 20:22).

O REINO ESPIRITUAL

13. E ouvi uma voz do céu, que me dizia: Escreve: Bem-aventurados os mortos que desde agora morrem no Senhor. Sim, diz o Espírito, para que descansem dos seus trabalhos, e as suas obras os seguem.

13. O aspirante escuta um pensamento abstrato a partir do seu corpo causal que diz para ele: "Aplique o seguinte princípio de sabedoria: torne-se feliz morrendo psicologicamente,[402] o que significa livrar o seu eu de qualquer coisa que seja inconsistente com a verdade da alma a partir de agora".[403] "Isso está certo", responde a alma,[404] "porque você vai descansar da sua luta egoísta, e mesmo assim será capaz de realizar um serviço valioso".[405]

---

402. "Uma voz do céu" é o pensamento abstrato do corpo causal (ver Ap. 10:4). Escrever significa aplicar (ver Ap. 1:11).

403. Ruusbroec, *The Spiritual Espousals,* p. 170, interpreta o versículo 13 como se referindo à morte psicológica na qual transcendemos a nós mesmos: "Mas quando nos elevarmos acima de nós mesmos e na nossa ascensão a Deus nos tornarmos tão unificados que o amor puro poderá nos envolver naquele nível elevado em que o próprio amor age... seremos nada, morrendo em Deus para nós mesmos e para tudo o que é nosso. Nessa morte nos tornaremos filhos ocultos de Deus e descobriremos em nós mesmos uma nova vida, que é eterna". Paulo, em Cl. 3:3, refere-se ao mesmo tipo de morte: "Porque estais mortos e a vossa vida está escondida com Cristo em Deus". Essa morte psicológica é chamada de "segunda morte" em Ap. 2:11.

404. A alma denota "o Espírito" e está executando a função de um padrão intuitivo de verdade que confirma as conclusões do corpo causal (ver Ap. 2:7. 3:14).

405. No Hinduísmo, "karma ioga" é uma disciplina espiritual baseada na realização altruísta do dever. O significado da última parte do versículo 13 é similar à karma ioga, segundo a descrição de Vivekananda, *The Yogas and Other Works*, p. 508: "Trabalha melhor o que trabalha independente de motivação – seja por dinheiro, por fama ou por qualquer outra coisa".

14. E olhei, e eis uma nuvem branca, e assentado sobre a nuvem um semelhante ao Filho do homem, que tinha sobre a sua cabeça uma coroa de ouro, e na sua mão uma foice aguda.

14. O aspirante compreende o que deve fazer: ele se desapega da sua personalidade enquanto a observa;[406] ele imita a atitude de Jesus, esperando pacientemente a orientação superior; ele presta atenção ao seu chacra da coroa para receber tal orientação; ele está pronto para usar o poder agudo e discriminador da sua mente.[407]

15. E outro anjo saiu do templo, clamando com grande voz ao que estava assentado sobre a nuvem: Lança a tua foice, e sega; a hora de segar te é vinda, porque já a seara da terra está madura.

15. Eventualmente, o aspirante escuta um pensamento abstrato por intermédio do seu corpo causal que lhe diz claramente:[408] "Use sua mente para desvelar as crenças que estão por trás do seu sofrimento aparente. Chegou a hora de você assumir um papel ativo, pois seu conhecimento sobre o sofrimento da sua personalidade está suficientemente desenvolvido".[409]

---

406. No versículo 14, "olhei" é uma tradução da palavra grega *eido*, que também significa ganhar conhecimento sobre alguma coisa, ou compreender (ver Ap. 1:17). Os versículos 14 a 19 mostram como os quatro princípios da sabedoria listados nos versículos 12 e 13 podem ser aplicados de maneira prática e integrada.

407. No versículo 14, a nuvem branca está separada da terra, de modo que representa a posição de observação desapegada. A coroa simboliza o chacra coronário (ver Ap. 2:10), a cor dourada simboliza o valor de atração (Lm. 4:2), a mão simboliza força (Is. 28:2), e a foice afiada simboliza o poder da discriminação (Joel 3:13). Os Evangelhos muitas vezes usam o título "filho do homem" para designar Jesus (ver Ap. 1:13), mas o versículo 14 refere-se apenas "àquele que é semelhante ao Filho do homem". Para vencer o *glamour* ou maya, o aspirante precisa ser como Jesus, isto é, ter a fé de Jesus no sentido de estar disposto a esperar a orientação que vem de cima (ver versículo 12).

408. O "templo" é o corpo causal, de modo que o "anjo" saindo do templo é um pensamento abstrato (ver Ap. 11:19, 4:10).

409. Krishnamurti, *Commentaries on Living, First Series*, p. 179, descreve a necessidade de adquirir conhecimento sobre o sofrimento: "Há uma possibilidade de estar livre do sofrimento apenas quando alguém observa o seu processo, quando se está consciente de cada fase dele, familiarizado com toda a sua estrutura". No versículo 15, a "terra" é a personalidade (ver Ap. 5:3), de modo que "seara" simboliza o sofrimento, porque este é produzido pela personalidade e corresponde ao "tormento" mencionado nos versículos 10 e 11. A luz da auto-observação faz com que o conhecimento cresça (2 Cor. 13:5) do mesmo modo que a luz do sol faz com que as frutas cresçam (Dt. 33:14), então "madura" indica que o auto-conhecimento associado está maduro, ou suficientemente desenvolvido.

O REINO ESPIRITUAL

16. E aquele que estava assentado sobre a nuvem meteu a sua foice à terra, e a terra foi segada.

16. E assim o aspirante, enquanto permanece desapegado, usa sua mente para descobrir as crenças que estão por trás do seu sofrimento.[410]

17. E saiu do templo, que está no céu, outro anjo, o qual também tinha uma foice aguda.

17. O raciocínio abstrato do corpo causal pode discriminar entre crenças, mas precisa esperar e ser receptivo antes de começar este trabalho.[411]

18. E saiu do altar outro anjo, que tinha poder sobre o fogo, e clamou com grande voz ao que tinha a foice aguda, dizendo: Lança a tua foice aguda, e vindima os cachos da vinha da terra, porque já as suas uvas estão maduras.

18. Eventualmente, uma intuição da alma, que tem poder sobre o raciocínio abstrato, chega ao corpo causal e instrui esse raciocínio, dizendo: "Categorize as crenças observadas como verdadeiras ou falsas, pois todas as crenças relevantes foram desveladas".[412]

---

410. *ACIM*, vol. I, p. 64, declara: "Vigie sua mente cuidadosamente em busca de qualquer crença que possa atrapalhar sua realização".

411. O anjo é receptivo no versículo 17, como mostrado pela mensagem que é recebida no versículo 18. O versículo 17 é equivalente à terceira etapa da meditação receptiva fornecida em Ap. 4:10.

412. Bailey, *Glamour*, p. 36-37, descreve o papel da alma: "No processo de dissipar o *glamour*, o caminho de maior potência é perceber a necessidade de agir puramente como um canal para a energia da alma. Se o discípulo pode alinhar-se corretamente e consequentemente entrar em contato com a sua alma, os resultados mostram um *aumento de luz*. Essa luz jorra e irradia não só a mente como a consciência cerebral". No versículo 18, o "altar" é o corpo causal, "anjo" é uma intuição da alma, e "fogo" é o raciocínio abstrato (ver Ap. 8:3, 5:2, 1:15). As "uvas" simbolizam crenças.

19. E o anjo lançou a sua foice à terra e vindimou as uvas da vinha da terra, e atirou-as no grande lagar da ira de Deus.

19. E o raciocínio iluminado do corpo causal examina as crenças que estão por trás do sofrimento da personalidade, discerne quais são falsas[413] e transmuta as crenças falsas em novos princípios de sabedoria.[414]

---

413. Os versículos 15 a 19 descrevem a aplicação de três fatores: a luz do conhecimento, que é a percepção intelectual da mente; a luz da sabedoria, que é o raciocínio abstrato do corpo causal; e a luz da intuição, que é a iluminação da alma. Bailey, *Glamour*, p. 192, discute os mesmos fatores: "Portanto, você precisa da luz do conhecimento, da luz da sabedoria e da luz da intuição, e esses são três estágios definitivos ou aspectos da Luz... esses estágios e suas técnicas correspondentes podem ser mal compreendidos se o estudante não lembrar que entre eles não há linhas reais de demarcação, mas apenas uma sobreposição constante, um desenvolvimento cíclico e um processo de fusão que é extremamente confuso para iniciantes".

414. A imagem do lagar vem de Is. 63:3: "Eu pisei sozinho o lagar, e ninguém dentre os povos me auxiliou. Então eu os calquei com cólera, esmaguei-os com fúria; o sangue deles espirrou sobre meu vestuário, manchei todas as minhas roupas". O lagar simboliza o uso do corpo causal para transmutação. Assim como o lagar pode transmutar uvas em vinho, o raciocínio iluminado do corpo causal pode transmutar falsas crenças em novos princípios de sabedoria (ver Ap. 3:9, 6:9).

20. E o lagar foi pisado fora da cidade, e saiu sangue do lagar até os freios dos cavalos, pelo espaço de mil e seiscentos estádios.

20. Este processo permite que o corpo causal ganhe novos princípios de sabedoria sempre que houver sofrimento.[415] Os novos princípios agem por intermédio da mente[416] para trazer a personalidade em alinhamento com o corpo causal.[417]

---

415. J. Krishnamurti, *Talks in Saanen 1974* (Beckenham, Kent, England: Krishnamurti Foundation Trust, 1975), p. 50-51, explica o relacionamento entre sabedoria e sofrimento: "A sabedoria não é uma coisa que vocês aprendem de livros ou uns com os outros. A sabedoria vem da compreensão do sofrimento e de todas as suas implicações". O versículo 20 parece estar baseado em 1 Enoque 100:3: "O cavalo cavalgará com o sangue dos pecadores batendo no seu peito". Esse texto vem de Charlesworth, *The Old Testament Pseudepigrapha*, vol. I. Uma cidade nos tempos bíblicos era considerada um refúgio do conflito e do sofrimento (Nm. 35:26-27). No versículo 20, os cavalos estão fora da cidade, portanto representam atividades que trazem sofrimento. O lagar representa o corpo causal, de modo que o sangue que vem do lagar simboliza a sabedoria (ver versículo 19).

416. Os freios simbolizam os pensamentos controladores na mente, como em Tiago 1:26: "Se alguém pensa ser piedoso, mas não refreia a sua língua e engana o seu coração, então é vã a sua religião".

417. A distância no versículo 20 pode ser interpretada de duas maneiras, mas com resultado similar. Primeiro, 1600 é o produto de quatro ao quadrado, que representa a personalidade (ver Ap. 4:7), e o quadrado de dez, que representa a plenitude (ver Ap. 2:10), e assim 1600 estádios de sangue pode ser interpretado com o significado de que a personalidade foi alinhada com a sabedoria do corpo causal. Em segundo lugar, Charles, *The Revelation of St. John*, vol. II, p. 26, refere-se ao "*Itinerarium* de Antoninus, que afirma que a Palestina teria um comprimento de 1664 estádios, de Tiro a El-Arish". A *Catholic Encyclopedia*, vol. 8 (New York: Encyclopedia Press, 1913), p. 254, diz que Antoninus escreveu seu livro cerca de 570 d.C. Aqui, El-Arish está localizada na fronteira do Egito, e, portanto, o comprimento da terra habitada pelos israelitas é de aparentemente 1600 estádios, cerca de 296 quilômetros. Como os israelitas simbolizam a personalidade (ver Ap. 2:14), 1.600 estádios de sangue simbolizam que toda a faixa de atividades da personalidade está alinhada com a sabedoria.

Capítulo 15

OS SETE CHOHANS

Os sete chohans, os ministros regentes do reino espiritual, transmitem sete compreensões que trazem sete provações para a jornada espiritual.

VERSÃO DO REI JAMES

1. E vi outro grande e admirável sinal no céu: sete anjos, que portavam as sete últimas pragas; porque elas são a consumação da ira de Deus.

INTERPRETAÇÃO PSICOLÓGICA

1. O aspirante compreende outra característica do reino espiritual:[418] ele possui sete ministros regentes,[419] às vezes chamados "chohans",[420] que realizam sete

---

418. Ver significa compreender (ver Ap. 1:17), e céu refere-se ao reino espiritual (ver Ap. 14:2). "Sinal" é uma tradução da palavra grega *semeion*, que às vezes significa "marca diferenciadora" (2 Ts. 3:17, NASB).

419. O capítulo 15 baseia-se em Ez. 9 e 10. Ez. 9:1-2 declara: "Aproximai-vos, vós, os guardas da cidade... Surgiram, então, seis homens do pórtico superior que olha para o norte, seis homens trazendo cada um uma arma de destruição. Entre eles havia um personagem vestido de linho, trazendo à cintura um tinteiro de escriba". Outras versões afirmam de modo mais claro que eram sete homens (por exemplo, RSV). A expressão "guardas" poderia ser traduzida como "ministros" (Is. 60:17). Ez. 9 diz que esses sete ministros foram enviados por Deus e administraram a punição de Deus, de modo que poderiam ser chamados "anjos de Deus", porque a palavra "anjo" significa "mensageiro" (ver Ap. 1:1). No versículo 1, "grande" indica uma posição de autoridade (ver Ap. 1:10). Do mesmo modo, os sete anjos no versículo 1 são similares, e podem até ser o mesmo que os sete ministros de Ezequiel.

420. Na Teosofia, o reino espiritual, ou Hierarquia, seria regido por sete ministros; esses ministros às vezes são chamados de "chohans", que é uma palavra tibetana que simplesmente significa "Senhores". Por exemplo, Leadbeater, *The Masters and the Path,* p. 256, diz: "O título Chohan é dado aos adeptos... que possuem cargos muito definidos e exaltados na Hierarquia". A. A. Bailey, *The Externalisation of the Hierarchy* (1957; reimpressão; New York: Lucis Publishing Company, 1976), p. 527, diz: "Cada um dos sete centros principais ou Ashrams dentro da Hierarquia é presidido por um Mestre da posição de Chohan". Os sete anjos do versículo 1 são identificados com os sete chohans da Teosofia, porque compartilham as mesmas habilidades e funções, como mostram as notas para Ap. 15:6, 16:1, 17:1, 21:10 e 21:15.

– 140 –

provações finais. Com essas provações, termina todo sofrimento
derivado da injustiça.[421]

2. E vi um como mar de vidro misturado com fogo; e também aqueles
que venceram a besta, sua imagem
e seu sinal, e o número do seu
nome, que estavam junto ao mar de
vidro, e tinham as harpas de Deus.

2. O aspirante compreende a meta
da jornada espiritual, que é vencer
o turbilhão emocional por meio da
iluminação da mente. Ele também
compreende que membros do reino espiritual o precederam nessa
jornada e alcançaram sua própria
vitória sobre o *glamour*, fantasia, maya e ilusão. A sua natureza
emocional agora está calma e reflete a harmonia de Deus.[422]

---

421. Para o versículo 1, *A Commentary on the Book of the Revelation,* p. 167, interpreta as
pragas como "provações onde a alma pode vencer seu Karma". A ira de Deus traz sofrimento para os ímpios (ver Ap. 11:18). A frase "sete últimas pragas" no versículo 1 significa que
sete provações induzem à justiça, terminando assim todo o sofrimento derivado da injustiça.
422. Bailey, *Initiation, Human and Solar,* p. 24, diz: "Essa Hierarquia é composta por Aqueles que triunfaram sobre a matéria, e que alcançaram a meta pelos mesmos passos que os
indivíduos percorrem agora". No versículo 2, o mar de vidro, o fogo, a besta, a imagem da
besta, o sinal da besta, o número da besta e as harpas simbolizam emoções tranquilizadas,
pensamentos, *glamour*, fantasia de realização de desejos, maya, ilusão e harmonia, respectivamente (ver Ap. 4:6, 1:15, 13:1, 13:14, 13:16, 13:17, 5:8).

3. E cantavam o canto de Moisés, servo de Deus, e o canto do Cordeiro, dizendo: Grandes e maravilhosas são as tuas obras, Senhor Deus Todo-Poderoso! Justos e verdadeiros são os teus caminhos, ó Rei dos santos.

3. Os membros do reino espiritual entoam um cântico de adoração e de vitória, como o que Moisés cantou quando Deus libertou os israelitas da escravidão no Egito. É o canto da alma, porque alcançaram sua libertação por meio do poder da alma.[423] Eles cantam: "Deus é grande, maravilhoso e onipotente; as leis divinas são justas e consistentes; e o propósito divino reina sobre todos os que possuem a sabedoria.[424]

4. Quem te não temerá, ó Senhor, e não magnificará o teu nome? Porque só tu és santo; por isso todas as nações virão, e se prostrarão diante de ti, porque os teus juízos são manifestos.

4. Quem deixará de respeitar Deus e de glorificar sua natureza? Pois só Deus é santo. Eventualmente, todos assumirão a jornada espiritual e reconhecerão a presença e o poder de Deus, porque esse resultado foi decretado por Deus, então é forçoso que ocorra.[425]

---

423. O Cordeiro é a alma (ver Ap. 5:6). A libertação dos israelitas do cativeiro no Egito simboliza a libertação da personalidade da servidão à ilusão, com Moisés sendo um símbolo da alma. O canto de louvor de Moisés é registrado em Êx. 15:1-18.

424. No versículo 3, os santos representam a sabedoria acumulada (ver Ap. 5:8). As fontes para a canção nos versículo 3 e 4 incluem: Salmo 86:9, 111:3, Dt. 32:4 e Jr. 10:7.

425. O versículo 4 é similar ao significado de Is. 45:23 (NIV): "Juro-o por mim mesmo, a verdade sai da minha boca, minha palavra jamais será revogada: todo joelho deve dobrar-se diante de mim, toda língua deve jurar por mim". Rom. 14:11 também é similar. O versículo 4 promete iluminação universal. A reencarnação parece ser necessária, porque uma vida não parece ser o bastante para que a maioria das pessoas possa alcançar a iluminação. Outros versos que sugerem reencarnação são Ap. 3:12 e 14:4.

5. E depois disso olhei, e vi que o templo do tabernáculo do testemunho abriu-se no céu.

6. E os sete anjos que traziam as sete pragas saíram do templo, vestidos de linho puro e resplandecente, e cingidos com cintos de ouro na altura do peito.

5. E depois do cântico, o aspirante o compreende, o que mostra que seu corpo causal tornou-se receptivo, ou aberto, a impressões telepáticas abstratas.[426]

6. Os sete chohans transmitem sequencialmente suas compreensões da sua natureza divina por meio do corpo causal do aspirante,[427] ocasionando sete provações[428] nas quais sua pureza, inocência, santidade e justiça são contrastadas com a natureza inferior do aspirante.[429]

---

426. Ez. 9:3 (ICB) menciona "o lugar no templo onde a porta se abriu". No versículo 5, "o templo do tabernáculo do testemunho no céu" é o corpo causal (ver Ap. 11:19). A.A. Bailey, *A Treatise on Cosmic Fire*, p. 192, fala de "telepatia ou aquela comunicação sem palavras... no corpo causal nos níveis sem forma do plano mental". Além disso, M. Bailey, *A Learning Experience,* p. 19, diz: "Os grandes mestres... comunicam-se nos níveis causais". Assim, o corpo causal, que é o órgão do pensamento abstrato (ver Ap. 4:10), pode ser usado para receber impressões telepáticas abstratas. No versículo 5, "olhei" é uma tradução da palavra grega *eido*, que também significa obter conhecimento de, ou compreender (ver Ap. 1:17).
427. Bailey, *Discipleship in the New Age*, vol. I, p. 91-92, descreve o auxílio telepático que um Mestre, ou membro do reino espiritual, fornece: "A iniciação pode ser definida neste ponto como o momento da crise em que a consciência está na própria fronteira da revelação... Este é o processo *regido* pelo Mestre. Ele não pode fazer nada porque é um problema do próprio discípulo. Ele só pode tentar aumentar o desejo da alma pelo poder do seu pensamento direcionado".
428. Bailey, *Discipleship in the New Age*, vol. I, p. 92, descreve o tipo de teste encarado pelo aspirante: "As demandas da alma e as sugestões do Mestre podem ser consideradas em conflito com as demandas do tempo e espaço, focalizadas na personalidade ou no homem inferior. Portanto, você terá nessa situação uma tremenda luta entre os pares de opostos: o campo de tensão ou o foco do esforço pode ser encontrado no discípulo que fica no "ponto médio". Ele responderá e reagirá conscientemente à atração mais elevada e passará para novas e mais elevadas áreas da experiência espiritual? Ou cairá de volta no *glamour* do tempo e espaço e na escravidão da vida pessoal?"
429. Um dos sete ministros em Ez. 9:2 está vestido de linho, enquanto todos os sete anjos no versículo 6 vestem o mesmo traje, incluindo linho. As roupas simbolizam a natureza de quem as veste (ver Ap. 7:9). O linho representa santidade, porque era vestido por sacerdotes (Êx. 28:39). A palavra grega *lampro*, que é traduzida como "branco" na VRJ, aparece como "brilhante" ou "resplandecente" na maioria das traduções modernas (por exemplo, ICB, NIV, RSV); essa palavra é interpretada aqui significando inocência. Cintos de ouro simbolizam justiça (ver Ap. 1:13).

7. E um dos quatro animais deu aos sete anjos sete taças de ouro, cheias da ira de Deus, que vive eternamente.

8. E o templo foi preenchido pela fumaça da glória de Deus e do seu poder; e ninguém podia entrar no templo, até que se consumassem as sete pragas dos sete anjos.

7. O corpo emocional do aspirante acrescenta sentimentos consagrados que refletem as compreensões transmitidas pelos sete chohans,[430] que por sua vez refletem os sete aspectos ou raios da eterna vontade divina.[431]

8. O corpo causal do aspirante ganha princípios adicionais de sabedoria[432] dessa transmissão de iluminação e poder de Deus.[433] Mas ele não pode elevar sua consciência em seu corpo causal até que tenha passado por todas as sete provações trazidas pelos sete chohans.[434]

---

430. O versículo 7 baseia-se em Ez. 10:7 (ICB): "E um dos querubins estendeu a mão para o fogo que se encontrava em meio dos querubins. Daí ele retirou brasas, que colocou na mão do homem vestido de linho". No versículo 7, "um dos quatro animais" é o corpo emocional, que é uma parte da personalidade quádrupla (ver Ap. 4:7). Ser de ouro significa ser consagrado, e cada taça é um sentimento que reflete a realização correspondente transmitida por meio do corpo causal (ver Ap. 5:8).

431. A "ira de Deus" é considerada a vontade de Deus, que possui sete aspectos ou raios (ver Ap. 4:3). As realizações dos chohans não podem conter a vontade divina em si, porque essas realizações são temporais, mas o versículo 7 indica que a vontade divina é eterna. Leadbeater, *The Masters and the Path*, p. 266, diz que os sete chohans são um "reflexo" dos sete arcanjos, que às vezes são chamados de "Dhyan Chohans" (ver notas para Ap. 1:4). Do mesmo modo, as "sete taças de ouro cheias da ira de Deus" simbolizam que as sete realizações dos chohans *refletem* os sete aspectos da vontade divina.

432. O versículo 8 baseia-se em Ez. 10:4 (ICB): "A nuvem enchia o templo. E o esplendor da glória do Senhor preenchia o átrio". Como nos versículos 5 e 6, o templo representa o corpo causal. A fumaça é interpretada como princípios adicionais de sabedoria por dois motivos. Primeiro, "a nuvem enchia o templo", do mesmo modo como o corpo causal é o receptáculo para princípios de sabedoria (ver Ap. 4:4). Em segundo lugar, a ira de Deus é uma forma de punição que traz sabedoria, como mostrado em Pr. 21:11: "Quando se pune o zombador, o simples torna-se sábio".

433. Ez. 1:28 (NASB) descreve a glória de Deus: "Como o arco-íris que aparece nas nuvens em dias de chuva, assim era o resplendor que a envolvia. Era esta visão a imagem da glória do Senhor". A glória do Senhor é considerada uma iluminação, porque é similar à aparência de luz radiante.

434. No versículo 8, "entrar no templo" significa deslocar a polarização da consciência da personalidade para o corpo causal. Ap. 9:1 também se refere a esse deslocamento na consciência.

Capítulo 16

AS SETE PROVAÇÕES

O aspirante passa por sete provações que purificam sua natureza inferior e ganha crescente clareza em relação ao seu comportamento físico, emoções, dignidade essencial, autoimagens, sentimentos subconscientes, reações baseadas no medo e propósito interior.

VERSÃO DO REI JAMES

1. E ouvi uma grande voz vinda do templo, que dizia aos sete anjos: Ide, e derramai sobre a terra as sete taças da ira de Deus.

INTERPRETAÇÃO PSICOLÓGICA

1. O aspirante, por meio do pensamento abstrato do seu corpo causal, invoca o auxílio dos sete chohans,[435] dizendo: "Vão e transmitam suas compreensões dos sete aspectos ou raios da vontade divina[436] para minha personalidade".[437]

---

435. Bailey, *The Externalisation of the Hierarchy*, p. 414, previu: "A ciência da invocação e evocação vai assumir o lugar daquilo que atualmente chamamos de oração e culto". No versículo 1, o "templo" é o corpo causal, a "voz" é o pensamento abstrato, e os "sete anjos" são os sete chohans (ver Ap. 11:19, 4:10, 15:1). Este versículo descreve a invocação, ou chamada, do aspirante, pedindo auxílio aos chohans; o resto do capítulo descreve a evocação subsequente, ou provisão de auxílio.

436. Bailey afirma que "Chohans... são pontos focais de Ashrams poderosos", "todo Ashram irradia alguma qualidade principal de acordo com o raio do Mestre no centro" e "os sete Ashrams principais... são os guardiões, transmissores e distribuidores das energias dos sete raios" (*The Externalisation of the Hierarchy*, p. 522, 527; *Discipleship in the New Age*, vol. I, p. 754). No versículo 1, "as taças da ira de Deus" são as realizações dos chohans que refletem os sete aspectos, ou raios, da vontade divina (ver Ap. 15:7).

437. A realização transmitida por cada chohan no capítulo 15 traz uma das sete provações mencionadas no capítulo 16, é recebida durante um dos sete estágios descritos nos capítulos 2 e 3, e leva a uma das sete experiências purificadoras discutidas nos capítulos 6 e 8. Assim, os capítulos 2, 3, 6, 8, 15 e 16 exibem os sete mesmos estágios da jornada espiritual, mas a partir de múltiplas perspectivas.

– 145 –

2. E foi o primeiro, e derramou a sua taça sobre a terra, e fez-se uma chaga perversa e maligna nos homens que tinham o sinal da besta e que adoravam a sua imagem.

3. E o segundo anjo derramou a sua taça no mar, que se tornou em sangue como o de um cadáver, e morreu no mar toda a alma vivente.

4. E o terceiro anjo derramou a sua taça nos rios e nas fontes das águas, e transformaram-se em sangue.

2. O primeiro chohan transmite sua compreensão ao aspirante, e ela ilumina o comportamento físico, revelando a natureza repulsiva e opressiva das compulsões e fantasias indulgentes.[438]

3. A compreensão do segundo chohan ilumina as emoções inferiores, revelando o vazio e a falta de significado dos desejos e ambições egoístas, e fazendo com que esses sentimentos sejam eliminados.[439]

4. A compreensão do terceiro chohan fortalece as emoções superiores como devoção e aspiração, de modo que se tornam amor espiritual.[440]

---

438. O versículo 2 baseia-se em Êx. 9:9-11, que descreve uma praga que causa feridas e chagas em pessoas e animais por toda a terra do Egito. No versículo 2, a terra, o sinal da besta e sua imagem são o corpo físico, maya e fantasia, respectivamente (Ver Ap. 3:10, 13:17, 14).

439. Os versículos 3 e 4 distinguem entre as águas inferiores (mar) e as águas superiores (rios e fontes). As águas inferiores são as emoções mais baixas associadas com o chacra do plexo solar, e as águas superiores são as emoções mais altas associadas com o chacra cardíaco (ver Ap. 7:1, 17; 8:10).

440. Os versículos 3 e 4 distinguem entre dois tipos de sangue. No versículo 3, o mar é transformado no "sangue de um defunto", o que significa que é incapaz de suportar a vida, simbolizando o vazio dos desejos egoístas. No versículo 4, as águas superiores são transformadas simplesmente em "sangue", que simboliza amor espiritual (ver Ap. 1:5).

5. E ouvi o anjo das águas, que dizia: Justo és tu, ó Senhor, que és, e que eras, e santo és, porque julgaste estas coisas.

6. Visto como derramaram o sangue dos santos e dos profetas, também tu lhes deste o sangue a beber; porque disto são merecedores.

7. E ouvi outro do altar, que dizia: Na verdade, ó Senhor Deus Todo-Poderoso, verdadeiros e justos são os teus juízos.

5. O aspirante raciocina, pelo seu corpo casual: "Tu, ó Deus, deves ser imparcial e eterno, devido à maneira como me julgou.[441]

6. Pois minhas decisões passadas usaram erroneamente as energias do meu corpo causal e personalidade, mas você deu a eles amor espiritual para ingerir, que expressa o sentimento de dignidade atual".[442]

7. O aspirante conclui, por meio do seu corpo causal: "Eu devo ser digno, porque Deus é todo poderoso e não pode estar confuso em relação a coisa alguma".[443]

---

441. Anjo significa mensageiro (ver Ap. 1:1), e as águas referem-se às emoções (ver Ap. 1:15). "O anjo das águas" no versículo 5 simboliza o corpo causal por três motivos. Primeiro, o corpo causal é o mensageiro do amor espiritual, pois é o canal pelo qual o amor espiritual passa para o corpo emocional (ver Ap. 22:1). Em segundo lugar, os versículos 5 e 6 indicam que esse anjo é capaz de raciocínio abstrato, que é a função primária do corpo causal (ver Ap. 4:10). Terceiro, o "altar" no versículo 7 representa o corpo causal (ver Ap. 6:9, 8:3), e portanto a palavra "outro" no versículo 7 indica que a voz no versículo 5 também deve vir do corpo causal. No versículo 5, "justo" é uma tradução da palavra grega *dikaios*, que Vine, *Vine's Complete Expository Dictionary*, p. 534, diz que "significa 'justo', sem preconceito ou parcialidade".

442. O versículo 6 fornece o argumento para as conclusões alcançadas no versículo 5. Primeiro, Deus deve ser imparcial, porque ele torna o amor espiritual disponível para todos sem preconceito. Mt. 5:45 diz: "ele faz o sol nascer sobre maus e bons, e faz chover sobre o justo e o injusto". Segundo, Deus deve ser eterno, porque não condena. *ACIM*, vol. I, p. 237, diz: "Você não é sem culpa no tempo, mas na eternidade". No versículo 6, os santos e profetas são os corpos causal, emocional e vital (ver Ap. 11:18).

443. O altar representa o corpo causal (ver Ap. 6:9, 8:3).

8. E o quarto anjo derramou a sua taça sobre o sol, e foi-lhe permitido que abrasasse os homens com fogo.

8. A compreensão do quarto chohan transforma a mente no farol da alma, com o poder de iluminar os pensamentos nos quais as autoimagens aparecem.[444]

9. E os homens foram abrasados com grandes calores, e blasfemaram o nome de Deus, que tem poder sobre essas pragas; e não se arrependeram para lhe darem glória.

9. Consequentemente, esse farol ilumina muitas autoimagens, seu ressentimento para com a luz interior revela suas falhas e suas desculpas e racionalizações.[445]

10. E o quinto anjo derramou a sua taça sobre o trono da besta, e o seu reino foi tomado pelas trevas; e eles mordiam as suas línguas de dor.

10. A realização do quinto chohan traz sentimentos subconscientes, que estão por trás do *glamour*, para a superfície da consciência. Esses sentimentos foram reprimidos devido à sua culpa corrosiva.[446]

11. E por causa das suas dores, e por causa das suas chagas, blasfemaram contra Deus do céu; e não se arrependeram das suas obras.

11. Eles encarnam o medo de que Deus é um Deus de ira e de punição, o que é uma calúnia contra a verdadeira natureza divina. Esses sentimentos tentam justificar-se com mais desculpas e racionalizações.[447]

---

444. Bailey, *The Rays and the Initiations*, p. 460, diz: "Essa mente concreta inferior é... capaz de iluminação pronunciada da alma, eventualmente provando ser o farol da alma". No versículo 8, o sol é uma metáfora para a alma, o fogo representa pensamentos, e os homens são autoimagens (ver Ap. 7:16, 1:15, 3:7).

445. 1 João 1:5: "Deus é luz, e n'Ele não há escuridão". No versículo 9, o nome de Deus representa a natureza de Deus (ver Ap. 2:3), que é a luz interior.

446. 1 João 1:9 afirma: "Se confessamos nossos pecados, Ele é fiel e justo para perdoar nossos pecados, e para nos limpar de toda a injustiça". Bailey, *Glamour*, p. 267-268, descreve o palco onde "todos os problemas não resolvidos, todos os desejos não declarados, todas as características e qualidades latentes, todas as fases de pensamento e vontade própria, todas as potências inferiores e hábitos antigos... são trazidos à superfície da consciência, para serem tratados de tal maneira que seu controle seja perdido". No versículo 10, a besta é o *glamour* (ver Ap. 13:1), e "eles mordiam as suas línguas de dor" representa a culpa devoradora.

447. Perry, *A Course Glossary*, p. 23, explica o relacionamento entre a culpa e o medo de Deus: "O ego nos convence a condenar nossos irmãos, de modo que vamos sentir culpa, para que possamos nos punir com dor, doença e morte. Então, por meio da projeção, vemos Deus de pé no topo desse sistema de 'justiça'. Achamos que ele é um deus furioso, que acredita na nossa culpa e busca punir nossos pecados, e que deve ser temido".

As Sete Provações

12. E o sexto anjo derramou a sua taça sobre o grande rio Eufrates; e a sua água secou-se, para que se preparasse o caminho dos reis do oriente.

13. E da boca do dragão, e da boca da besta, e da boca do falso profeta vi sair três espíritos imundos, semelhantes a rãs.

12. A compreensão do sexto chohan ilumina as reações temerosas, de modo que possam ser observadas sem medo, de modo que a maneira de receber novos discernimentos possa ser preparada.[448]

13. O aspirante vê que aquela ilusão, *glamour* e maya são formas de medo[449] que operam por seus pensamentos automáticos negativos.[450]

---

448. Pr. 3:25 diz: "Não tema a chegada do medo súbito, nem da desolação dos ímpios". No versículo 12, o "grande rio Eufrates" é a emoção do medo (ver Ap. 9:14). "Oriente" simboliza a direção de onde a luz vem da alma (ver Ap. 7:2), e assim "os reis do oriente" representam novos discernimentos da alma.

449. *ACIM*, vol. I, p. 338, diz: "Toda ilusão é composta de medo, seja qual for a forma que assume". Krishnamurti, *Commentaries on Living, First Series*, p. 113, faz observação similar: "o medo gera a ilusão". O versículo 13 lista o triunvirato profano: o "dragão" é a ilusão (ver Ap. 12:3); a "besta" refere-se à besta saída do mar em Ap. 13:1 e é o *glamour*; e o "falso profeta" refere-se à besta saída da terra em Ap. 13:11 e é maya.

450. Tiago 3:8 refere-se ao poder dos pensamentos e palavras negativos: "Mas homem algum pode domar a língua: ela é maligna e cheia de veneno mortal". Os espíritos imundos no versículo 13 são pensamentos negativos e automáticos, porque são semelhantes a rãs, que são classificadas como animais impuros (Lv. 11:10) e são conhecidas por seu coaxar incessante. Os versículos 13 a 16 são similares a uma série de etapas na terapia cognitiva. De acordo com A. T. Beck, *Cognitive Therapy of Depression* (New York: The Guilford Press, 1979), p. 4, a terapia cognitiva ensina a cada paciente as seguintes etapas: "(1) monitorar seus pensamentos (cognições) automáticos e negativos ; (2) reconhecer as conexões entre cognição, afeto e comportamento; (3) examinar a evidência a favor e contra seus pensamentos automáticos distorcidos; (4) substituir essas cognições distorcidas por interpretações mais orientadas para a realidade".

14. Porque são espíritos de demônios, que fazem prodígios; os quais vão ao encontro dos reis da terra e de todo o mundo, para os congregar para a batalha, naquele grande dia do Deus Todo-Poderoso.

14. Esses pensamentos automáticos são enganadores, aparentemente realizando milagres ao dar significado àquilo que é insignificante e importância a coisas sem importância. Eles corrompem todos os outros pensamentos e sentimentos, reunindo-os para uma batalha interior durante esse período contínuo de auto-observação.[451]

15. Eis que venho como ladrão. Bem-aventurado aquele que vigia, e que guarda as suas roupas, para que não ande nu, e não se vejam as suas vergonhas.

15. A alma expressa o seguinte discernimento:[452] "A felicidade vem de observar batalhas interiores de cima com amor espiritual.[453] Caso contrário, o medo vai afetar a observação, e várias formas de ilusão vão tirar vantagem dessa fraqueza.[454]

---

451. Os reis da terra são interpretados como pensamentos, porque os pensamentos dominam o resto da personalidade, moldando desejos e comportamento. Pr. 23:7 faz uma observação similar: "Pois ele é como pensa em seu coração". O mundo é o corpo emocional (ver Ap. 3:10), de modo que os reis do mundo são sentimentos. O "grande dia de Deus Todo-Poderoso" é o período de auto-observação objetiva que começou no versículo 12 (ver Ap. 6:17).

452. A frase "venho como ladrão" no versículo 15 é similar a "virei como ladrão" em Ap. 3:3, que por sua vez simboliza a chegada de um discernimento da alma.

453. *ACIM*, vol. I, p. 497, diz: "Quando a tentação de atacar surge para deixar sua mente tenebrosa e assassina, lembre-se que você pode ver a batalha de cima". No versículo 15, vigiar significa observar a si mesmo (ver Ap. 3:2-3), e as vestes simbolizam amor espiritual (ver Ap. 3:18).

454. Bailey, *Letters on Occult Meditation*, p. 137, descreve os efeitos do medo: "O medo causa fraqueza; a fraqueza causa desintegração; o ponto fraco quebra e aparece uma fenda, e por meio dessa fenda uma força maligna pode entrar. O fator de entrada é o medo do próprio homem, que abre assim a porta". No versículo 15, a nudez simboliza o medo (ver Ap. 3:17).

16. E ele os congregou no lugar que em hebreu se chama Armagedom.

17. E o sétimo anjo derramou a sua taça no ar, e saiu grande voz do templo do céu, do trono, dizendo: Está feito.

16. Os pensamentos negativos e automáticos[455] causam uma batalha interna, mas a sua falta de sentido é bastante aparente do lugar silencioso acima do campo de batalha.[456]

17. A compreensão do sétimo chohan fortalece a natureza intuitiva,[457] permitindo que os pensamentos abstratos do corpo causal sejam unificados no propósito com o coração de Deus e expressem a vontade espiritual.[458]

---

455. Embora a VRJ use a palavra "ele" como a segunda palavra no versículo 16, a maioria das versões modernas (por exemplo, RSV, NRS e NIV) em vez disso usa a palavra "eles", que se refere aos "três espíritos imundos" do versículo 13.

456. O nome hebraico *Armageddon* significa literalmente "Monte Megido". A planície de Megido foi um dos grandes campos de batalha que envolveu o povo de Israel (Jz. 5:19; 2 Reis 9:27 e 23:29). O fato geográfico de que não há monte em Megido confundiu muitos comentadores. Por exemplo, G. A. Krodel, *Revelation* (Minneapolis, MN: Augsburg Publishing House, 1989), p. 287, escreve: "Contudo, não há 'monte' em Megido, e o nome desafiou todas as tentativas de ser definido geograficamente". O povo de Israel simboliza a personalidade (ver Ap. 2:14), de modo que a planície de Megido simboliza o campo de batalha interior. Armagedom é um lugar mais elevado e silencioso de onde esse campo de batalha pode ser visto claramente, porque o ponto de vista de uma montanha permite que a planície circundante seja vista claramente. *ACIM*, vol. I, p. 498, menciona esse local mais elevado: "A insensatez de uma conquista é bastante aparente dessa esfera tranquila acima do campo de batalha".

457. O ar representa a natureza intuitiva (ver Ap. 9:2).

458. O único lugar onde a frase "está feito" aparece no Antigo Testamento é em Ez. 39:8, no qual é dita por Deus, e assim essa expressão é um símbolo da vontade espiritual. O templo no céu é o corpo causal (ver versículo 1), e o trono é o coração de Deus (ver Ap. 1:4). A voz no versículo 17 vem do templo e do trono, indicando que foram unificados pela vontade espiritual (ver Ap. 8:4).

18. E houve vozes, e trovões, e relâmpagos, e um grande terremoto, como nunca tinha havido desde que há homens sobre a terra; tal foi esse tão grande terremoto.

19. E a grande cidade fendeu-se em três partes, e as cidades das nações caíram; e da grande Babilônia lembrou-se Deus, para dar-lhe o cálice do vinho da indignação da sua ira.

18. Depois disso, a kundalini desperta e desloca a polarização da consciência para o corpo causal. Esse deslocamento traz uma mudança maior na personalidade do que qualquer esforço anterior.[459]

19. Os pensamentos emergentes são divididos em três categorias baseadas no seu conteúdo: passado, presente e futuro. Os pensamentos que se voltam para o passado ou para o futuro são eliminados, deixando apenas pensamentos preocupados com o presente.[460] O ego, ou eu pessoal, é exposto como algo irreal pelas ideias de Deus, que são geradas através do alinhamento com sua vontade.[461]

---

459. Bailey, *Letters on Occult Meditation,* p. 28, diz: "É pela meditação, ou passando do real ao abstrato, que a consciência causal é adentrada, e o homem durante esse período final torna-se o Eu Superior e não a Personalidade". No versículo 18, "vozes, trovões e relâmpagos" simbolizam as energias vitais dos chacras laríngeo, coronário e cardíaco, cuja união com o chacra básico desperta a kundalini (ver Ap. 7:1, 8:5). "Um grande terremoto" é um símbolo de uma grande mudança na personalidade em razão do discernimento divino (ver Ap. 6:12). Por dois motivos, o terremoto é considerado a realização da consciência causal. Primeiro, a kundalini despertada é capaz de trazer consciência causal. Segundo, o versículo diz que o terremoto é maior do que qualquer outro anterior, e a consciência causal traria uma mudança na personalidade maior do que qualquer esforço anterior.

460. O versículo 19 descreve como a ilusão, que é o dragão do versículo 13, é vencida. A primeira parte deste versículo relaciona-se a Lucas 9:62: "E Jesus disse a ele, homem algum que ponha a mão no arado e olhe para trás é digno do reino de Deus". No versículo 19, "grande cidade" refere-se a um centro interno de autoridade (ver Ap. 14:8); ela é considerada a coleção de pensamentos, porque pensamentos controlam a personalidade e podem ser divididos em três partes de acordo com o tempo. "As cidades das nações caíram" simboliza a queda dos pensamentos que olham para o passado ou para o futuro.

461. Babilônia é o ego, ou eu pessoal (ver Ap. 14:8). Um cálice é um recipiente. O cálice no versículo 19 simboliza o "livrinho" em Ap. 10:2, que por sua vez é o plano das ideias divinas. A ira de Deus é a vontade de Deus (ver versículo 1).

As Sete Provações

20. E toda a ilha fugiu; e os montes não se acharam.

21. E sobre os homens caiu do céu uma grande saraiva, pedras do peso de um talento; e os homens blasfemaram de Deus por causa da praga da saraiva; porque a sua praga era mui grande.

20. Os sentimentos de separação desaparecem, e os sentimentos de orgulho são extintos.[462]

21. Os motivos baseados no amor espiritual superam os padrões compulsivos, com cada motivo afirmando a unidade em vez da separação. Os padrões compulsivos culpam as ideias de Deus por sua perda das vantagens egoístas, porque não podem vencer os novos motivos espirituais.[463]

---

462. O versículo 20 descreve como o *glamour*, que é a besta do versículo 13, é vencido. Ilhas são sentimentos de separação e montes são sentimentos de orgulho (ver Ap. 6:14).

463. O versículo 21 descreve como maya, que é o falso profeta do versículo 13, é vencida. Yogananda, *Autobiography of a Yogi*, p. 170, diz: "O homem *é* uma alma, e *possui* um corpo. Quando ele localiza de modo apropriado seu senso de identidade, deixa para trás todos os padrões compulsivos". No versículo 21, os homens são padrões compulsivos, e a grande saraiva é amor espiritual expresso por meio do comportamento físico (ver Ap. 11:19). O peso de um talento é considerado como a afirmação da unidade.

Capítulo 17

O Ego

O aspirante aprende sobre o ego, ou senso de identidade pessoal, e sua
relação com a culpa, os chacras e os desejos.

VERSÃO DO REI JAMES

1. E veio um dos sete anjos que tinham as sete taças, e falou comigo, dizendo-me: Vem, mostrar-te-ei a condenação da grande prostituta que está assentada sobre muitas águas;

INTERPRETAÇÃO PSICOLÓGICA

1. Um dos sete chohans vai até o aspirante e diz:[464] "Eleve sua consciência e vou lhe mostrar a verdade sobre seu ego, que é um senso de identidade controlador, corrupto e iludido, sustentado por suas muitas reações emocionais.[465]

---

464. Bailey, *A Learning Experience,* p. 20, declara: "No momento em que um homem tiver equipado seus veículos com matéria dos subplanos superiores, ele se torna objeto de cuidado constante de algum ego mais avançado do que ele; mais tarde, à medida que ocorre seu progresso, fica a cargo de algum *chela* inferior, depois, de algum discípulo avançado, em seguida de um iniciado, até alcançar seu Mestre". Aqui, *chela* é uma palavra sânscrita que significa "discípulo". No versículo 1, os sete anjos são os sete chohans, que são os ministros regentes do reino espiritual (ver Ap. 15:1). O aspirante passou pelas sete provações do capítulo 16, e assim conquistou o direito de ser ensinado diretamente por um chohan.

465. *Ego* é a palavra latina para "Eu" e tem muitos significados. Embora os escritores teosóficos às vezes usem a palavra ego para indicar a alma, ou o eu superior, este comentário a usa para indicar um falso senso de identidade pessoal, que é consistente com o uso em *ACIM* e em livros recentes de ioga e Budismo; consulte as notas posteriores deste capítulo para ver alguns exemplos. Paulo refere-se ao ego com a expressão "homem velho" em Ef. 4:22: "Renunciai à vida passada, despojai-vos do homem velho, corrompido pelas concuspicências enganadoras". No versículo 1, "prostituta" simboliza o ego, porque uma prostituta é corrompida e iludida pelas concuspicências; "grande" indica controle ou autoridade (ver Ap. 1:10); e "águas" são reações emocionais (ver Ap. 1:15).

2. Com a qual se prostituíram os reis da terra; e os que habitam na terra embebedaram-se com o vinho da sua fornicação.

2. Seus pensamentos tornaram-se idólatras por meio do seu ego. Seus sentimentos e motivos foram iludidos pelas crenças idólatras do seu ego".[466]

3. E levou-me em espírito a um deserto, e vi uma mulher assentada sobre uma besta de cor de escarlata, que estava cheia de nomes de blasfêmia, e tinha sete cabeças e dez chifres.

3. O chohan ajuda o aspirante a alcançar um estado de espírito desapegado que é receptivo à instrução intuitiva.[467] Então o aspirante vê que seu ego é mantido pela sua culpa,[468] que é cheia de julgamentos e de raiva, e que controla seus sete chacras e todos os seus desejos.[469]

---

466. *ACIM*, vol. II, p. 467, declara: "O ego é idolatria". No versículo 2, os que habitam na terra simbolizam sentimentos e motivos, porque a terra refere-se à personalidade (ver Ap. 5:3). Além disso, os reis da terra, o vinho e a fornicação são pensamentos, crenças e idolatria, respectivamente (ver Ap. 16:14, 14:8).

467. O deserto simboliza a condição do desapego (ver Ap. 12:6).

468. A besta no versículo 3 é uma emoção, porque o versículo 1 diz que a mulher está "assentada sobre muitas águas" e as águas representam emoções. Essa besta é uma forma do *glamour*, porque possui as características da besta descrita em Ap. 13:1. Essa besta pode ser considerada culpada, porque sua cor escarlate pode ser um símbolo da iniquidade, como mostrado em Is. 1:18: "embora seus pecados sejam escarlates, eles se tornaram brancos como a neve". Além disso, o versículo 8 diz que essa besta surge das profundezas do abismo, que é o lugar de onde surgem os sentimentos de culpa (ver Ap. 9:1-11). Perry, *A Course Glossary*, p. 31, diz: "A culpa mantém a existência do ego", o que é consistente em interpretar a besta escarlate como a culpa e a mulher montada sobre ela como o ego.

469. O nome significa a natureza (ver Ap. 2:3). Blasfêmia refere-se à calúnia e ao abuso verbal (ver Ap. 2:9). As sete cabeças são os sete chacras, e os dez chifres são a gama total de desejos (ver Ap. 12:3).

4. E a mulher estava vestida de púrpura e de escarlata, e adornada com ouro, e pedras preciosas e pérolas; e tinha na sua mão um cálice de ouro cheio das abominações e da imundícia da sua fornicação;

5. E na sua testa estava escrito o nome: Mistério, a grande Babilônia, a mãe das prostituições e abominações da terra.

4. O ego parece bastante atraente, porque oferece autoglorificação por meio da proeminência, da prosperidade e de coisas valiosas. Contudo, as suas oferendas na verdade são idólatras e, portanto, corruptoras.[470]

5. A consciência do ego possui um propósito oculto de escravizar a personalidade por uma grande confusão, de muitos tipos de tentação e de experiências idólatras.[471]

---

470. No versículo 4, escarlata é usada como símbolo de prosperidade, como em 2 Sm. 1:24: "Filhas de Israel, chorai por Saul, que vos vestia de escarlata suntuosa, e ornava de ouro vossos vestidos". Escarlata (ou púrpura, em algumas traduções) é símbolo de realeza ou de proeminência, como em Jz. 8:26: "As vestes escarlates dos reis de Midiã". A Bíblia usa várias vezes a palavra "abominação" para denotar práticas derivadas da idolatria; ver 2 Reis 23:13, Jr. 16:18 e Lucas 16:15.

471. Yogananda, *Autobiography of a Yogi*, p. 160, diz: "Embora o ego conspire das maneiras mais bárbaras para nos escravizar, o homem não é um corpo confinado em um ponto do espaço, mas sim a alma onipresente". *ACIM*, vol. I, p. 317, declara: "O ego não deseja o bem de ninguém. Mas sua sobrevivência depende da sua crença de que você está livre das suas intenções malignas". As duas citações falam do ego como se ele tivesse sua própria consciência e um propósito maligno oculto. No versículo 5, "mistério" é uma tradução da palavra grega *musterion*, que às vezes significa vontade ou propósito oculto (2 Ts. 2:7). Testa e Babilônia significam consciência e confusão, respectivamente (ver Ap. 7:3, 14:8).

O EGO 157

6. E vi que a mulher estava embriagada do sangue dos santos, e do sangue dos mártires de Jesus. E, vendo-a eu, maravilhei-me com grande admiração.

6. O aspirante vê que seu ego sente orgulho[472] de suas exibições de sabedoria e de suas expressões de amor espiritual que seguem o exemplo de Jesus.[473] Ao ter esse discernimento, ele se impressiona com como o ego pode subverter e corromper até mesmo suas práticas espirituais.[474]

7. E o anjo me disse: Por que te admiras? Eu te direi o mistério da mulher, e da besta que a traz, a qual tem sete cabeças e dez chifres.

7. O chohan diz ao aspirante: "Por que está impressionado? Vou contar-lhe as verdades mais profundas sobre o ego, incluindo seu relacionamento com a culpa, os chacras e os desejos.

---

472. A embriaguez no versículo 6 é interpretada como orgulho, já que é isso o que é oferecido no versículo 4. Sófocles (495-406 a.C.), dramaturgo grego, também usa a embriaguez como metáfora para o orgulho: "O tirano é um filho do orgulho que bebe da sua grande taça de modo imprudente e vaidoso, até que de seu alto monte ele caia na poeira da esperança" (*Oedipus Rex* [Édipo Rei], linha 872, traduzido por D. Fitts e R. Fitzgerald).

473. No versículo 6, "o sangue dos santos" é a sabedoria, porque os santos simbolizam corpo causal (ver Ap. 5:8, 14:20). "O sangue dos mártires de Jesus" é um símbolo do amor espiritual (ver Ap. 1:5), e mártir é a tradução da palavra grega *martus*, que significa "testemunha".

474. C. Trungpa, *Cutting Through Spiritual Materialism* (Boston: Shambhala Publications, 1973), p. 3, 7, descreve como o ego pode distorcer até mesmo as práticas espirituais: "Seguir o caminho espiritual adequadamente é um processo muito sutil... Podemos nos enganar ao pensar que estamos nos desenvolvendo espiritualmente quando, em vez disso, estamos fortalecendo nosso egocentrismo, por meio de práticas espirituais. Essa distorção fundamental pode ser chamada de *materialismo espiritual*... O ego é capaz de converter tudo para o seu próprio uso, até mesmo a espiritualidade".

8. A besta que viste foi e já não é, e há de subir do abismo, e irá à perdição; e os que habitam na terra (cujos nomes não estão escritos no livro da vida, desde a fundação do mundo) admirar-se-ão, vendo a besta que era e já não é, mas que virá.

8. A culpa que você vê em si mesmo foi imaginada por você e não se baseia em nenhuma crença ou ideia real.[475] Quando um sentimento de culpa surge da natureza subconsciente até a consciência plena, ele desaparece.[476] Ainda assim, os sentimentos que são identificados com o corpo físico, cujas crenças subjacentes são inconsistentes com as ideias divinas, são encantados por esta forma de *glamour* que foi imaginada, que é irreal, mas que continua poderosa.[477]

9. Aqui está o sentido, que tem sabedoria. As sete cabeças são sete montes, sobre os quais a mulher está assentada.

9. Eis uma pista para aqueles que podem compreendê-la. Os sete chacras no corpo vital são os meios pelos quais o ego afeta o corpo físico.[478]

---

475. B. Haskell, *Journey Beyond Words* (Marina del Rey, CA: DeVorss and Company, 1994), p. 251, menciona a natureza irreal da culpa: "A culpa é simplesmente aquilo que você imaginou, e como tal, não deve e não pode existir".

476. O abismo é a natureza subconsciente de onde surgem os sentimentos de culpa (ver Ap. 9:1-3).

477. "Aqueles que habitam a terra" são sentimentos de identificação com o corpo físico; o mundo é o corpo emocional (ver Ap. 3:10). O nome de um sentimento é uma crença subjacente, o fundamento do mundo sobre o qual são colocadas tais crenças, e o livro da vida é o plano das ideias divinas (ver Ap. 13:8).

478. Sobre o versículo 9, Pryse, *The Apocalypse Unsealed,* p. 190, diz que "os sete montes são os sete chacras". O corpo físico é simbolizado pelo terreno circundante, que é implícito no conceito de um monte.

O EGO   159

10. E são também sete reis; cinco já caíram, e um existe; outro ainda não é vindo; e, quando vier, convém que dure um pouco de tempo.

10. Cada chacra governa uma porção do corpo físico.[479] Cinco chacras podem ser dominados pelo chacra laríngeo, a partir do qual o ego opera. O chacra cardíaco, contudo, pode vencer o ego. Trabalhar a partir do chacra cardíaco só precisa de um período curto de tempo antes que o amor espiritual substitua o sentimento de separação gerado pelo ego.[480]

11. E a besta que era e já não é, é ela também o oitavo, e é dos sete, e vai à perdição.

11. A culpa, que foi imaginada e que é irreal, é um centro governante de energia, porque é a causa de toda a dor. A culpa surge do mau uso dos sete chacras, e portanto irá eventualmente embora.[481]

---

479. A maioria das versões modernas na língua inglesa (por exemplo, NIV, NRSV e RSV), usa *they* ("eles") em vez de *there* ("há", neste contexto) no início do versículo 10, o que deixa claro que as sete cabeças mencionadas no versículo 9 são os sete reis mencionados no versículo 10. Cada chacra é como um rei porque exerce domínio, como Bailey, *Esoteric Healing*, p. 194, explica: "Cada um dos sete centros principais governa ou condiciona... a área do corpo físico onde está localizado".

480. Bailey, *A Treatise on Cosmic Fire*, p. 986-987, descreve os papéis dos chacras cardíaco e laríngeo: "O Irmão da Luz... aprende a trabalhar a partir do coração e, portanto, a manipular aquela energia que flui do 'Coração do Sol'... Os Irmãos do caminho da mão esquerda trabalham... quase que exclusivamente a partir do centro da garganta". Aqui, irmãos da luz são pessoas que trabalham sob a influência da alma; o Coração do Sol é o coração de Deus; e os irmãos do caminho da mão esquerda são pessoas que trabalham sob a influência dos seus egos, explorando outros seres humanos.

481. Perry, *A Course Glossary*, p. 30-31, descreve o domínio da culpa: "A culpa está no cerne da nossa experiência neste mundo. Ela mantém o tempo linear, pois repousa sobre erros do *passado* e exige punições *futuras*... como a culpa é a única coisa que nos afasta de Deus, a jornada para casa consiste inteiramente em ensinar e aprender a irrealidade da culpa por meio do perdão".

12. E os dez chifres que viste são dez reis, que ainda não receberam o reino, mas que receberão poder como reis por uma hora, juntamente com a besta.

12. Os desejos que vê em si mesmo, que governam suas atividades, não possuem qualquer poder real. Contudo, eles têm uma ilusão de poder enquanto a culpa parecer ter poder, porque a realização dos poderes traz um sentimento de superioridade que compensa o sentimento de inferioridade imposto pela culpa.[482]

13. Estes têm um mesmo intento, e entregarão o seu poder e sua autoridade à besta.

13. Seus desejos promovem o propósito oculto do seu ego, porque reforçam o poder e a força da sua culpa.

14. Estes combaterão contra o Cordeiro, e o Cordeiro os vencerá, porque é o Senhor dos senhores e o Rei dos reis; vencerão os que estão com ele, chamados, e eleitos, e fiéis.

14. Seus desejos estão em conflito com a sua alma. A alma eventualmente irá vencê-los, porque é intrinsecamente mais poderosa.[483] Quando a vitória final chegar, seus corpos físico, vital, emocional e mental serão receptivos, consagrados e obedientes à alma".

---

482. A. Adler, *Understanding Human Nature* (1927; reimpressão; New York: Fawcett Premier, 1954), p. 67, considera "o desejo nascente de reconhecimento que se desenvolve sob a influência concomitante do senso de inferioridade, com seu propósito de obter uma meta na qual o indivíduo é aparentemente superior ao seu ambiente". Em outras palavras, a luta pela superioridade é uma compensação pelo sentimento de inferioridade.

483. A expressão "Senhor dos senhores e Rei dos reis" é similar a várias passagens no Antigo Testamento: Dt. 10:17; Sl. 136:2, 3; e Dn. 2:47. Como o Cordeiro é a alma (ver Ap. 5:6), essa expressão indica que a alma é muito poderosa. Bailey, *A Treatise on White Magic*, p. 231, diz: "a alma é onipotente".

O Ego

15. E disse-me: As águas que viste, onde se assenta a prostituta, são povos, e multidões, e nações, e línguas.

16. E os dez chifres que viste na besta são os que odiarão a prostituta, e a colocarão, desolada e nua, e comerão a sua carne, e a queimarão no fogo.

15. O chohan também diz ao aspirante: "As emoções que vê em si mesmo, que suportam seu ego, são na verdade as emoções coletivas de pessoas de toda comunidade, raça, nação e idioma por todo o mundo.[484]

16. Seus desejos, que tentam compensar a sua culpa, trazem sofrimento para o seu ego, tornando-o solitário e temeroso. Os desejos frustrados fazem com que seu ego fique ruminando sobre si mesmo e ataque a si mesmo com seus próprios julgamentos.[485]

---

484. Bailey, *Glamour*, p. 72, escreve: "Praticamente pode-se dizer que o corpo astral de uma pessoa vem a ser como parte do *glamour* geral do mundo". Aqui, astral é um sinônimo de emocional.

485. Yogananda, *Science of Religion*, p. 35, diz que "o desejo é a raiz de toda a miséria, que surge do senso de identificação do 'eu' com a mente e o corpo". A noção de que o desejo é a raiz de todo o sofrimento é a segunda das "quatro nobres verdades" do Budismo; ver *The Shambhala Dictionary of Buddhism and Zen*, p. 71. A linguagem do versículo 16 vem de Ez. 23:22-35, que descreve a punição da Jerusalém adúltera. No versículo 16, "nua" significa temerosa e "fogo" simboliza os pensamentos (ver Ap. 3:17, 1:15).

17. Porque Deus tem posto em seus corações, que cumpram o seu intento, e que tenham uma mesma ideia, e que deem à besta o seu reino, até que se cumpram as palavras de Deus.

17. Pois Deus deu aos desejos um papel importante na evolução da consciência. Os desejos reforçam-se mutuamente e reforçam a culpa, fornecendo assim o incentivo para invocar as intuições da alma. A iluminação resultante, quando completa, vai eliminar todos os desejos.[486]

18. E a mulher que viste é a grande cidade que reina sobre os reis da terra.

18. Seu ego, como você o compreende, é um centro interno de autoridade que reina sobre seus pensamentos".[487]

---

486. Yogananda, *Science of Religion*, p. 35, diz: "você aprenderá algum dia a *negar* seus desejos mesquinhos". Bailey, *Esoteric Healing*, p. 499, diz que é possível "dissolver os últimos vestígios restantes de todo desejo por meio da *iluminação*". No versículo 17, as palavras de Deus são intuições da alma (ver Ap. 6:9).

487. No versículo 18, "viste" é uma tradução da palavra grega *eido*, que também significa "entender" (ver Ap. 1:17). "Grande cidade" refere-se a um centro interno de autoridade (ver Ap. 14:8).

Capítulo 18

ELIMINAÇÃO DO EGO

O aspirante é iluminado pela alma, percebe o que deve ser feito e age para eliminar seu ego.

VERSÃO DO REI JAMES

1. E depois dessas coisas vi descer do céu outro anjo, que tinha grande poder, e a terra foi iluminada com a sua glória.

INTERPRETAÇÃO PSICOLÓGICA

1. Depois de receber a instrução precedente, o aspirante compreende que a alma está se aproximando dele vinda do mundo espiritual. Ela possui grande poder e ilumina sua personalidade.[488]

---

488. No versículo 1, o anjo, o céu e a terra simbolizam a alma, o mundo espiritual e a personalidade, respectivamente (ver Ap. 8:3, 4:1, 5:3). Este versículo é similar a Ap. 10:1, porque ambos exibem o mesmo estágio em que a alma se aproxima do aspirante.

2. E bradou com grande voz, dizendo: Caiu, caiu a grande Babilônia, e tornou-se morada de demônios, e covil de todos os espíritos imundos, e esconderijo de todas as aves imundas e odiosas.

3. Porque todas as nações beberam do vinho da ira da sua fornicação, e os reis da terra se prostituíram com ela; e os mercadores da terra se enriqueceram com a abundância de suas delícias.

2. A alma fornece uma intuição clara, dizendo: "Seu ego é um senso de identidade sem substância permanente ou independente. É o lar de conceitos falsos de Deus, habitação de toda a perversidade, e domínio de todos os pensamentos impuros e odiosos.[489]

3. Pois todas as partes da sua personalidade foram permeadas pelas crenças idólatras do seu ego. Seus pensamentos tornaram-se idólatras por meio do seu ego e seus sentimentos incharam com orgulho e vaidade pelas muitas coisas que seu ego tornou atraentes.[490]

---

489. *The Shambhala Dictionary of Buddhism and Zen*, p. 8, afirma: "No Budismo, os métodos para obter a libertação concentram-se em eliminar a crença em um ego". Tal eliminação também é a ênfase neste capítulo. No versículo 2, Babilônia representa o ego, ou eu pessoal, e sua condição caída indica que o ego carece de substância intrínseca (ver Ap. 14:8). A última parte do versículo 2 baseia-se em Is. 13:19-22, que descreve uma série de estranhos animais que viverão na Babilônia depois da sua queda. Os demônios são conceitos falsos de Deus (ver Ap. 9:20).

490. *The Shambhala Dictionary of Buddhism and Zen*, p. 8, afirma: "Apegar-se ao conceito de um ego é a causa primária de todas as paixões". No versículo 3, a fornicação simboliza a idolatria (ver Ap. 14:8), e os reis da terra representam pensamentos (ver Ap. 16:14). Os mercadores da terra são sentimentos, porque os mercadores e sentimentos preocupam-se com o valor das coisas.

4. E ouvi outra voz do céu, que dizia: Sai dela, povo meu, para que não sejas participante dos seus pecados, e para que não incorras nas suas pragas.

5. Porque já os seus pecados acumularam-se até o céu, e Deus lembrou-se das iniquidades dela.

6. Tornai-lhe a dar como ela vos tem dado, e retribuí-lhe em dobro conforme as suas obras; no cálice em que vos deu de beber, dai-lhe a ela em dobro.

4. Em seguida, o aspirante usa seus pensamentos abstratos para instruir sua personalidade,[491] dizendo: "Desprenda-se do ego, para que você não participe mais das crenças do ego e receba seu sofrimento.[492]

5. Porque as crenças do ego foram levadas até o nível intuitivo, no qual foi mostrada sua falsidade em comparação com as ideias de Deus.[493]

6. Dê ao ego o que o ego deu a você, e mais. O ego trouxe sofrimento para você; agora você deve ajudar a eliminá-lo.[494]

---

491. Bailey, *Esoteric Astrology*, p. 207, descreve o papel da personalidade na eliminação do ego: "Eventualmente, a luz do eu pessoal empalidece e apaga-se na gloriosa chama que emana do Anjo. Então, a glória maior oblitera a menor. Contudo, isso só é possível quando a alma entra ansiosamente nesta relação com o Anjo, reconhecendo-se como o Habitante e como um discípulo que começa a lutar entre os pares de opostos". Aqui, Habitante e Anjo são sinônimos para ego e alma. No versículo 4, a voz do céu é o pensamento abstrato do corpo causal, que tem poder sobre a personalidade (ver Ap. 10:4, 9:13). Nos versículos 4 a 20, essa voz instrui a personalidade para que possa cumprir o papel descrito na citação de Bailey.

492. A última parte do versículo 4 ecoa Jr. 51:45: "Sai de lá, povo meu!" O significado dessa parte é similar a Goldsmith, *The Infinite Way*, p. 171: "Afaste-se da consciência pessoal o mais rápido possível. Deixe o 'eu' morrer".

493. Em Ap. 16:19, o ego é comparado com ideias divinas e mostra-se que ele é irreal.

494. O versículo 6 ecoa duas passagens de Jeremias: "tratai-a segundo a sua conduta, tomai-lhe tudo o que ela fez" (50:29); e "esmagai-os com dupla desgraça" (17:18).

7. Quanto ela se glorificou, e em delícias esteve, foi-lhe outro tanto de tormento e de pranto; porque diz em seu coração: Estou assentada como rainha, e não sou viúva, e não verei o pranto.

7. O ego vive com orgulho e de modo pecaminoso, então dê a ele a mesma medida de tormento e de tristeza. A mentira fundamental dentro do sistema de pensamento do ego é que é possível ser orgulhoso sem ser solitário e sem sentir tristeza.[495]

8. Portanto, em um dia virão as suas pragas, a morte, e o pranto, e a fome; e será queimada no fogo; porque é forte o Senhor Deus que a julga.

8. Portanto, o ego será purificado em três estágios sucessivos durante breve período. Então ele será totalmente vencido pela iluminação, pois ideias de Deus podem revelar o caráter ilusório do ego em cada estágio.[496]

9. E os reis da terra, que se prostituíram com ela, e viveram em delícias, a chorarão, e sobre ela pranteorão, quando virem a fumaça do seu incêndio;

9. No primeiro estágio, seus pensamentos egoístas, que se tornaram idólatras e orgulhosos por meio do ego, irão sentir a falta dele e lamentar sua eliminação.[497]

---

495. O versículo 7 baseia-se em Is. 47:8: "Agora, portanto, ouve isto, voluptuosa, que reinas em segurança, que dizes em teu coração: Eu e nada mais que eu! Não conhecerei a viuvez, nem a perda de meus filhos". O versículo 7 descreve a mentira fundamental do ego, assunto que Perry, *Relationships as a Spiritual Journey*, p. 8, também discute: "Ser especial é a solução do ego para o buraco que sentimos nas nossas almas... Quem não pensa que ser realmente especial nos faria verdadeiramente felizes?... Considere isto por um momento: Sentir-se melhor que os outros não fornece qualquer senso real de valor. Só fornece solidão e culpa".

496. Bailey, *Glamour*, p. 268, diz que o eu pessoal, ou ego, é destruído em três estágios: "O eu pessoal agora está altamente desenvolvido; ele é um instrumento útil que a alma pode usar... Ele pode e deve ser sacrificado para que (esotericamente falando) sua vida seja perdida e ele seja substituído pela consagração e devoção? Esse é um problema difícil de resolver, compreender e tornar prático para todos os discípulos. Só atravessando e queimando o terreno três vezes sucessivas permitirá que todos os impedimentos ao uso do livre-arbítrio sejam destruídos". No versículo 8, "morte, pranto e fome" serão considerados como os três estágios necessários para obliterar o ego. O fogo é um símbolo dos pensamentos (ver Ap. 1:15), de modo que o fogo de Deus são as ideias divinas.

497. Os versículos 9 a 19 descrevem como os reis, mercadores e marinheiros da terra lamentarão a destruição da cidade da Babilônia. Esses versículos são modelados segundo a lamentação de Ezequiel sobre a destruição da cidade de Tiro, que menciona os mesmos três grupos de pranteadores (Ez. 27). Os versículos 9 a 19 são interpretados como preparando a personalidade para a destruição do eu pessoal, ou ego, que está prestes a ocorrer. Cayce tinha perspectiva similar, porque respondeu afirmativamente à pergunta: "Ap. 18 fornece alguma ideia em símbolos ao efeito da queda do ego-egoísmo?" (Van Auken, *Edgar Cayce on the Revelation*, p. 196).

ELIMINAÇÃO DO EGO

10. Estando de longe pelo temor do seu tormento, dizendo: Ai! Ai daquela grande Babilônia, aquela forte cidade! pois em uma hora veio o seu juízo.

11. E sobre ela choram e lamentam os mercadores da terra; porque ninguém mais compra as suas mercadorias:

12. Mercadorias de ouro, e de prata, e de pedras preciosas, e de pérolas, e de linho fino, e de púrpura, e de seda, e de escarlata; e toda a madeira odorífera, e todo o vaso de marfim, e todo o vaso de madeira preciosíssima, de bronze e de ferro, e de mármore;

13. E canela, e perfume, e mirra, e incenso, e vinho, e azeite, e flor de farinha, e trigo, e gado, e ovelhas; e cavalos, e carros, e corpos e almas de homens.

10. Murmurando à distância com medo de compartilhar o destino do ego, eles vão lamentar que uma noção tão importante, uma visão de mundo tão abrangente, pudesse ser tão subitamente rejeitada.

11. No segundo estágio, seus sentimentos egoístas vão chorar a perda do ego, porque nenhum esforço será feito para adquirir coisas especiais, como[498]

12. joias e metais preciosos, trajes de gala, materiais de construção exóticos e extravagantes,[499]

13. especiarias, perfumes, unguentos, vinho, alimentos refinados, riqueza excessiva, servos e afeição de seres humanos.[500]

---

498. Perry, *A Course Glossary*, p. 74, define "especial" como: "A ideia de estar separado dos outros e acima dos outros. Ter mais ou ser mais que os outros. Ser especial é o grande pagamento prometido ao ego... Nenhum preço é caro demais para tornar-se especial. Buscamos nossos próprios relacionamentos especiais, no qual outros nos dão amor especial e suas personalidades especiais... buscamos ser especiais com nosso corpo, adornando-o para causar atração. Também buscamos ser especiais acumulando ídolos". Ecl. faz uma observação similar: "Vaidade das vaidades, disse o pregador, tudo é vaidade".

499. A maioria dos 28 itens citados nos versículos 12 e 13 também são mencionados em Ez. 27:12-22. O versículo 12 em inglês é o único lugar onde a madeira odorífera *thyine* (tuia, tetraclinis) é mencionada na Bíblia. A tuia cresce no Norte da África, faz parte da família dos ciprestes, e às vezes é chamada de *araar*. Nos dias do Império Romano, essa madeira era usada para fazer mobília luxuosa e trabalho ornamental.

500. A palavra alma é uma tradução da palavra grega *psuche*, que é usada de muitas maneiras diferentes, uma das quais para denotar o centro do elemento senciente que nos permite ter sentimentos, desejos ou afeições. Por exemplo, ver Lucas 2:35 e Atos 14:2. Deste modo, conquistar as "almas dos homens" é interpretado como receber sua afeição. O ponto é que podemos nos sentir especiais recebendo afeição, como expressões de calor e de ternura, de pessoas que consideramos especiais em razão de sua beleza, inteligência, riqueza, poder e fama.

14. E o fruto do desejo da tua alma foi-se de ti; e todas as coisas gostosas e excelentes foram-se de ti, e não mais as acharás.

15. Os mercadores destas coisas, que com elas se enriqueceram, estarão de longe, pelo temor do seu tormento, chorando e lamentando,

16. E dizendo: Ai, ai daquela grande cidade, que estava vestida de linho fino, de púrpura, de escarlata; e adornada com ouro e pedras preciosas e pérolas!

17. Porque numa hora foram assoladas tantas riquezas. E todos os pilotos, e todos os navegantes em barcos, e todos os marinheiros, e todos os que negociam no mar contemplavam de longe;

18. E, vendo a fumaça do seu incêndio, clamaram, dizendo: Que cidade é semelhante a esta grande cidade?

14. As coisas especiais que você desejou algum dia, as coisas que pareciam boas e atraentes, se afastarão, e você não irá mais procurá-las.

15. Os sentimentos associados com essas coisas, que haviam se tornado orgulhosos devido ao ego, fitarão de longe a perda do ego com medo, tristeza, desapontamento,

16. e arrependimento, porque o sentimento de ser especial não vai acompanhar as posses de coisas especiais.

17. Pois em um período curto de tempo, esse sentimento não será mais valorizado. No terceiro estágio, seus motivos, fantasias e imagens egoístas, que haviam procurado sentimentos de orgulho, serão isolados.[501]

18. Eles serão frustrados quando observarem a eliminação do ego, pois o ego era o centro da sua existência.

---

501. Paulo, em Fl. 2:3 (ICB) aconselha: "Ao fazer algo, não deixe que o egoísmo ou o orgulho sejam o seu guia". No versículo 17, barcos são motivos (ver Ap. 8:9), e o mar é o corpo emocional (ver Ap. 4:6).

ELIMINAÇÃO DO EGO   169

19. E lançaram pó sobre as suas cabeças, e clamaram, chorando, e lamentando, e dizendo: Ai, ai daquela grande cidade, na qual todos os que tinham naus no mar se enriqueceram em razão da sua opulência; porque em uma hora foi assolada.

20. Alegra-te sobre ela, ó céu, e vós, santos apóstolos e profetas; porque já Deus julgou a vossa causa quanto a ela.

19. Esses impulsos vitais sentiram uma perda, porque o ego, que justificava procurar sentimentos de orgulho por meio da obtenção de coisas especiais, será eliminado em curto período de tempo.[502]

20. Alegra-te em relação ao ego, ó personalidade iluminada, junto com seus pensamentos, sentimentos e motivos sagrados. Pois as ideias de Deus mostraram que o ego é irreal."[503]

---

502. O versículo 19 baseia-se em Ez. 27:29-30: "Então desceram do navio todos os remadores, os marinheiros, e os pilotos do mar ficaram em terra. Eles fazem ouvir sua voz sobre ti e o seu pranto com gritos amargos. Cobrem sua cabeça com poeira e rolam na cinza". Cobrir a cabeça com poeira é sinal de luto (Js. 7:6; Jó 2:12).

503. No versículo 1, a personalidade foi iluminada pelo grande poder do "céu", ou mundo espiritual. No versículo 20, "céu" é o recipiente da instrução; ele simboliza a pessoa iluminada, porque esta se tornou o recipiente da instrução nos versículos 4 a 19, e porque ela possui a qualidade de luz do mundo espiritual. Os apóstolos são considerados pensamentos, porque os últimos são os líderes da personalidade. Além disso, os profetas são sentimentos e motivos (ver Ap. 11:18).

21. E um anjo poderoso levantou uma pedra como uma grande mó, e lançou-a no mar, dizendo: Com igual ímpeto será lançada Babilônia, aquela grande cidade, e não será jamais achada.

21. Depois de tornar-se confiante por meio da iluminação, o aspiran-te[504] faz surgir amor espiritual e o lança sobre o corpo emocional, afirmando: "Esta ação decisiva vai jogar para longe meu ego, de modo que ele não será mais encontrado".[505]

---

504. Bailey, *Glamour*, p. 270-271, esclarece o papel do aspirante: "É o discípulo que *age* com consciência plena. Ele mesmo inicia todos os processos. Não é o Anjo ou o Habitante, mas o próprio homem espiritual que precisa utilizar a vontade e agir de modo definido e progressivo. Uma vez que o discípulo tenha dado os passos necessários e avançado de modo irrevogável, a resposta do Anjo é segura, automática e abrangente. A completa obliteração do eu pessoal em três estágios sucessivos é o resultado imediato e normal". Aqui, Anjo e Habitante são sinônimos de alma e ego; os "três estágios sucessivos" são aqueles preparados nos versículos 9 a 19, que também são listados em Ap. 11:13. No versículo 21, o "anjo poderoso" é o aspirante, que se tornou um mensageiro da alma (ver Ap. 1:1).

505. O versículo 21 baseia-se em Jr. 51:63-64 (NRSV): "E quando terminares a leitura do que nele se acha escrito, tu o ligarás a uma pedra e o lançarás ao Eufrates, dizendo: Assim será mergulhada Babilônia, sem que jamais se possa erguer da calamidade que lançarei contra ela". A "grande mó" no versículo 21 simboliza a "grande saraiva" em Ap. 11:19 ou 16:21, que por sua vez é amor espiritual expresso por meio do comportamento. Assim, a pista dada em Ap. 17:10, que é usar amor espiritual para vencer o ego, é aplicada aqui. Yogananda, *Autobiography of a Yogi*, p. 252, descreve o resultado: "a verdadeira cerimônia do fogo ióguico, no qual todos os desejos passados e presentes são combustível consumido pelo amor divino".

Eliminação do Ego

22. E em ti não se ouvirá mais a voz de harpistas, e de músicos, e de flautistas, e de trombeteiros, e nenhum artífice de arte alguma se achará mais em ti; e ruído de mó em ti não se ouvirá mais;

23. E luz de candeia não mais luzirá em ti, e voz de esposo e de esposa não mais em ti se ouvirá; porque os teus mercadores eram os grandes da terra; porque todas as nações foram enganadas pelas tuas feitiçarias.

22. Mesmo assim, o aspirante ainda apreciará as músicas, canções, os festivais e teatros, mas sem o ego.[506] Ele ainda opera como um artesão no ofício que aprendeu, mas o fará sem ego. Ele ainda vai executar os deveres da vida, mas sem um eu pessoal.[507]

23. O ego não vai mais distorcer seu intelecto, e portanto não irá corromper sua natureza sexual nem usar emoções para enganar sua personalidade com valores falsos.[508]

---

506. O versículo 22 baseia-se parcialmente em Ez. 26:13: "Farei calar a voz dos cânticos, não mais se escutará o som das tuas harpas". Charles, *The Revelation of St. John*, vol. II, p. 109-110, argumenta que "músicos" é uma tradução melhor que "cantores". Além disso, ele relata que os flautistas tocavam em festivais romanos e que os trombeteiros tocavam em teatros romanos.

507. J. S. Goldsmith, *The Nineteen Hundred Fifty-Nine Infinite Way Letters* (London: L. N. Fowler, 1960), p. 86, parece resumir todo o capítulo 18 e especialmente o versículo 22: "O senso pessoal de 'eu' sempre precisa adquirir, alcançar, ou realizar. Uma vez que isso seja percebido, rapidamente fica claro que esse senso pessoal não faz parte do universo de Deus, nunca fez nem poderá fazer. Começamos a compreender que há uma presença espiritual e um poder espiritual e que, nessa percepção, o senso pessoal de 'eu' é perdido, e a harmonia espiritual começa a aparecer. Para todas as aparências, continuamos iguais ao que sempre fomos, exceto por uma saúde física melhorada ou uma condição financeira melhorada. Externamente, somos a mesma pessoa, mas interiormente vivemos pela Graça".

508. Os versículos 22 e 23 são parcialmente baseados em Jr. 25:10: "Abafarei seus gritos de alegria e os cânticos de júbilo, a voz do esposo e da esposa, e amortecerei o ruído da mó e o brilho da lâmpada". Yogananda, *Sayings of Yogananda*, p. 64, diz: "Santos não agem imprudentemente, porque abandonaram o ego e encontraram a verdadeira identidade em Deus". No versículo 23, a luz de candeia representa o intelecto, porque o fogo é o símbolo do intelecto (ver Ap. 1:15). A feitiçaria refere-se ao encantamento por falsas crenças (ver Ap. 9:21).

24. E nela se achou o sangue dos profetas, e dos santos, e de todos os que foram mortos na terra.

24. A personalidade, o corpo causal e a sabedoria acumulada, que antes sustentavam o ego, serão aplicados de modo construtivo.[509]

---

509. "Sangue dos profetas, e dos santos" são energias da personalidade e do corpo causal (ver Ap. 16:6). O "sangue de todos os que foram mortos na terra" é considerado sabedoria (ver Ap. 14:20).

Capítulo 19

União Com a Alma

O aspirante obtém a união com a alma, e a alma elimina as formas
restantes de glamour *e de maya.*

VERSÃO DO REI JAMES

1. E, depois destas coisas, ouvi no céu como que uma grande voz de uma grande multidão, que dizia: Aleluia! Salvação, e glória, e honra, e poder pertencem ao Senhor nosso Deus;

INTERPRETAÇÃO PSICOLÓGICA

1. Depois de eliminar o ego, o aspirante escuta a voz coletiva do reino espiritual, que diz: "Louvemos a Deus, porque a salvação, a iluminação e a honra pertencem a Deus.[510]

---

510. "Aleluia" deriva do hebraico e significa "louvado seja o Senhor". O *Apocalipse* é o único livro da Bíblia onde essa palavra aparece.

2. Porque verdadeiros e justos são os seus juízos, pois julgou a grande prostituta, que havia corrompido a terra com a sua fornicação, e das mãos dela vingou o sangue dos seus servos.

3. E outra vez disseram: Aleluia! E a fumaça dela sobe para todo o sempre.

4. E os vinte e quatro anciãos, e os quatro animais, prostraram-se e adoraram a Deus, que estava assentado no trono, dizendo: Amém. Aleluia!

2. Pois as ideias de Deus são verdadeiras e justas; elas mostram a irrealidade dos nossos egos, que corrompem nossa personalidade com idolatria; e nossa aplicação dessas ideias termina nosso sofrimento eliminando nossa idolatria".[511]

3. Os membros do reino espiritual repetem seu louvor a Deus. Eles aplicam persistentemente as ideias divinas a eles mesmos, permanecendo livres dos seus egos.[512]

4. O corpo causal e a personalidade do aspirante respondem ao reconhecer o poder de Deus, afirmando o valor da aplicação persistente de ideias divinas e louvando Deus.[513]

---

511. A última parte do versículo 2 é similar a Dt. 32:43, que declara que "ele vingará o sangue dos seus servos". No versículo 2, a grande prostituta é o ego, terra é a personalidade, fornicação é idolatria, e vingar o sangue é eliminar a causa do sofrimento (ver Ap. 17:1, 5:3, 14:8, 6:10). Os servos de Deus são aqueles que aplicam ideias divinas a si mesmos.

512. A última parte do versículo 3 é similar a Is. 34:10, onde o julgamento de Deus sobre Edom é tal que "a fumaça de lá subirá para sempre". No versículo 3, a expressão "para todo o sempre" indica a aplicação persistente de ideias divinas. Goldsmith, *The Contemplative Life*, p. 148-149, enfatiza o valor da prática repetida: "Eu digo a vocês, com todos meus anos de prática, que não estaria preparado quando chegasse um chamado de socorro, se deixasse de restabelecer todos os dias da semana a consciência da Presença, e então seguir para a compreensão de que, quaisquer problemas que eu encontre neste dia, estão aparecendo para mim apenas como sugestões hipnóticas".

513. Os anciãos e os quatro animais referem-se ao corpo causal e à personalidade quádrupla, respectivamente (ver Ap. 4:4, 4:7). O trono de Deus é o coração de Deus (ver Ap. 1:4), mas aqui é considerado um símbolo do poder de Deus.

UNIÃO COM A ALMA

5. E saiu uma voz do trono, que dizia: Louvai o nosso Deus, vós, todos os seus servos, e vós que o temeis, assim pequenos como grandes.

6. E ouvi como que a voz de uma grande multidão, e como que a voz de muitas águas, e como que a voz de grandes trovões, que dizia: Aleluia! pois já o Senhor Deus Todo-Poderoso reina.

5. Um dos sete chohans, que são mensageiros do coração de Deus, vem até o aspirante,[514] dizendo: "Pratique a presença de Deus, além dos seus esforços persistentes para aplicar ideias divinas a si mesmo, e conduza todas as suas atividades – pequenas e grandes – a um alinhamento com a natureza de Deus".[515]

6. Em seguida, o aspirante escuta telepaticamente a voz coletiva do reino espiritual, com seus sentimentos e intenções espirituais. Essa voz diz: "Glória a Deus pelo que foi realizado pelo poder de Deus.[516]

---

514. A voz que veio do trono no versículo 5 não é a voz de Deus, porque se refere a Deus como um objeto, então deve ser a voz de um mensageiro de Deus. O instrutor no versículo 5 é interpretado como um dos sete chohans, porque Ap. 15:1 indica que os sete chohans são mensageiros de Deus, e porque o instrutor no capítulo 17 também é um deles.

515. A expressão "louvai o nosso Deus" é interpretada como dizendo ao aspirante para praticar a presença de Deus, no sentido de reconhecer a presença e o poder de Deus em todas as circunstâncias. Essa prática é ilustrada em Ap. 11:16-18 e nos versículos 1-3 deste capítulo. Bailey, *Glamour,* p. 180, descreve essa prática como "o esforço definido e sustentado de sentir a Presença por todo o universo em todas as formas e em todas as apresentaçõcs da verdade". Essa prática é um aprofundamento e extensão da instrução dada em Ap. 2:13. Os servos de Deus são aqueles que aplicam ideias divinas a si mesmos (ver versículo 2). Temer a Deus significa sentir-se alinhado com a natureza de Deus (ver Ap. 11:18).

516. A voz de muitas águas e a voz de grandes trovões simbolizam os sentimentos espirituais coletivos e a intenção, respectivamente.

7. Regozijemo-nos, e alegremo-nos, e demos-lhe glória; porque vindas são as bodas do Cordeiro, e já a sua esposa aprontou-se.

8. E foi-lhe dado que se vestisse de linho fino, puro e resplandecente; porque o linho fino são é a justiça dos santos.

7. Regozijemo-nos e alegremo-nos, demos glória a Deus,[517] pois o casamento místico da alma está prestes a ocorrer, e a personalidade do aspirante agora está pronta para tal união".[518]

8. A personalidade do aspirante recebeu a santidade necessária; está livre do medo e da culpa.[519] Pois essa santidade é a eliminação do ego pelo aspirante, que ainda está polarizado no seu corpo causal.[520]

---

517. A primeira parte do versículo 7 relaciona-se com Lucas 15:10: "Digo-vos que haverá júbilo entre os anjos de Deus por um só pecador que se arrependa". *ACIM*, vol. II, p. 140, descreve celebração similar: "O mundo e o Céu unem-se para agradecer a você, pois nenhum Pensamento de Deus deixa de regozijar-se se você é salvo, e todo o mundo com você".

518. *A Commentary on the Book of the Revelation*, p. 175, interpreta as bodas do Cordeiro no versículo 7 como a "união do eu evoluído com o Eu Superior". Goldsmith, *The Gift of Love*, p. 43, fornece uma definição similar para o "casamento místico": "quando um indivíduo sob um senso de separação de Deus é reunido no Espírito e encontra o relacionamento consciente com Deus, isso é chamado de casamento místico". Bailey, *Esoteric Psychology*, vol. I, p. 314, também usa a expressão "casamento místico". No versículo 7, o "Cordeiro" é a alma (ver Ap. 5:6), e "sua esposa" é a personalidade do aspirante.

519. Os versículos 7 e 8 podem basear-se em Ez. 16:8-10 (NRSV), que compara os israelitas com uma noiva: "fiz contigo uma aliança ligando-me a ti pelo juramento – oráculo do Senhor Javé – e... cingi-te com um cinto de fino linho". No versículo 8, o linho representa santidade (ver Ap. 15:6). A palavra "branco" geralmente aparece como "brilhante" ou "resplandecente" na maioria das traduções modernas e representa inocência, ou falta de culpa (ver Ap. 15:6).

520. Bailey, *Glamour*, p. 269-271, descreve a situação em que o ego é eliminado: "A personalidade permanece; ela ainda existe, mas não tem mais a aparência antiga. A luz do Anjo a envolve; o solo queimado fez o seu trabalho, e a personalidade agora é nada mais e nada menos do que o invólucro ou forma, purificado por meio do qual a luz, a radiância, a qualidade e as características do Anjo podem brilhar... Quando essa 'obliteração oculta' ocorre, qual é o destino do discípulo? É o controle completo da alma". No versículo 8, "santos" indicam o corpo causal (ver Ap. 5:8), de modo que "a justiça dos santos" refere-se à ação correta do corpo causal.

9. E disse-me: Escreve: Bem-aventurados aqueles que são chamados à ceia das bodas do Cordeiro. E disse-me: Estas são as verdadeiras palavras de Deus.

10. E eu me lancei a seus pés para adorá-lo; mas ele me disse: Olha não faças tal; sou um servo como tu, e teus irmãos, que têm o testemunho de Jesus. Adora a Deus; porque o testemunho de Jesus é o espírito de profecia.

9. O chohan diz ao aspirante: "Aplique o seguinte princípio, Felizes são aqueles que estão unidos conscientemente com a alma". Ele também diz: "Tais uniões são os grandes objetivos de Deus no processo evolutivo".[521]

10. O aspirante tenta louvar o chohan, pensando que ele é Jesus ou alguém como ele. Mas o chohan diz: "Não faça isso, porque sou um servo como você e um membro da comunidade em que todos têm a mente de Jesus. Portanto, pratique a presença de Deus, pois você pode ter a mente de Jesus unindo-se conscientemente com a alma".[522]

---

521. Bailey, *Esoteric Psychology*, vol. I, p. 289, considera a união entre a alma e a personalidade "o grande objetivo de Deus no processo evolutivo". No versículo 9, escrever significa aplicar em si mesmo (ver Ap. 1:11).

522. Paulo, em Fl. 2:5, escreve: "Tende em vós os mesmos sentimentos que havia em Jesus Cristo". J. S. Goldsmith, *A Parenthesis in Eternity* (New York: Harper and Row, 1963), p. 52, explica: "Quando irrompemos por meio do exterior humano da mente e, por meio da meditação, entramos em contato com a Fonte, somos um com a mente espiritual do universo, que é a mente do Buda, de Jesus, de Lao-tsé, e a mente de todo santo ou vidente espiritual. Tornamo-nos um com ela quando nos tornamos um com a Fonte da nossa própria vida".

11. E vi o céu aberto, e eis um cavalo branco; e o que estava assentado sobre ele chama-se Fiel e Verdadeiro; e julga e peleja com justiça.

11. Depois de seguir esta instrução, o aspirante percebe que sua consciência elevou-se até a alma por meio de uma abertura no seu corpo causal, que tornou-se um veículo puro de manifestação para uso da alma.[523] A alma é fiel a Deus e sem mácula; é justa ao julgar atividades mentais, emocionais e físicas e ao fazer guerra com as partes que ainda precisam de correção.[524]

12. E os seus olhos eram como chama de fogo; e sobre a sua cabeça havia muitos diademas; e tinha um nome escrito, que ninguém sabia senão ele mesmo.

12. A alma possui um discernimento penetrante, a capacidade de governar o corpo causal e a personalidade, e a natureza pode ser conhecida apenas por uma compreensão que vem da própria alma.[525]

---

523. O versículo 11 possui significado similar a Ap. 11:19, que descreve o deslocamento da consciência para a alma. Bailey, *A Treatise on Cosmic Fire*, diz: "ao considerarmos o corpo causal, estamos lidando especificamente com o veículo de manifestação de um Anjo solar" (p. 1110) e usa Anjo solar como um sinônimo para alma (p. 48). No versículo 11, o céu refere-se ao corpo causal (ver Ap. 5:3), e o cavalo também simboliza o corpo causal, porque este último é o veículo da alma. Branco significa puro (ver Tabela 4).

524. De acordo com o versículo 11, a alma envolve-se no julgamento justo e na guerra. João 7:24 refere-se ao julgamento justo: "Não julgueis pelas aparências, mas conforme a verdade". Collins, *Light on the Path*, p. 9-10, refere-se à alma como um guerreiro interior: "Fique de lado na batalha vindoura, e embora lute, não seja o guerreiro. Procure o guerreiro e deixe que ele lute dentro de você. Ouça suas ordens para a batalha e as obedeça. Obedeça-o não como se fosse um general, mas como se ele fosse você mesmo, e suas palavras faladas fossem a declaração dos seus desejos secretos; pois ele é você mesmo, mas infinitamente mais sábio e mais forte que você".

525. Bailey, *Discipleship in the New Age,* vol. I, p. 140, fala "daquele aspecto da alma que se expressa na compreensão". No versículo 12, olhos de fogo simbolizam discernimento penetrante (ver Ap. 1:14), e o nome de qualquer coisa representa a sua natureza (ver Ap. 2:3).

União Com a Alma

179

13. E estava vestido de uma veste salpicada de sangue; e o nome pelo qual se chama é a Palavra de Deus.

14. E seguiam-no os exércitos no céu em cavalos brancos, e vestidos de linho fino, branco e puro.

15. E da sua boca saía uma espada afiada, para ferir com ela as nações; e ele as regerá com vara de ferro; e ele mesmo é o que pisa o lagar do vinho do furor e da ira do Deus Todo-Poderoso.

13. A alma está vestida com amor espiritual[526] e a sua natureza é a Vontade de Deus.[527]

14. A alma é auxiliada por outras forças, como o reino espiritual, as ideias divinas, os chohans e os arcanjos. Essas forças também operam por meio de veículos puros de manifestação e são santas porque estão livres da culpa e do medo.

15. As intuições que derivam da alma podem discriminar entre a verdade e a ilusão. Com essas intuições, a alma pode disciplinar todos os aspectos da personalidade, dominá-los por meio da kundalini despertada na coluna dorsal, e então usar o corpo causal para transmutar quaisquer imperfeições em novos princípios de sabedoria.[528]

---

526. O sangue é amor espiritual (ver Ap. 1:5, 5:9).

527. J. S. Goldsmith, *The Nineteen Hundred Fifty-Four Infinite Way Letters* (1954; reimpressão; Austell, GA: Acropolis Books, 1996), p. 7, diz: "Essa Individualidade é a identidade da sua Alma, e a Vontade de Deus está sempre funcionando por intermédio d'Ela". Bailey, *Discipleship in the New Age,* vol. I, p. 391, faz uma observação similar: "a vontade da sua alma... é a Vontade de Deus". Do mesmo modo, a Palavra de Deus no versículo 13 é interpretada como a Vontade de Deus. Em Ap. 6:9, a palavra de Deus, sem maiúsculas, é uma intuição da alma.

528. O versículo 15 realiza a previsão feita em Ap. 12:5, de que a alma reinará por intermédio da kundalini despertada na coluna espinhal. A "espada afiada" simboliza as intuições da alma (ver Ap. 1:16). A "vara de ferro" é a coluna espinhal com a kundalini despertada (ver Ap. 2:27). O "lagar do vinho do furor e da ira do Deus Todo-Poderoso" representa o uso do corpo causal para transmutar imperfeições em nova sabedoria (ver Ap. 14:19).

16. E no manto e na sua coxa tem escrito este nome: Rei dos reis, e Senhor dos senhores.

17. E vi um anjo que estava no sol, e clamou com grande voz, dizendo a todas as aves que voavam pelo meio do céu: Vinde, e ajuntai-vos à ceia do grande Deus;

18. Para que comais a carne dos reis, e a carne dos tribunos, e a carne dos fortes, e a carne dos cavalos e dos que sobre eles se assentam; e a carne de todos os homens, livres e servos, pequenos e grandes.

16. Por esses motivos, a alma é onipotente, tanto externa quanto internamente.[529]

17. O aspirante vê que a alma está agindo por meio dele como um canal para Deus.[530] A alma envia uma intuição nítida para os pensamentos abstratos do corpo causal, dizendo: "Venha e aprenda com as imperfeições que são reveladas pelas ideias divinas,[531]

18. para que você possa extrair sabedoria do orgulho do poder, o orgulho da superioridade, o orgulho da força, o orgulho de seguir e de liderar, o orgulho da independência e da associação, e o orgulho da humildade e da autoridade".[532]

---

529. Is. 11:5 pode fornecer um contexto para um nome escrito na roupa e na coxa: "A justiça será o cinto da sua cintura, a fidelidade cingir-lhe-á os rins". A roupa e a coxa simbolizam o externo e o interno, respectivamente. O nome "Rei dos reis, e Senhor dos senhores" significa onipotência (ver Ap. 17:14).

530. Yogananda, *The Science of Religion,* p. 54-55, escreve: "O homem da autorrealização sabe que Deus é o Fazedor – todo o poder para executar ações flui d'Ele para nós. Aquele que está centrado no seu eu Espiritual sente ser o *vidente desapaixonado* de todas as ações, seja ver, ouvir, tocar, cheirar, provar ou passar por várias outras experiências na terra". No versículo 17, o anjo é a alma (ver Ap. 8:3). O sol é um símbolo com vários significados; além de simbolizar mestres externos e a alma (ver Ap. 6:12, 7:16), o sol também simboliza Deus. Por exemplo, Sl. 84:11 diz: "Pois o Senhor Deus é um sol e um escudo", e Blavatsky, *The Secret Doctrine,* vol. I, p. 497, diz: "O Sol é... o símbolo da Divindade".

531. Os versículos 17 e 18 baseiam-se em Ez. 39:17-20 (NRSV): "Diz a todas as espécies de aves e feras: Reuni-vos e vinde! Juntai-vos de todos os lados para o sacrifício que Eu vos preparei...Comereis carne de heróis e bebereis sangue de chefes da terra... Saciar-vos-ei à minha mesa, com a carne de cavalos e de cavaleiros, de soldados e de todos os guerreiros". As aves são os pensamentos abstratos, porque o corpo causal, representado pelo céu, é o instrumento de tais pensamentos (ver Ap. 4:10, 5:3).

532. Algumas dessas formas de orgulho também estão listadas em Ap. 6:15.

19. E vi a besta, e os reis da terra, e os seus exércitos reunidos, para fazerem guerra àquele que estava assentado sobre o cavalo, e ao seu exército.

20. E a besta foi presa, e com ela o falso profeta, que diante dela fizera os sinais, com que enganou os que receberam o sinal da besta, e adoraram a sua imagem. Estes dois foram lançados vivos no lago de fogo que arde com enxofre.

21. E os demais foram mortos com a espada que saía da boca do que estava assentado sobre o cavalo, e todas as aves fartaram-se das suas carnes.

19. O aspirante observa a resistência dos fatores que tentam subverter a alma e suas forças – *glamour*, pensamentos associados, e seus outros aliados ainda presentes dentro de sua personalidade.[533]

20. O *glamour* é vencido e também maya, que havia realizado desejos alimentados pelo *glamour* e gerado comportamento compulsivo e fantasia.[534] Tanto o *glamour* quanto maya são lançados na luz tripla da intuição, que mistura as luzes de Deus, da alma e da personalidade.[535]

21. As imperfeições restantes são eliminadas com intuições que operam pelo corpo causal e vêm da alma; e os pensamentos abstratos do corpo causal são preenchidos com nova sabedoria extraída dessas imperfeições.

---

533. Goldsmith, *A Parenthesis in Eternity*, p. 220, descreve o estágio representado nos versículos 19 a 21: "Quando essa experiência de viver em Deus chega primeiro até nós, ela é perturbadora porque... agora estamos 'morrendo' novamente. Isto não é só a aniquilação da nossa humanidade indesejável, mas também é a aniquilação até mesmo da nossa boa humanidade, e de início é assustador e desconcertante à medida que véu depois de véu caem por terra, e encaramos a verdade nua". No versículo 19, a besta e os reis da terra referem-se ao *glamour* e aos pensamentos, respectivamente (ver Ap. 13:1, 16:14).

534. O falso profeta, o sinal e a imagem são maya, o comportamento compulsivo e a fantasia, respectivamente (ver Ap. 16:13; 13:16, 14).

535. O *Apocalipse* é o único livro na Bíblia que possui a noção de um "lago de fogo", mas textos judaicos extrabíblicos possuem conceitos similares: 1 Enoque 54:1 refere-se ao lugar de julgamento como "um vale, fundo e queimando com fogo"; e 2 Enoque 10:2 descreve um lugar de terror incluindo "um lago de fogo". Esses textos vêm de Charlesworth, *The Old Testament Pseudepigrapha*, vol. I. Bailey, *Glamour*, p. 181, diz que "a tripla luz da intuição... é formada pela mistura da luz do eu pessoal, focalizada na mente, a luz da alma, focalizada no Anjo, e a luz universal que a Presença emite". No versículo 20, o fogo é considerado como os pensamentos de Deus (ver Ap. 18:8), o lago é a alma (já que o versículo 17 indica que a alma é um canal para Deus) e o enxofre queimando é a luz da personalidade, e então o "lago de fogo que arde com enxofre" representa a tripla luz da intuição.

Capítulo 20

MORTE E RESSURREIÇÃO

Seguindo um período de reinado com a alma, o aspirante percebe um sentimento subconsciente que se eleva ao nível da consciência e o julga para avaliar se suas crenças subjacentes são consistentes com as ideias de Deus.

VERSÃO DO REI JAMES

1. E vi descer do céu um anjo, que tinha a chave do abismo, e uma grande cadeia na sua mão.

INTERPRETAÇÃO PSICOLÓGICA

1. O aspirante vê uma intuição surgindo da alma. Ela exercita autoridade sobre sua natureza subconsciente e tem poder para restringir a influência do que está ali.[536]

---

536. Os versículos 1 e 2 podem estar baseados em 2 Pd. 2:4: "Deus não poupou os anjos que haviam pecado, mas lançou-os nos tenebrosos abismos do inferno, onde estão guardados, à espera do dia do julgamento". O versículo 1 é similar a Ap. 9:1, porque nos dois versículos o aspirante vê algo descendo do céu com a chave do abismo. O aspirante está em uma posição mais avançada no versículo 1 do que em Ap. 9:1, porque ele vê um "anjo" em vez de uma "estrela". Como interpretado aqui, um anjo é uma intuição (ver Ap. 5:2), enquanto uma estrela é a luz da auto-observação. O abismo é a natureza subconsciente (ver Ap. 9:1), e a chave é um símbolo de autoridade, como em Is. 22:22 e Mt. 16:19.

2. Ele prendeu o dragão, a antiga serpente, que é o Diabo e Satanás, e amarrou-o por mil anos.

2. Esta intuição garante que a ilusão – que é uma tentadora, uma mentirosa e um adversário[537] – não possa interferir com a realização das condições externas, mentais e subconscientes necessárias para que cada sentimento subconsciente venha à tona.[538]

---

537. O versículo 2 junta quatro dos símbolos usados para representar a ilusão no *Apocalipse*: dragão, serpente, Diabo e Satanás. A Tabela 6 lista os versos com esses símbolos.

538. A duração de "mil anos" é significativa, porque ocorre seis vezes nos versículos de 2 a 7. Muitos comentários interpretaram essa duração de maneira literal, gerando os vários movimentos milenaristas no Cristianismo. Contudo, aqui forneceremos uma interpretação simbólica. Dez significa algo completo (ver Ap. 2:10) e mil é dez ao cubo, então mil representa a plenitude quanto a três processos simultaneamente (ver Ap. 7:4, 11:13). Um sentimento subconsciente eleva-se até a consciência quando um evento no mundo externo desperta um pensamento na mente, que então extrai uma memória associada da natureza subconsciente. Para que essa combinação ocorra, condições favoráveis devem estar presentes simultaneamente em todos os três domínios: externo, mental e subconsciente. Assim, "mil anos" simboliza a realização dessas condições.

3. E lançou-o no abismo, e ali o encerrou, e pôs selo sobre ele, para que não mais enganasse as nações, até que os mil anos se acabassem. E depois importa que seja solto por um pouco de tempo.

3. A intuição da alma confina a ilusão à natureza subconsciente e fecha o canal pelo qual seu poder enganador opera. A influência da ilusão é vedada enquanto está confinada, de modo que não pode mais enganar o aspirante para que suprima ou negue qualquer sentimento subconsciente.[539] Consequentemente, cada sentimento subconsciente emerge quando as condições necessárias são cumpridas. Essa emergência traz a ilusão para o nível consciente durante um período curto.[540]

---

539. O versículo 3 relaciona-se com Mt. 27:66 (NIV): "Então eles foram manter o sepulcro em segurança: lacraram a pedra e montaram guarda". Em Ap. 16:13, a boca do dragão simboliza o canal pelo qual o poder enganador do dragão opera. "O encerrou" no versículo 3 é interpretado como fechar aquele canal.

540. Bailey, *Esoteric Astrology*, p. 207-208, descreve o palco mostrado no versículo 3: "O discípulo coloca-se no ambiente positivo ou condicionante, no qual as provações e a disciplina são inevitáveis. Quando a mente alcança um estágio de desenvolvimento relativamente alto, o aspecto de memória é evocado de *maneira nova e consciente* e então todas as predisposições latentes, todos os instintos raciais e nacionais, toda situação não conquistada e todo defeito controlador vêm à superfície da consciência e então a luta começa". Esta citação menciona condições favoráveis que estão presentes simultaneamente nos domínios externo, mental e subconsciente, e assim ela sustenta o significado simbólico do número mil fornecido anteriormente.

4. E vi tronos; e assentaram-se sobre eles, e foi-lhes dado o poder de julgar; e vi as almas daqueles que foram degolados pelo testemunho de Jesus, e pela palavra de Deus, e que não adoraram a besta, nem a sua imagem, e não receberam o sinal em suas testas nem em suas mãos; e viveram, e reinaram com Cristo durante mil anos.

4. O aspirante vê uma ordem hierárquica formada pela alma e pelos corpos causal, mental, emocional, vital e físico, com cada elemento governando seu sucessor imediato. Ele também vê suas novas vidas.[541] Os corpos causal e mental perderam suas posições de liderança, porque as decisões agora são feitas da maneira como Jesus as fazia – com as intuições da alma.[542] O corpo emocional não é mais dominado pelo *glamour*; o corpo vital não é mais impelido pelas fantasias de realização de desejos; o corpo físico não tem mais sua consciência e força controladas por maya. Esse período de reino com a alma só dura, contudo, até o surgimento de um sentimento subconsciente.[543]

---

541. A palavra alma é uma tradução da palavra grega *psuche*, que às vezes é usada para denotar o centro da nova vida, como em Lucas 21:19, 1 Pd. 2:11 e 3 João 2. Assim, "almas" no versículo 4 são interpretadas como novas vidas.

542. *ACIM*, vol. III, p. 89, declara: "Jesus é a manifestação do *Espírito Santo*". Aqui, Espírito Santo tem o mesmo significado que alma (ver Ap. 2:7).

543. Goldsmith, *The Contemplative Life*, p. 200, escreve: "Há dentro de cada um de nós este Invisível Infinito que, no misticismo cristão, é chamado de Cristo ou Espírito de Deus no Homem... Nenhuma mudança ocorre na nossa vida exterior, exceto em proporção à nossa consciência da Presença e do Poder interiores, mas à medida que o poder dentro de nós desperta, Ele se torna a própria substância, vida, lei e atividade da nossa experiência no exterior". No versículo 4, a palavra de Deus, a besta, a imagem, o sinal e Cristo referem-se a intuição da alma, *glamour*, fantasia, maya e alma, respectivamente (ver Ap. 6:9, 13:1, 13:14, 13:17, 11:15).

5. Mas os outros mortos não reviveram, até que os mil anos se acabaram. Esta é a primeira ressurreição.

6. Bem-aventurado e santo aquele que tem parte na primeira ressurreição; sobre estes não tem poder a segunda morte; mas serão sacerdotes de Deus e de Cristo, e reinarão com ele mil anos.

5. Os sentimentos subconscientes não têm qualquer influência durante o período de reinado com a alma. Este período é a primeira ressurreição considerada neste capítulo.[544]

6. O aspirante está feliz e permanece no amor espiritual enquanto participa da primeira ressurreição. Portanto, ele não precisa da segunda morte, que é o fim progressivo do egoísmo. Em vez disso, ele mostra as bênçãos de Deus e da alma, mas só até o surgimento de um sentimento subconsciente.[545]

---

544. A primeira ressurreição é o surgimento no mundo da alma. Paulo, em Ef. 2:4-6, escreve sobre esse tipo de ressurreição: "Mas Deus, que é rico em misericórdia, pelo grande amor com que nos amou, deu-nos a vida juntamente com Cristo, quando estávamos mortos por causa das nossas faltas... ressuscitou-nos e fez-nos sentar no Céu".

545. 1 Pd. 2:9 declara: "Vós, porém, sois raça eleita, sacerdócio régio, nação santa, povo adquirido por Deus, para proclamar as obras maravilhosas d'Aquele que vos chamou das trevas para a sua luz maravilhosa". No versículo 6, bem-aventurado e santo referem-se à felicidade e ao amor espiritual, respectivamente (ver Ap. 1:3, 3:7). A segunda morte foi mencionada pela primeira vez em Ap. 2:11.

MORTE E RESSURREIÇÃO

7. E, acabando-se os mil anos, Satanás será solto da sua prisão,

8. E sairá a enganar as nações que estão sobre os quatro cantos da terra, Gogue e Magogue, cujo número é como a areia do mar, para as ajuntar em batalha.

7. Quando o período de reinado com a alma termina, um sentimento subconsciente se eleva até o nível da consciência,[546]

8. engana as quatro partes principais da personalidade e convoca-as para a batalha.[547] Desse modo, elas se tornam forças da ilusão e da culpa,[548] compostas de muitos pensamentos, sentimentos e motivos.[549]

---

546. Goldsmith, *A Paranthesis in Eternity,* p. 221, descreve o estágio exibido nos versículos 7 a 9: "É um período difícil, porque temos vislumbres do que a vida espiritual pode ser, e ao mesmo tempo temos a experiência frustrante de não sermos capazes de viver no Espírito continuamente. Embora o velho eu não iluminado não domine a cena, sua sombra ainda permanece, e muitas vezes somos tentados a cair nos velhos hábitos e modos de vida". O surgimento de um sentimento subconsciente no versículo 7 é a segunda ressurreição abordada neste capítulo.

547. A NEB fornece uma tradução mais clara do versículo 8: "e ele vai procurar seduzir as nações nos quatro cantos do mundo e prepará-las para a batalha, sim, as hostes de Gogue e Magogue, incontáveis como as areias do tempo". Os quatro cantos da terra simbolizam os corpos mental, emocional, vital e físico, porque a terra é a personalidade (ver Ap. 4:7, 5:3).

548. De acordo com Ez. 38-39, Magogue é um país ou tribo que ataca o povo de Israel, e Gogue é seu maior príncipe; o povo de Magogue possui uma cavalaria e estão armados com arcos e flechas. O povo de Israel representa a personalidade (ver Ap. 2:14). Magogue simboliza a culpa, que é o papel desempenhado pelos gafanhotos em Ap. 9:3-11, porque Magogue e os gafanhotos compartilham duas características: uma cavalaria, significando preparação para a batalha; e flechas (ou ferrões), que significam a autocondenação. Gogue, como o maior entre os príncipes, representa a crença ilusória de que governa a culpa, que é o papel de Abadom em Ap. 9:11.

549. Muitos comentadores não compreendem porque uma batalha adicional é necessária no capítulo 20, mesmo depois que os reis da terra e seus exércitos foram mortos em Ap. 19:19-21. Por exemplo, Mounce, *The Book of Revelation,* p. 363, escreve: "É fútil especular exatamente por que é preciso que haja ainda outro conflito". Bailey, *The Rays and the Initiations,* p. 452, explica: "A tendência inalterada da natureza subconsciente de penetrar na superfície da consciência é uma atividade reflexa no estabelecimento da continuidade da consciência. Essa atividade reflexa da natureza inferior corresponde ao desenvolvimento de continuidade entre a superconsciência e a consciência no Caminho do Discipulado". O capítulo 19 descreve o desenvolvimento da continuidade entre o superconsciente (ou alma) e a consciência (ou personalidade). O capítulo 20 descreve a ação reflexa da natureza subconsciente, que traz a batalha adicional.

9. E subiram sobre a largura da terra, e cercaram o arraial dos santos e a cidade amada; e de Deus desceu fogo, do céu, e os devorou.

9. Durante tal período, a ilusão e a culpa afetam a personalidade inteira, limitam a sabedoria do corpo causal e perturbam a harmonia do período precedente de reinado da alma.[550] Contudo, são destruídas pelas ideias iluminadoras que vêm de Deus.[551]

10. E o diabo, que os enganava, foi lançado no lago de fogo e enxofre, onde estão a besta e o falso profeta; e de dia e de noite serão atormentados para todo o sempre.

10. Em particular, qualquer crença falsa associada com um sentimento subconsciente é lançada na luz tripla da intuição, que é a maneira como o *glamour* e maya foram tratados no capítulo precedente. A primeira etapa desse processo é ter uma atitude de vigilância perpétua, o que significa examinar continuamente todos os pensamentos, sentimentos e motivos na personalidade.[552]

---

550. O arraial dos santos é o corpo causal, porque os santos constituem a sabedoria (ver Ap. 5:8). A cidade amada é a Nova Jerusalém, que é a personalidade transformada espiritualmente (ver Ap. 3:12). Ap. 13:7 também contém a noção de que a ilusão pode subverter o corpo causal e a personalidade.

551. A última parte do versículo 9 baseia-se em Ez. 39:6: "Expedirei fogo a Magogue e entre aqueles que ocupam tranquilamente as praias marinhas; eles saberão que sou eu o Senhor". Ver também Ez. 38:22. O fogo de Deus representa ideias divinas (ver Ap. 18:8).

552. 1 Pd. 5:8 declara: "Sede sóbrios e vigiai. Vosso adversário, o demônio, anda ao redor de vós como o leão que ruge, buscando a quem devorar". *ACIM*, vol. I, p. 111, faz uma observação similar: "A vigilância não é necessária para a verdade, mas é necessária contra ilusões". No versículo 10, o tormento que o diabo recebe "dia e noite, para todo o sempre" é resultado da vigilância permanente. O "lago de fogo e enxofre" é a luz tripla da intuição (ver Ap. 19:20).

Morte e Ressurreição

11. E vi um grande trono branco, e o que estava assentado sobre ele, de cuja face fugiram a terra e o céu; e não se achou lugar para eles.

12. E vi os mortos, grandes e pequenos, que estavam diante de Deus, e abriram-se os livros; e abriu-se outro livro, que é o da vida. E os mortos foram julgados pelas coisas que estavam escritas nos livros, segundo as suas obras.

11. Depois de observar qualquer sentimento emergente, o aspirante restabelece sua consciência da presença de Deus – imanente e transcendente[553] –, na qual todas as dualidades são absorvidas, e todas as distinções e diferenças perdem significado.[554]

12. Depois disso, o aspirante está pronto para comparar os sentimentos emergentes – pequenos e grandes – com os padrões divinos. As crenças por trás desses sentimentos são identificadas, o plano das ideias divinas é acessado,[555] e os sentimentos emergentes são julgados de acordo com a consistência das crenças subjacentes com as ideias divinas.[556]

---

553. "Um grande trono branco" é o coração de Deus, que é Deus imanente; "o assentado" é Deus transcendente; e "face" é a presença de Deus (ver Ap. 1:4, 4:2, 6:16). Paulo, em 2 Cor. 12:3-5, parece descrever a experiência de contatar essa presença: "Conheço um homem em Cristo que há catorze anos foi arrebatado até o terceiro céu. Se foi no corpo, ou fora do corpo, não sei; Deus o sabe. E sei que esse homem foi arrebatado ao paraíso e lá ouviu palavras inefáveis que não é permitido a um homem repetir. Desse homem eu me gloriarei, mas de mim mesmo não me gloriarei, a não ser das minhas fraquezas".

554. O versículo 11 é similar a Is. 51:6: "os céus vão desvanecer-se como fumaça, como um vestido em farrapos ficará a terra". Bailey, *Discipleship in the New Age*, vol. I, p. 390, descreve como a presença de Deus dissolve todo o pensamento dualista: "Mas por trás deles todos espreita – imanente, estupendo e glorioso – aquilo do qual essas dualidades são apenas aspectos: a Presença, imanente, mas transcendente, da Divindade. Na natureza deste *Um*, todas as dualidades são absorvidas e todas as distinções e diferenças perdem seu significado". No versículo 11, a terra e o céu simplesmente simbolizam a dualidade.

555. O versículo 12 pode basear-se em Dn. 7:10: "o tribunal deu audiência e os livros foram abertos". No versículo 12, "os mortos" são sentimentos emergentes, e "os livros" são as crenças subjacentes. O "livro da vida" é o "livrinho" encontrado em Ap. 10:2, que é o plano das ideias divinas (ver Ap. 13:8). João 8:23 declara: "conhecereis a verdade e a verdade vos libertará". Se "a verdade" é uma ideia divina, então essa citação é similar ao versículo 12.

556. O versículo 12 é intimamente relacionado com a filosofia platônica, que associa a divindade com os objetos mais elevados do conhecimento e da aspiração racional; nas traduçõcs inglesas, esses objetos geralmente representam "Ideias" ou "Formas". No *Fédon*, Platão declara que as ideias são imutáveis (p. 78d), são reveladas para nós pelo pensamento em vez da sensação (p. 79a), são diferentes do corpo e da alma (p. 79b-c), e servem como padrões absolutos de comparação (p. 75c-d). Por exemplo, esses padrões incluem beleza, bondade, justiça e santidade absolutas.

13. E deu o mar os mortos que nele havia; e a morte e o inferno deram os mortos que neles havia; e foram julgados cada um segundo as suas obras.

14. E a morte e o inferno foram lançados no lago de fogo. Esta é a segunda morte.

15. E aquele que não foi achado escrito no livro da vida foi lançado no lago de fogo.

13. Eventualmente, o corpo emocional entrega todo o seu conteúdo reprimido, incluindo todos os sentimentos enterrados de limitação e de culpa. Esses sentimentos são julgados de acordo com sua consistência com os padrões divinos.[557]

14. Consequentemente, a limitação e a culpa são dispersas pela luz tripla da intuição.[558] Essa eliminação é a segunda morte.

15. E qualquer coisa considerada inconsistente com as ideias de Deus é também dispersa pela luz tripla da intuição.

---

557. Embora muitos comentadores tenham tentado fornecer um significado literal aos símbolos neste capítulo, é difícil fazê-lo de maneira coerente. Como Krodel, *Revelation,* p. 338, observa: "Nenhuma resposta é dada a tolas tabelas de tempo ou a perguntas como: Como ainda pode haver um mar para entregar os mortos (20:13), quando a terra já desapareceu (20:11)?" O significado psicológico do versículo 13 é similar a Ecl. 12:14: "Deus fará prestar contas de tudo o que está oculto, todo ato, seja ele bom ou mau". No versículo 13, o mar, os mortos, a morte e o inferno representam o corpo emocional, sentimentos reprimidos, limitação e culpa, respectivamente (ver Ap. 4:6, 9:6, 1:18).

558. Paulo, em 1 Cor. 15:26, diz: "O último inimigo a derrotar será a morte". A destruição da morte e do inferno, representando a limitação e a culpa, no versículo 14, realiza a promessa feita em Ap. 1:18.

Capítulo 21

TRANSFORMAÇÃO ESPIRITUAL

O aspirante completa a jornada espiritual; João retorna à sua consciência normal e recebe novas instruções.

VERSÃO DO REI JAMES

1. E vi um novo céu, e uma nova terra. Porque já o primeiro céu e a primeira terra passaram, e o mar já não existe.

INTERPRETAÇÃO PSICOLÓGICA

1. O aspirante percebe que os mundos físico e espiritual estão unidos, pois as suas percepções anteriores de mundos separados se foram.[559] Ele percebe que o mundo emocional não existe.[560]

---

559. A primeira parte do versículo 1 ecoa Is. 65:17: "Pois eu vou criar novos céus, e uma nova terra; e o passado já não será lembrado, nem voltará ao espírito". No versículo 1, "vi" significa compreender, e "céu" e "terra" são os mundos físico e espiritual, respectivamente (ver Ap. 1:17, 10:6). O evangelho de Tomé, *logion* 113, declara: "O reino do Pai está espalhado sobre a terra, e as pessoas não o veem". Esse texto é tirado de R. J. Miller, org., *The Complete Gospels: Annotated Scholars Version* (Santa Rosa, CA: Polebridge Press, 1994). Essa citação sugere que céu e terra estão unidos, mas que isso geralmente não é percebido.
560. No versículo 1, o "mar" é o mundo emocional (ver Ap. 10:6), que às vezes é chamado de "plano astral". Bailey, *A Treatise on White Magic,* p. 615, escreve: "O segredo do Mestre é a descoberta de que não há plano astral; ele descobre que o plano astral é um devaneio da imaginação e que foi criado pelo uso descontrolado da imaginação criativa". Na citação de Bailey, o Mestre é qualquer membro do reino espiritual, dando a entender que o discernimento da última parte do versículo 1, que é a compreensão de que o mundo emocional não existe, é um discernimento característico daquele reino. Assim, o versículo 1 sugere que o aspirante tornou-se um membro do reino espiritual.

2. E eu, João, vi a santa cidade, a nova Jerusalém, que de Deus descia do céu, adereçada como uma noiva adornada para o seu marido.

2. O aspirante também percebe que sua personalidade foi transformada, incorporando ideias mandadas por Deus do mundo espiritual. Assim, está preparada como um instrumento pelo qual a alma pode manifestar-se.[561]

3. E ouvi uma grande voz do céu, que dizia: Eis aqui o tabernáculo de Deus com os homens, pois com eles habitará, e eles serão o seu povo, e o mesmo Deus estará com eles, e será o seu Deus.

3. O aspirante escuta a alma dizer:[562] "Como você pode ver, sua personalidade tornou-se um santuário onde habitam as ideias divinas. Seus pensamentos, sentimentos e atividades vão demonstrar o poder de Deus para o mundo externo, pois vão incorporar e expressar ideias de Deus.[563]

4. E Deus limpará de seus olhos toda a lágrima; e não haverá mais morte, nem pranto, nem clamor, nem dor; porque já as primeiras coisas são passadas.

4. As ideias de Deus vão eliminar todas as reações emocionais que impedem uma percepção clara. Não haverá mais sentimentos de limitação, de tristeza, de autopiedade ou de dor, pois terão partido".[564]

---

561. A VRJ inclui o nome João no versículo 2; a maioria das traduções modernas (por exemplo, ASV, NIV e RSV), contudo, baseiam-se em um texto grego diferente que não inclui esse nome no versículo. Tanto a Nova Jerusalém quanto a noiva adornada indicam a personalidade transformada espiritualmente (ver Ap. 3:12, 19:7), de modo que o marido correspondente deve ser a alma.

562. "Uma voz do céu" pode representar a alma (ver Ap. 18:1-2) ou o corpo causal (ver Ap. 10:4). A palavra "grande" sugere que a voz no versículo 3 é a alma.

563. O versículo 3 baseia-se em Lv. 26:11-12: "Porei o meu tabernáculo no meio de vós, e a minha alma não vos rejeitará. Andarei entre vós: serei o vosso Deus e vós sereis o meu povo". O significado do versículo 3 é similar a Bailey, *Esoteric Psychology*, vol. II, p. 267: "a personalidade, quando totalmente desenvolvida, é a 'aparência de Deus na terra'". No versículo 3, os "homens" simbolizam os pensamentos, sentimentos e atividades em uma personalidade totalmente desenvolvida.

564. Collins, *Light on the Path*, p. 29, declara: "Antes que os olhos possam ver, eles devem tornar-se incapazes de chorar". No versículo 4, uma lágrima é considerada uma reação emocional, porque a água é um símbolo das emoções (ver Ap. 1:15). A morte simboliza a limitação (ver Ap. 1:18).

5. E o que estava assentado sobre o trono disse: Eis que faço novas todas as coisas. E disse-me: Escreve; porque estas palavras são verdadeiras e fiéis.

6. E disse-me mais: Está cumprido. Eu sou o Alfa e o Omega, o princípio e o fim. A quem quer que tiver sede, de graça dar-lhe-ei da fonte da água da vida.

5. A alma, que agora ocupa seu lugar soberano de direito, também diz: "Assim como você me vê, minhas intuições permitem que veja todas as coisas renovadas".[565] A alma então diz: "Perceba esse efeito em si mesmo, porque é a sua experiência presente".[566]

6. A alma também diz ao aspirante: "Sua jornada espiritual está completa. Ela começa e acaba aqui, e foi guiada por mim o tempo todo.[567] Darei a você livremente o amor espiritual, a alegria e a paz.[568]

---

565. O versículo 5 está relacionado com Is. 43:19: "Eis que vou fazer uma obra nova". J. Krishnamurti, *The First and Last Freedom* (1954; reimpressão; London: Victor Gollencz, 1972), p. 248, descreve como podemos perceber todas as coisas de uma nova maneira: "Só pode haver um encontro com o novo quando a mente está fresca: e a mente não é fresca enquanto houver o resíduo de memória... Enquanto uma experiência não for completamente compreendida, há um resíduo, que é o antigo, que é de ontem, a coisa que é passada; o passado está sempre absorvendo o novo, e portanto destruindo o novo. Só quando a mente está livre do novo é que ela encontra tudo renovado, e então há alegria".

566. Bailey, *The Rays and the Initiation*, p. 468-469, diz: "*Conhecimento-sabedoria* deve ser ultrapassado pela compreensão intuitiva; isto é, na realidade, a participação inclusiva na atividade criativa da divindade". No versículo 5, o aspirante percebe as coisas de modo diferente, porque ele não se apoia mais no conhecimento da sua personalidade e na sabedoria do seu corpo causal. Esses guias baseiam-se no passado, então segui-los faz com que tudo pareça antigo e familiar. Escrever significa aplicar em si mesmo (ver Ap. 1:11).

567. Blavatsky, *The Voice of Silence*, p. 62, diz: "Teu caminho para a liberdade final está dentro do teu EU. Esse caminho começa e termina fora do Eu". Aqui, EU e Eu são a alma c a personalidade.

568. Tiago 3:17 declara: "A sabedoria, porém, que vem de cima, é primeiramente pura, depois pacífica, condescendente, conciliadora, cheia de misericórdia e de bons frutos, sem parcialidade, nem fingimento". No versículo 6, a fonte da água da vida consiste em amor espiritual e outras emoções superiores (ver Ap. 7:17).

7. Quem vencer, herdará todas as coisas; e eu serei seu Deus, e ele será meu filho.

8. Mas, quanto aos tímidos, e aos incrédulos, e aos abomináveis, e aos homicidas, e aos fornicadores, e aos feiticeiros, e aos idólatras e a todos os mentirosos, a sua parte será no lago que arde com fogo e enxofre; o que é a segunda morte.

9. E veio a mim um dos sete anjos que portavam as sete taças cheias das últimas sete pragas, e falou comigo, dizendo: Vem, mostrar-te-ei a esposa, a noiva do Cordeiro.

7. Ao vencer as provas na sua jornada, você ganhou sua herança, que é a participação no reino espiritual. Você agora segue consistentemente minha orientação e está unido conscientemente comigo.[569]

8. Ainda assim, você deve permanecer vigilante e colocar todos os medos, dúvidas, perversidade, ódio, luxúria, confusão, idolatria e crenças falsas sob a luz tripla da intuição. Dispersar essas imperfeições é a segunda morte".[570]

9. A longa visão que começou no capítulo 12 finalmente terminou, de modo que João volta à sua consciência normal. Um dos sete chohans vem e diz: "Eleve sua consciência, e vou mostrar como sua personalidade aparece quando está unida com a alma".[571]

---

569. De acordo com Ap. 14:4, seguir de modo consistente a orientação da alma é condição suficiente para ser um membro do reino espiritual. A última parte do versículo 7 indica que o aspirante agora está satisfazendo essa condição. Mt. 25:34 caracteriza essa participação como uma herança: "Então o Rei dirá aos que estão à direita: Vinde, benditos de meu Pai, tomai posse do Reino que vos está preparado desde a criação do mundo".

570. Tanto o versículo 8 quanto Ap. 19:3 indicam a necessidade de vigilância contínua por parte dos membros do reino espiritual. Homicida, fornicador e feiticeiro simbolizam ódio, luxúria e confusão, respectivamente (ver Ap. 9:21, 2:14). O lago de fogo é a luz tripla da intuição (ver Ap. 19:20). A segunda morte é mencionada em Ap. 2:11, 20:6 e 20:14.

571. Os sete anjos são os sete chohans (ver Ap. 15:1). O Cordeiro é a alma e a esposa é a personalidade (ver Ap. 5:6, 19:7), de modo que "a noiva do Cordeiro" é a personalidade quando unida com a alma. O aspirante na visão passada de João obteve a união consciente com a alma e observou a personalidade a partir daquela perspectiva (ver Ap. 19:11). Contudo, o ouvinte no versículo 9 não sabe como a personalidade apareceria quando unida com a alma, de modo que esse ouvinte deve ser João na sua consciência normal, que ainda não obteve união com a alma.

10. E levou-me em espírito a um grande e alto monte, e mostrou-me a grande cidade, a santa Jerusalém, que descia do céu vinda de Deus.

11. E tinha a glória de Deus; e a sua luz era semelhante a uma pedra preciosíssima, como a pedra de jaspe, como o cristal resplandecente.

12. E tinha um grande e alto muro com doze portas, e nas portas doze anjos, e nomes escritos sobre elas, que são os nomes das doze tribos dos filhos de Israel.

10. O chohan ajuda João a conseguir a união temporária com a alma, permitindo que ele observe sua personalidade enquanto ela está sendo transformada por ideias descendo do mundo espiritual vindas de Deus.[572]

11. Com a iluminação de Deus, a personalidade de João torna-se como uma pedra translúcida transmitindo a luz do sol.[573]

12. Ela está protegida contra ilusões;[574] está aberta a todos os tipos possíveis de intuições e recebe esses tipos continuamente;[575] possui natureza obediente similar àquela dos doze filhos de Jacó.[576]

---

572. O versículo 10 baseia-se em Ez. 40:2 (NIV): "Em visões de Deus ele me levou até a terra de Israel e colocou-me em um monte muito alto, sobre o qual havia uma cidade construída do lado sul". Um monte fornece um ponto de vista elevado, que pode significar o mais alto ponto de consciência mental, o corpo causal ou a alma. No versículo 10, o monte é "grande e alto", de modo que é considerado como a alma. Bailey indica que a união com a alma pode ser apenas temporária (*Glamour*, p. 180) e que a consciência de um aspirante pode ser elevada pela influência dinâmica da aura de um mestre, ou atividade irradiante (*Discipleship in the New Age*, vol. I, p. 754-756).

573. A glória de Deus é a iluminação (ver Ap. 15:8).

574. Tanto Is. 26:1 quanto Zc. 2:5 usam um muro como metáfora de segurança. Quanto ao versículo 12, Avanhov, *The Book of Revelations*, p. 178, escreve: "Um muro é uma proteção; o muro cercando a Cidade Celestial é o símbolo de uma aura poderosa que cerca e protege o homem, pois aquele que possui uma aura poderosa é protegido pela radiância da sua própria luz".

575. Quanto ao versículo 12, Avanhov, *The Book of Revelations*, p. 178, diz: "é por meio desses portões que as correntes e forças e entidades invisíveis trabalhando no universo entram e influenciam o homem". Os anjos são intuições (ver Ap. 5:2), e cada portão simboliza a oportunidade de receber um tipo de intuição. O número doze representa o padrão divino (ver Ap. 7:4), que neste caso é a faixa de tipos possíveis de intuição.

576. Ez. 48:30-34 também descreve uma cidade com doze portas que são nomeadas de acordo com as doze tribos de Israel. No *Apocalipse*, o nome de algo representa sua natureza subjacente (ver Ap. 2:3). As doze tribos descendem e recebem seus nomes dos doze filhos de Jacó. Gn. 49 descreve a natureza obediente desses filhos: quando chamados pelo pai, eles se reúnem ao redor dele para ouvir as profecias dele sobre seus destinos.

13. Do lado do levante tinha três portas, do lado do norte, três portas, do lado do sul, três portas, do lado do poente, três portas.

13. Em particular, o corpo mental de João pode receber as luzes da sabedoria, da alma e de Deus. Do mesmo modo, seus corpos emocional, vital e físico podem receber os mesmos três tipos de intuições.[577]

14. E o muro da cidade tinha doze fundamentos, e neles os nomes dos doze apóstolos do Cordeiro.

14. A personalidade de João é integrada com e sustentada pelo seu corpo causal, que possui natureza iluminada similar à dos doze apóstolos no dia de Pentecostes.[578]

15. E aquele que falava comigo tinha uma cana de ouro, para medir a cidade, e as suas portas, e o seu muro.

15. O chohan possui a capacidade de avaliar o grau de perfeição obtido por seres humanos, incluindo sua receptividade a intuições e suas defesas contra a ilusão.[579]

---

577. As quatro direções representam as quatro partes da personalidade, que são os corpos mental, emocional, vital e físico (ver Ap. 4:7, 20:8).

578. O versículo 14 relaciona-se com Ef. 2:19-20: "Vós, portanto... sois membros da família de Deus. Pertenceis ao edifício que tem como alicerce os apóstolos e os profetas". O versículo 14 também relaciona-se com Atos 2:4, que diz que os doze apóstolos (incluindo Matias, o substituto de Judas), no dia de Pentecostes, "todos ficaram repletos do Espírito Santo, e começaram a falar em outras línguas, conforme o Espírito lhes concedia que falassem." No versículo 14, o Cordeiro é a alma, que é um sinônimo para Espírito Santo, ou Espírito (ver Ap. 2:7). Os doze fundamentos simbolizam o corpo causal, porque o último pode sustentar a personalidade e ser iluminado.

579. O versículo 15 baseia-se em Ez. 40:3-6, que descreve um homem "que parecia de bronze" com uma vara de medição e que mediu cuidadosamente os muros, as portas e os recintos da "casa de Israel". A aparência desse homem mostra que ele não é comum e que possui habilidades especiais. A casa de Israel pode referir-se à personalidade, já que Israel pode simbolizar a alma (ver Ap. 2:14). Bailey, *A Treatise on White Magic*, p. 138-139, conta como os "Grandes Seres" avaliam o grau de perfeição alcançado por um ser humano: "Eles verificam se a chama interior – o resultado do esforço prudente de trabalhar, pensar e fazer – queima com brilho maior... Eles procuram ver quem pode lutar por princípio com personalidades, e ainda assim manter o vínculo do amor intacto... Os Grandes Seres procuram ver a faculdade de flexibilidade e adaptabilidade em ação... Acima de tudo, Eles procuram um canal ampliado da alma até o cérebro físico, por meio da mente".

16. E a cidade estava situada em quadrado; e o seu comprimento era tanto como a sua largura. E mediu a cidade com a cana até doze mil estádios; e o seu comprimento, largura e altura eram iguais.

17. E mediu o seu muro, de cento e quarenta e quatro côvados, conforme a medida de homem, que é a de um anjo.

18. E a construção do seu muro era de jaspe, e a cidade de ouro puro, semelhante a vidro puro.

16. A personalidade de João tornou-se um santuário habitado pelas ideias divinas,[580] e a avaliação do chohan é que cada parte está realizando seu desígnio divino.[581]

17. O chohan também vê que a personalidade de João é protegida contra a ilusão por meio da integração dos corpos físico e espiritual, de modo que as preocupações humanas são resolvidas com ideias divinas.[582]

18. Cada parte da sua personalidade é transparente e límpida, permitindo o brilho pleno da radiância divina interior.[583]

---

580. O versículo 16 descreve uma cidade quadrada, referindo-se a um cubo cujo comprimento, largura e altura são iguais. 1 Reis 6:19-20 descreve como o Rei Salomão preparou um santuário dentro do templo para receber a "arca da aliança do Senhor". Esse santuário possui a forma de um cubo perfeito, com cada 20 côvados em cada dimensão, Assim, um cubo simboliza um santuário.

581. O versículo 16 declara que a altura da cidade é de 12.000 estádios, ou aproximadamente 2.253 quilômetros; o versículo 17 afirma que a altura das paredes é 144 côvados, ou aproximadamente 67 metros. Krodel, *Revelation,* p. 359, diz: "A discrepância entre a altura da cidade e a medição da parede... é tão tremenda que chega a ser ridícula". A questão é que esses números devem ser interpretados simbolicamente. O número 12.000 representa a realização do padrão divino, porque 12 representa o padrão divino e o número 1.000 representa realização quanto a múltiplos critérios (ver Ap. 7:4).

582. O número 144, ou 12 vezes 12, representa dois padrões divinos trabalhando juntos simultaneamente, ou seja, os corpos físico e espiritual.

583. Bailey, *The Rays and the Initiations,* p. 6, diz: "um por um, os corpos que velam o Eu são levados a um ponto onde são simplesmente transparências, permitindo o brilho pleno da natureza divina". A personalidade no versículo 18 torna-se uma transparência, porque é simbolizada por paredes de jaspe, que é "transparente como cristal" (ver versículo 11).

19. E os fundamentos do muro da cidade estavam adornados com pedras preciosas. O primeiro fundamento era jaspe; o segundo, safira; o terceiro, calcedônia; o quarto, esmeralda;

20. O quinto, sardônica; o sexto, sárdio; o sétimo, crisólito; o oitavo, berilo; o nono, topázio; o décimo, crisópraso; o undécimo, jacinto; o duodécimo, ametista.

19. O corpo causal de João é enriquecido com todos os tipos de princípios de sabedoria, que são raros e valiosos como pedras preciosas.[584]

20. O espiritual emana do seu corpo causal com sete aspectos ou raios[585] – como o arco-íris com sete cores[586] –, assim como a vontade divina emana do coração de Deus como um arco-íris com sete cores.[587]

---

584. A Bíblia às vezes fala da sabedoria como se fosse um tipo de pedra preciosa, como em Jó 28:18-19 (ICB): "O preço da sabedoria é muito maior que rubis. O topázio de Cuch não se compara à sabedoria". Ver também Pr. 8:11. No versículo 19, os "fundamentos" e as "pedras preciosas" representam respectivamente o corpo causal e os princípios de sabedoria, de modo que "adornados com" representa a função do corpo causal de armazenar princípios de sabedoria (ver versículo 14, Ap. 3:1 e 4:4).

585. A Tabela 7 fornece os equivalentes modernos das pedras listadas nos versículos 19 e 20, mas esses equivalentes não são conhecidos com certeza. Por exemplo, ainda que o nome grego da primeira pedra, *iaspis*, seja traduzido como jaspe na VRJ, essa pedra não pode ser a mesma com esse nome atualmente, porque a jaspe antiga era transparente (ver versículo 11), mas a jaspe moderna é opaca. Consequentemente, a Tabela 7 mostra que há discordâncias entre versões da Bíblia em relação a como os nomes gregos das pedras devem ser traduzidos. Ainda assim, Pryse, *The Apocalypse Unsealed*, p. 214, faz a seguinte observação: "Colocadas em um círculo, como se estivessem incorporadas na aura, essas pedras coloridas formam aproximadamente a escala prismática e, portanto, são idênticas ao arco-íris (iv. 3) que envolve o trono de Deus". O arco-íris representa a vontade divina em Ap. 4:3; ele representa a vontade espiritual em Ap. 10:1 e nos versículos 19 e 20.

586. Bailey, *A Treatise on Cosmic Fire*, p. 538, 763, 802, caracteriza o corpo causal de uma maneira bastante similar aos versículos 19 e 20. Em particular, o corpo causal é exibido como o "Lótus Egoico de Doze Pétalas" com suas pétalas arranjadas em círculo; o desdobramento de uma pétala simboliza a aquisição da sabedoria. Depois que ocorre uma transformação espiritual, esse lótus está "palpitando com todas as cores no arco-íris, e possui um amplo raio; os fluxos de energia elétrica circulando nele são tão poderosos que estão escapando além da periferia do círculo, como os raios do sol". Aqui, "energia elétrica" é sinônimo de "impulso da vontade".

587. Gn. 1:27 diz: "Deus criou o homem à sua imagem; à imagem de Deus Ele o criou". Em particular, os sete chacras, o corpo causal, a vontade espiritual e a alma dentro do corpo humano, ou microcosmo, são semelhantes aos sete arcanjos, ao coração de Deus, à vontade divina e a Deus, respectivamente, dentro do todo divino, ou macrocosmo. Ver Bailey, *A Treatise on Cosmic Fire*, p. 357, 632; *Esoteric Astrology*, p. 47; *A Treatise on White Magic*, p. 39, 555-556.

21. E as doze portas eram doze pérolas; cada uma das portas era uma pérola; e a rua da cidade de ouro puro, como vidro transparente.

21. Os tipos de intuição recebidos pela personalidade de João são os efeitos dos princípios de sabedoria que ele aprendeu. Cada tipo de intuição é o efeito de um único princípio.[588] Os canais internos de comunicação transmitem sua intuição por meio da sua personalidade sem distorção.[589]

22. E nela não vi templo, porque o seu templo é o Senhor Deus Todo-Poderoso, e o Cordeiro.

22. João percebe que nenhuma parte da sua personalidade age como uma autoridade, porque Deus e a alma são as únicas autoridades aceitas.[590]

23. E a cidade não necessita de sol nem de lua, para que nela resplandeçam, porque a glória de Deus a tem iluminado, e o Cordeiro é a sua lâmpada.

23. A personalidade de João não depende de quaisquer mestres ou de ensinamentos externos, porque ela recebe a iluminação de Deus por meio da alma.[591]

---

588. As gemas costumam ser separadas em duas categorias: minerais e materiais orgânicos. Todas as gemas mencionadas nos versículos 19 e 20 são minerais. Pérolas, mencionadas no versículo 21, são materiais orgânicos, porque são produzidas por certos moluscos, como ostras, como resposta à entrada de material estranho nas suas conchas. As gemas minerais representam os princípios de sabedoria armazenados dentro do corpo causal; as pérolas simbolizam a resposta da personalidade, na forma de abertura ou receptividade, aos princípios armazenados.

589. A rua da cidade consiste em canais de comunicação internos dentro da personalidade (ver Ap. 11:8).

590. Quanto ao versículo 22, M. Grosso, *The Millennium Myth* (Wheaton, IL: Theosophical Publishing House, 1995), p. 22, diz: "O templo é o símbolo supremo da autoridade externa".

591. O versículo 23 baseia-se em Is. 60:19: "O sol não será mais a luz do teu dia, e de noite não será a lua a iluminar-te; o próprio Javé será para ti uma luz permanente, e o teu Deus será o teu esplendor". O sol é um mestre externo, e a lua é um ensinamento externo, como aquele encontrado em livros (ver Ap. 6:12).

24. E as nações dos salvos andarão à sua luz; e os reis da terra trarão para ela a sua glória e honra.

25. E as suas portas não se fecharão de dia, porque ali não haverá noite.

26. E a ela trarão a glória e a honra das nações.

27. E não entrará nela coisa alguma que contamine, e que cometa abominação e mentira; mas só os que estão inscritos no livro da vida do Cordeiro.

24. Todas as partes da sua personalidade são guiadas pela iluminação e vontade espiritual que são recebidas pela sua mente.[592]

25. Cada tipo de receptividade está sempre ativo, porque a consciência de João é contínua dia e noite, mesmo quando seu corpo físico está dormindo.[593]

26. E assim esses canais receptivos trazem continuamente a iluminação e a vontade espiritual para sua personalidade.

27. Nada pode entrar na personalidade de João que esteja baseado no egoísmo, na idolatria ou nas falsas crenças, pois os únicos pensamentos que podem entrar são aqueles consistentes com as ideias divinas expressas pela alma.[594]

---

592. O versículo 24 é similar a Is. 2:5: "caminhemos na luz do Senhor". No versículo 24, os "reis da terra" são pensamentos (ver Ap. 16:14). "Honra" é a tradução da palavra grega *time*, que às vezes significa "uso honrado" ou "nobre propósito" (Rm. 90:21, NASB e NIV); simboliza uma referência à vontade espiritual.

593. O versículo 25 pode estar baseado em Is. 60:11, que faz esta previsão para a Jerusalém restaurada: "As tuas portas ficarão sempre abertas, nem de dia nem de noite serão fechadas, para que te sejam trazidas as riquezas das nações guiadas pelos seus reis". O versículo 25 é uma referência ao sono, cuja natureza é descrita por Powell, *The Astral Body*, p. 83, 87: "No sono, então, um homem está simplesmente usando seu corpo astral em vez do físico: é só o corpo físico que está adormecido, não necessariamente o próprio homem... Quando um homem também atravessou o abismo entre a consciência astral e a física, o dia e a noite já não existem para ele, já que leva uma vida sem interrupções na sua continuidade".

594. O versículo 27 é similar a Is. 52:1: Veste os trajes de festa, Jerusalém, cidade santa! Pois nunca mais entrarão em ti o não circuncidado e o impuro". No versículo 27, o "livro da vida" é o plano das ideias divinas (ver Ap. 13:8).

Capítulo 22

PODER DE DECISÃO

Os seres humanos têm o poder de decisão e podem aceitar escolher
o amor espiritual com sua redenção e iluminação.

VERSÃO DO REI JAMES

1. E mostrou-me o rio puro da água da vida, claro como cristal, que procedia do trono de Deus e do Cordeiro.

INTERPRETAÇÃO PSICOLÓGICA

1. O chohan sumariza alguns pontos importantes para João:[595] "O amor espiritual é um rio puro, livre de todo egocentrismo.[596] Ele vem do coração de Deus e passa através da alma e do corpo causal de um ser humano.[597]

---

595. O capítulo 22 é uma continuação do capítulo 21, então o instrutor no versículo 1 provavelmente é o mesmo que o instrutor em Ap. 21:9, que foi identificado como um dos chohans dos capítulos 15 e 16.

596. Os versículos 1 e 2 baseiam-se na descrição do rio sagrado em Ez. 47:1-12. Esse rio origina-se sob o limite do templo, flui além do altar e eventualmente chega ao Mar Morto, onde cura a água da sua salinidade para que os peixes possam viver; junto às margens, árvores dão frutos frescos a cada mês e possuem folhas que podem ser usadas para a cura. Quanto ao versículo 1, São João da Cruz, *Collected Works*, vol. II, diz: "As águas deste rio, como são o amor mais íntimo de Deus, fluem para a parte mais íntima da alma e dão a ela de beber dessa torrente e amor".

597. Yogananda, *Autobiography of a Yogi*, p. 423, escreve: "O homem como alma individualizada é essencialmente um corpo causal". No versículo 1, o trono de Deus é o coração de Deus, e o Cordeiro é a alma (ver Ap. 1:4, 5:6). As notas para Ap. 19:11 e 21:20 indicam que o corpo causal é o veículo da alma e que corresponde ao coração, ou trono, de Deus. Assim, o trono da alma é o corpo causal.

2. No meio da sua rua, e de um e de outro lado do rio, estava a árvore da vida, que produz doze frutos, dando seu fruto de mês em mês; e as folhas da árvore são para a saúde das nações.

2. O amor espiritual dá acesso ao plano das ideias divinas. Essas ideias fornecem revelações progressivas sobre a organização do todo divino, e podem redimir seres humanos.[598]

3. E ali nunca mais haverá maldição contra alguém; e nela estará o trono de Deus e do Cordeiro, e os seus servos o servirão.

3. com esse amor, os seres humanos não serão mais amaldiçoados por uma crença de separação de Deus; em vez disso, vão sentir-se conectados a Deus e à alma, e servirão a Deus.[599]

4. E verão o seu rosto, e nas suas testas estará o seu nome.

4. E intuitivamente perceberão a presença de Deus e estarão conscientes da sua própria natureza divina.[600]

---

598. A "árvore da vida" representa o plano das ideias divinas (ver Ap. 2:7), e assim é equivalente ao "livrinho" em Ap. 10:2 e ao "livro da vida" em Ap. 13:8. Os "doze frutos" mencionados no versículo 2 são interpretados como ideias que trazem revelação progressiva da organização divina, porque o número 12 representa o padrão divino ou a organização (ver Ap. 7:4).

599. J. S. Goldsmith, *The Mystical I* (New York: Harper and Row, 1971), p. 31, escreve: "Toda discórdia, toda desarmonia e todo erro são experimentados devido ao senso de separação de Deus. Mas esse senso de separação de Deus não é sua culpa individualmente. É a crença universal que chegou até nós da experiência alegórica de Adão e Eva sendo expulsos do Jardim do Éden". A primeira parte do versículo 3 baseia-se em Zc. 14:11 (RSV): "não haverá mais maldição; quem morar em Jerusalém estará sempre em segurança". A "maldição" no versículo 3 é considerada uma crença na separação de Deus. A última parte é similar a 1 João 4:16: "quem permanece no amor permanece em Deus, e Deus permanece nele".

600. O rosto de Deus, o nome de Deus e a testa representam a presença de Deus, a natureza de Deus e a consciência, respectivamente (ver Ap. 6:16, 14:1, 7:3). Mt. 5:8 fornece um requisito similar àquele do versículo 4 para ver a Deus: "Abençoados os puros de coração, pois verão a Deus". Esses requisitos são similares, pois o chacra cardíaco torna-se puro quando recebe amor espiritual do coração de Deus.

5. E ali não haverá mais noite, e não necessitarão de vela nem de luz do sol, porque o Senhor Deus os ilumina; e reinarão para todo o sempre.

5. Além disso, estarão livres da ignorância e não se apoiarão nos seus próprios intelectos ou em qualquer mestre externo. Em vez disso, serão iluminados pelas ideias de Deus, que permitirão que tenham domínio sobre suas personalidades para sempre".[601]

6. E disse-me: Estas palavras são fiéis e verdadeiras; e o Senhor, o Deus dos santos profetas, enviou o seu anjo, para mostrar aos seus servos as coisas que em breve hão de acontecer.

6. O chohan também disse a João: "Esses ensinamentos são fiéis e verdadeiros, porque Deus me enviou como um mensageiro para mostrar aos seus servos as próximas etapas imediatas na jornada espiritual.[602]

7. Eis que presto venho: Bem-aventurado aquele que guarda as palavras da profecia deste livro.

7. Como pode observar, eu venho rapidamente para você transmitindo a inspiração: a felicidade é encontrada na aplicação dos ensinamentos inspirados deste livro".[603]

---

601. No versículo 5, noite, vela e sol simbolizam respectivamente a ignorância, o intelecto e um mestre externo (ver Ap. 8:12, 18:23, 6:12).

602. Um anjo é um mensageiro (ver Ap. 1:1). Ap. 15:1 indica que os sete chohans são mensageiros de Deus, porque são chamados de "anjos" que trazem "a ira de Deus" para seres humanos. Assim, quando o chohan no versículo 6 fala sobre o anjo enviado por Deus, ele está falando sobre si mesmo. Este versículo indica que o chohan instruindo João tem a mesma missão que Ap. 1:1 atribui a Jesus, ou seja, mostrar as experiências que devem ocorrer em breve aos servos de Deus. Assim, o versículo 6 parece sugerir que esse chohan é Jesus.

603. Vine, *Vine's Complete Expository Dictionary*, p. 492, fornece esta definição: "A profecia... é a declaração daquilo que não pode ser conhecido por meios naturais". A inspiração é a profecia que é transmitida do reino espiritual para o reino humano. Bailey, *The Rays and the Initiations*, p. 230, diz: "a técnica principal da Hierarquia é expressar inspiração". Aqui, Hierarquia é sinônimo de reino espiritual. Ap. 1:2 indica que a inspiração deve vir por meio de intuições, clariaudiência ou clarividência. No versículo 7 e no restante deste capítulo, "profecia" significa inspiração.

8. E eu, João, sou aquele que vi e ouvi estas coisas. E, havendo-as ouvido e visto, prostrei-me aos pés do anjo que mas mostrava para o adorar.

9. E disse-me: Olha, não faças tal; porque eu sou condiscípulo teu e de teus irmãos, os profetas, e dos que guardam as palavras deste livro. Adora a Deus.

10. E disse-me: Não seles as palavras da profecia deste livro; porque próximo está o tempo.

8. João testifica que viu e ouviu essas coisas. E quando ele as viu e ouviu, tentou louvar o chohan que as mostrou.[604]

9. Então o chohan disse a João: "Não faça isso, pois sou um servo como você, com outras pessoas que inspirei, e com todos aqueles que aplicam os ensinamentos deste livro. Portanto, louve apenas a Deus".[605]

10. O chohan também disse a João: "Não ignore os ensinamentos inspirados deste livro, pois agora é hora de aplicá-los".[606]

---

604. Muitos comentadores modernos consideram o versículo 8 confuso. Por exemplo, Krodel, *Revelation*, p. 374, diz: "É estranho que, apesar da censura do anjo (19:10), João pela segunda vez cai em adoração aos pés do anjo (22:8-9)". Essa confusão desaparece se for feita uma distinção entre João e o papel que João desempenha nas suas visões. As visões de João dramatizam os vários estágios da jornada espiritual, incluindo estágios que João ainda não adquiriu na sua consciência ordinária. No versículo 8, João alcança o estágio na sua própria evolução espiritual que é retratado em Ap. 19:10.

605. Mt. 19:16-17 descreve um encontro com Jesus: "Um jovem aproximou-se e disse a Jesus: Bom Mestre, que devo fazer de bom para alcançar a vida eterna? Jesus respondeu: Porque me interrogas sobre o que é bom? Bom é um só. Se queres entrar na vida, guarda os mandamentos". Assim como Jesus não deixou alguém chamá-lo de bom, dizendo que só Deus é bom, o chohan no versículo 9 não deixou que João o adorasse, dizendo que só Deus deve ser adorado. Esta similaridade entre as palavras do chohan e as de Jesus é evidência adicional de que o chohan pode ser Jesus.

606. A instrução que João recebe no versículo 10 é o oposto daquela recebida por Daniel em Dn. 12:4 (RSV): "Tu, Daniel, guarda em segredo esta mensagem, lacra este livro até ao tempo final". Tanto o versículo 10 quanto Ap. 1:3 anunciam que "a hora está próxima". Mounce, *The Book of Revelation*, p. 406, observa: "Tendo em vista que quase dois mil anos se passaram desde que foi anunciado que a hora estava próxima, alguns concluíram que João estava simplesmente errado na sua expectativa escatológica". João parece estar errado apenas se suas visões forem interpretadas como sendo descrições de eventos no mundo externo. Não há discrepância se suas visões descrevem eventos psicológicos, porque, como notou Krishnamurti, *The First and Last Freedom,* p. 135, "a regeneração só é possível no presente, não no futuro".

11. Quem é injusto, faça injustiça ainda; e quem está sujo, suje-se ainda; e quem é justo, faça justiça ainda; e quem é santo, seja santificado ainda.

12. E, eis que cedo venho, e minha recompensa está comigo, para dar a cada um segundo a sua obra.

13. Eu sou o Alfa e o Ômega, o princípio e o fim, o primeiro e o derradeiro.

14. Bem-aventurados aqueles que guardam os seus mandamentos, para que tenham direito à árvore da vida, e possam entrar na cidade pelas portas.

11. Se alguém decidir ser injusto ou impuro, vamos respeitar essa decisão sem nos opormos a ela. Mas se alguém decidir ser justo ou santo, vamos respeitar essa decisão fornecendo nosso apoio.[607]

12. Além disso, como pode ser observado, eu venho rapidamente sempre que há um chamado de socorro, e ajudo a todos de acordo com sua necessidade.[608]

13. Sou eterno, permanente e sempre disponível para oferecer auxílio.[609]

14. Felizes daqueles que aplicam intuições vindas de Deus, para que possam entrar em contato com o plano das ideias divinas e depois trazer essa iluminação, por meio de sua receptividade e de seu alinhamento, para sua natureza inferior.[610]

---

607. *ACIM* foi composto como se houvesse sido escrito por Jesus, e afirma (vol. I, p. 145): "A sua vontade é tão livre quanto a minha, e o próprio Deus não irá contra ela... Não posso me opor à sua decisão sem competir com ela, e portanto negar a vontade de Deus para você... Se você deseja ser como eu, irei ajudá-lo, sabendo que somos semelhantes. Se você deseja ser diferente, vou esperar até que você mude de ideia".

608. *ACIM*, vol. I, p. 254, 294, declara: "O amor sempre responde, sendo incapaz de negar um pedido de socorro... Um pedido de socorro recebe socorro". Esse processo de invocação e evocação é ilustrado no capítulo 16, segundo o qual os chohans transmitem suas realizações só depois que o aspirante invocou seu auxílio em Ap. 16:1.

609. A caracterização "Alfa e Ômega" indica divindade, porque foi anteriormente aplicada a Deus em Ap. 1:8 e à alma em Ap. 1:11 e 21:6. De acordo com Ap. 14:1, todos os membros do reino espiritual estão conscientes da sua natureza divina.

610. Os mandamentos de Deus são intuições (ver Ap. 12:17). As portas da cidade são portais dentro da personalidade pelos quais as intuições podem passar (ver Ap. 21:12). A receptividade e o alinhamento são necessários para que esses portais sejam abertos (ver Ap. 14:1 e 14:14).

15. Ficarão de fora os cães e os feiticeiros, e os que se prostituem, e os homicidas, e os idólatras, e qualquer que ama e que comete a mentira.

16. Eu, Jesus, enviei o meu anjo, para vos testificar estas coisas nas igrejas. Eu sou a raiz e a geração de Davi, a resplandecente estrela da manhã.

15. Pois o mundo exterior possui muitas influências negativas que devem ser vencidas, incluindo ignorância, confusão, luxúria, ódio, cobiça e mentiras.[611]

16. Eu, Jesus,[612] estive ensinando você por intermédio da inspiração sobre os chacras.[613] Embora eu tenha nascido no reino humano como descendente do Rei Davi, agora tenho discernimento e iluminação.[614]

---

611. Na Bíblia, o termo "cão" muitas vezes é usado como epíteto de desprezo, indicando que o sujeito é ignorante, estúpido ou desatento; ver 1 Sm. 17:43, 2 Sm. 16:9 e Is. 56:10-11. Feiticeiros, homicidas e idólatras representam confusão, ódio e cobiça, respectivamente (ver Ap. 9:21, 2:14).

612. Jesus é designado como um dos sete chohans por vários escritores teosóficos: Leadbeater, *The Masters and the Path*, p. 268; Powell, *The Causal Body and the Ego*, p. 323; Bailey, *A Treatise on Cosmic Fire*, p. 439; e R. Ellwood, *Theosophy* (Wheaton, IL: Theosophical Publising House, 1994), p. 142. O versículo 16 identifica Jesus como o chohan que esteve instruindo João, o que é consistente com as pistas dadas nos versículos 6 e 9.

613. O anjo de Jesus é a inspiração, e as igrejas são os chacras (ver Ap. 1:1, 1:11).

614. Paulo, em Rm. 1:3 (NASB), fala de Jesus como "nascido de um descendente de Davi segundo a carne". A estrela brilhante simboliza o discernimento, como em Dn. 12:3 (NASB): "Os sábios [aqueles que têm discernimento] brilharão como brilha o firmamento". Além disso, a estrela da manhã representa a iluminação (ver Ap. 2:28).

17. E o Espírito e a esposa dizem: Vem. E quem ouvir, diga: Vem. E quem tiver sede, venha; e quem quiser, tome de graça da água da vida.

18. Porque eu testifico a todo aquele que ouvir as palavras da profecia deste livro que, se alguém lhes acrescentar alguma coisa, Deus fará vir sobre ele as pragas que estão escritas neste livro;

17. A orientação da alma e o melhor propósito da personalidade de todos é progredir na jornada espiritual.[615] Todos os que puderem compreender as palavras deste livro devem segui-las.[616] Todos com senso de necessidade ou de vazio devem mudar suas vidas. Pois se escolherem fazê-lo, poderão ter acesso livre ao amor espiritual, com sua redenção e iluminação.[617]

18. Aviso a todos os que compreendem as palavras inspiradas deste livro: se aplicarem práticas que são inconsistentes com sua própria compreensão, o poder dado por Deus dessa decisão causará os conflitos internos descritos neste livro;[618]

---

615. O Espírito é uma abreviação de Espírito Santo, que é um sinônimo para a alma (ver Ap. 2:7). A esposa é a personalidade (ver Ap. 19:7).

616. No versículo 17, "ouve" significa ouvir com o ouvido da mente, ou compreender (ver Ap. 3:3).

617. A última parte do versículo 17 é similar ao convite de Jesus em João 7:37, que por sua vez ecoa Is. 55:1: "Se alguém tiver sede, venha a Mim". A água da vida é amor espiritual (ver versículo 1).

618. Os versículos 18 e 19 são similares a Dt. 4:2: "Não acrescenteis nada ao que vos ordeno, nem retireis coisa nenhuma". Os versículos 18 e 19 podem ser interpretados como um aviso para escribas e tradutores futuros que poderiam ser tentados a alterar o texto. Uma interpretação diferente é oferecida aqui: o aviso seria para os aspirantes que ouvem as palavras do *Apocalipse* no sentido de compreendê-las (ver versículo 17). Para fazer progresso na jornada espiritual, eles devem aplicar consistentemente a si mesmos o que compreendem (ver Ap. 1:11, 19). Esses versículos contêm uma noção que é declarada explicitamente em *ACIM*, vol. I, p. 145: "Deus deu seu poder à sua vontade".

19. E, se alguém tirar quaisquer palavras do livro desta profecia, Deus tirará a sua parte do livro da vida, e da cidade santa, e das coisas que estão escritas neste livro.

20. Aquele que testifica estas coisas diz: Certamente cedo venho. Amém. Ora vem, Senhor Jesus.

21. A graça de nosso Senhor Jesus Cristo seja com todos vós. Amém.

19. E se deixar de aplicar o que compreende, o poder divino dessa decisão irá negar o acesso ao plano das ideias divinas, uma personalidade transformada, e as outras recompensas descritas neste livro".[619]
20. Jesus, que transmitiu esses ensinamentos, diz: "Certamente venho cedo". Assim seja. Portanto, por favor venha, Senhor Jesus.[620]
21. Que a graça de nosso Senhor Jesus Cristo esteja com todos. Assim seja.[621]

---

619. Tiago 4:17 (NRSV) declara: "Portanto, quem sabe como fazer o bem e não o faz, comete pecado".
620. A última parte do versículo 20 ecoa 1 Cor. 16:22 (RSV): "Vem, Nosso Senhor!"
621. Epístolas muitas vezes terminam com uma bênção, como em 1 Cor. 16:23 e Ef. 6:24. O *Apocalipse* começa como uma epístola (Ap. 1:4), então é apropriado que seu último verso seja uma bênção.

Apêndice A

TABELAS DE REFERÊNCIA

TABELA 1. OS SETE CHACRAS

Nome Grego da Igreja	Nome do Chacra em Português	Nome do Chacra em Sânscrito	Localização Aproximada do Chacra
1. Éfeso	Sacral	Svadhisthana	Base do órgão sexual
2. Esmirna	Plexo Solar	Manipura	Região do umbigo
3. Pérgamo	Cardíaco	Anahata	Região do coração
4. Tiarita	Laríngeo	Vishuddha	Extremidade inferior da garganta
5. Sardes	Frontal	Ajna	Área entre as sobrancelhas
6. Filadélfia	Coronário	Sahasrara ou Sahasradala	Topo da Cabeça
7. Laodiceia	Básico	Muladhara	Base da Espinha

TABELA 2. AS SETE IGREJAS E SEUS CHACRAS ASSOCIADOS

Nome Grego da Igreja	Significado de Fillmore	Significado de Hitchcock	Significado de Potts	Nome do Chacra em Português	Função do Chacra
1. Éfeso	Desejável; atraente	Desejável	Amigável; desejável; o fim; paciência	Sacral	Governa motivos ou desejos fortes
2. Esmirna	Mirra; fluindo; destilando; doce; fragrante; aromática; espirituosa; fel; tristeza; lamentação; amargura; rebelião	Mirra	Habitação fria; mira; tribulação	Plexo Solar	Transmite emoções
3. Pérgamo	Muito unidos; intimamente ligados; textura resistente; elevado, altura; cidadela	Altura; elevação	Elevado; altura; fortificado; fé	Cardíaco	Recebe amor espiritual da alma
4. Tiarita	Incenso aceso; investir de cabeça; inspirado; frenético; madeira aromática; perfume	Perfume; sacrifício de obras	Sacrifício de amor ou de obras; perfume; incenso aceso	Laríngeo	Formula pensamentos

Nome Grego da Igreja	Significado de Fillmore	Significado de Hitchcock	Significado de Potts	Nome do Chacra em Português	Função do Chacra
5. Sardes	Pedra preciosa; cornalina; sardônica; príncipe da alegria	Príncipe da alegria	O restante; príncipe da alegria; o sol; vigilância	Frontal	Recebe sabedoria do corpo causal
6. Filadélfia	Amor fraternal; amorosos como irmãos ou irmãs	Amor de irmão	Amor fraternal; afeição	Coronário	Recebe discernimentos da alma
7. Laodiceia	Justiça do povo; julgamento do povo	Pessoas justas	Um povo justo; justiça	Básico	Recebe vontade espiritual da alma, por meio do chacra da coroa

Tabela 3. Significados Simbólicos dos Números

Número	Significado Simbólico	Versículos	Exemplo Bíblico
3 ou 1/3	Atividade da vontade espiritual	Ap. 8:8, 10, 11, 12; 9:15, 18	"Queima a terça parte deles no meio da cidade, quando terminar o cerco da cidade. Corta a outra terça parte com a espada, em redor da cidade; e espalha ao vento a última terça parte deles" (Ez. 5:2)
3.5, 42 ou 1260	Período durante o qual o mal pode operar	Ap 11:2, 3, 9, 11; 12:6, 14; 13:5.	"Os fiéis serão entregues nas suas mãos até um tempo e tempos e a divisão do tempo" (Dn. 7:25)
4	Personalidade quádrupla	Ap. 4:6, 7; 7:1; 9:14; 14:20; 20:8; 21:13	"Do meio da nuvem surgiu algo parecido com quatro animais, e cada um lembrava também uma forma humana." (Ez. 1:5)
5	Punição	Ap. 9:5, 10	"Dará cinco bois como indenização pelo boi" (Ex. 22:1)
6	Ilusão ou imperfeição	Ap. 13:18	"Seis coisas o SENHOR odeia" (Pr. 6:16)
7	Perfeição	Ap. 5:6, 11:13	"Deus então abençoou e santificou o sétimo dia" (Gn. 2:3)
10 ou 1/10	Série completa	Ap. 2:10, 7:4; 11:13; 12:3; 13:1; 17:3	"E escreveu nas tábuas as palavras da aliança, os dez mandamentos" (Êx. 34:28)
12	Padrão ou organização divino	Ap. 7:4; 12:1; 14:1; 21:16, 17; 22:2	"São estes os que formam as doze tribos de Israel" (Gn. 49:28)
24	Passagem do tempo	Ap. 4:4; 12:3	"Não há doze horas no dia?" (João 11:9); "na terceira hora da noite (Atos 23:23)
200.000.000	Número indefinidamente grande	Ap. 9:16	"As carruagens de Deus são vinte mil, milhares e milhares" (Sl. 68:17, ASV)

Apêndice A

Tabela 4. Significados Simbólicos das Cores

Cor	Significado Simbólico	Versículos	Exemplo Bíblico
Preto	Morte	Ap. 6:5	"Fez-me morar nas trevas como os que já morreram há muito tempo" (Sl. 143:3)
Verde	Vitalidade e crescimento	Ap. 8:7; 9:4	"Parece verde e cheio de seiva antes de vir o sol, e seus brotos irrompem no seu jardim" (Jó 8:16)
Púrpura	Realeza e proeminência	Ap. 17:4; 18:12, 16	"As vestes de púrpura que os reis de Madiã usavam" (Jz. 8:26)
Vermelho	Luta e conflito	Ap. 6:4; 12:3	"O escudo dos guerreiros avermelha-se" (Na. 2:3)
Escarlate	Culpa ou iniquidade	Ap. 17:3	"Ainda que os vossos pecados sejam vermelhos como o escarlate, ficarão brancos como a neve" (Is. 1:18)
Escarlate	Prosperidade	Ap. 17:4; 18:12, 16	"Donzelas de Israel, chorai por Saul: ele vestiu-vos com escarlate e linho, e enfeitou de ouro os vossos vestidos" (2 Sm 1:24) [N.T.: muitas vezes escarlate é traduzido como "púrpura"]
Branco	Pureza	Ap. 2:17; 3:4, 5, 18; 4:4; 6:2; etc.	"Muitos serão purificados e deixados brancos" (Dn. 12:10)

Tabela 5: Doze Partes Principais do Corpo Físico

Tribo de Israel	Significado de Fillmore	Significado de Hitchcock	Significado de Potts	Exemplo do Antigo Testamento	Órgão Físico Associado
1. Judá	Louvado seja Jeová; celebração de Jeová	Louvor ao Senhor; confissão	Louvor a Deus; celebrado	"O cetro não será tirado de Judá nem o bastão de comando de entre seus pés, até que venha aquele a quem pertencem e a quem obedecerão os povos." (Gn. 49:10)	Cérebro
2. Rúben	Eis um filho; visão do filho	Quem vê o filho; a visão do filho	Um filho visto	Lia concebeu e deu à luz um filho e deu-lhe o nome de Rúben, pois dizia: "Javé olhou para a minha aflição." (Gn. 29:32)	Olhos
3. Gad	Abundância; fornecedor de fortuna; tropa	Um bando; uma tropa	Uma tropa ou bando	"Abençoado aquele que amplia Gad. Ele lança-se como leoa, destroçando braços e crânio. Ele escolheu para si os primeiros frutos, a parte reservada ao chefe. Tornou-se chefe do povo, executando a justiça de Javé." (Dt. 33:20-21)	Glândulas pineal, pituitária e carotídeas
4. Aser	Reto; próspero; felicidade; bem-aventurança	Felicidade	Procedimento correto	"Zilpa, a serva de Lia, gerou um segundo filho a Jacó. Lia disse: Que felicidade! As mulheres felicitar-me-ão. E chamou-lhe Aser." (Gn. 30:12-13)	Coração

Tribo de Israel	Significado de Fillmore	Significado de Hitchcock	Significado de Potts	Exemplo do Antigo Testamento	Órgão Físico Associado
5. Neftali	Minha luta; luta de Jeová	Que luta ou que combate	Minha luta	"Neftali é gazela solta." (Gn. 49:21)	Pulmões
6. Manassés	Causar esquecimento; vindo do esquecimento	Esquecimento; aquele que é esquecido	Ele fez esquecer; esquecimento	"José deu ao mais velho o nome de Manassés, dizendo: Deus fez-me esquecer as minhas fadigas e a casa paterna. Gn. 41:51)	Garganta
7. Simeão	Ouvir; prestar atenção	Aquele que escuta ou obedece; o que é ouvido	Atenção graciosa	"Simeão e Levi são irmãos. As suas espadas são instrumentos de violência. Não quero assistir aos seus conselhos, não participarei na sua assembleia, pois na sua cólera mataram homens, e na sua exaltação derrubaram touros." (Gn. 49:5-6)	Órgãos sexuais
8. Levi	Juntar; encaixar; dobrar, unir	Associado com ele	Minha união; associado	"Concebeu outra vez e deu à luz um filho, e disse: Desta vez o meu marido sentir-se-á ligado a mim, porque lhe dei três filhos. E ela chamou-lhe Levi." (Gn. 29:34)	Estômago

Tribo de Israel	Significado de Fillmore	Significado de Hitchcock	Significado de Potts	Exemplo do Antigo Testamento	Órgão Físico Associado
9. Issacar	Aquele que traz recompensa; aquele que traz salário	Recompensa	Ele traz uma recompensa	"Issacar é um jumento robusto, deitado entre dois muros. Viu que o estábulo era bom e que a terra era agradável: baixou o ombro sob a carga e sujeitou-se ao trabalho" escravo." (Gn 49:14-15)	Baço
10. Zabulon	Moradia; cercado; habitação	Moradia; habitação	Habitação desejada para	"Zabulon reside à beira-mar: é um porto para os barcos." (Gn 49:13)	Pele e estrutura óssea
11. José	A quem Jeová fará crescer	Aumento; soma	Ele aumenta	"José é como planta nova, árvore frutífera junto à fonte, seus galhos sobem pelo muro." (Gn 49:22)	Sistema nervoso triplo
12. Benjamim	Filho da boa fortuna; filho da prosperidade	Filho da mão direita	O filho da minha mão direita	"Benjamim é lobo voraz: pela manhã devora a presa e à tarde reparte despojos." (Gn. 49:27)	Sistema vascular ou sanguíneo

Fontes: C. Fillmore, *The Metaphysical Bible Dictionary* (1931; reimpressão; Unity Village, MO: Unity School of Christianity, 1995); R. D. Hitchcock, "An Interpreting Dictionary of Scripture Proper Names", in *Hitchcock's Complete Analysis of the Holy Bible* (New York: A. J. Johnson, 1874); C. A. Potts, *Dictionary of Bible Proper Names* (New York: The Abingdom Press, 1922). A lista de órgãos físicos vem de A. A. Bailey, *A Treatise on White Magic* (New York: Lucis Publishing Company, 1974), p. 43, embora Bailey não associe os órgãos com as tribos de Israel.

TABELA 6. ASPECTOS DA ILUSÃO

Problema	Definição	Corpo Afetado	Símbolo
Ilusão	Crenças falsas	Mental	Diabo: Ap. 2:10, 12:9, 20:2; Dragão: Ap. 12:3, 13:2, 16:13, 20:2; Número do nome da besta: Ap. 13:17, 15:2; Satanás: Ap. 2:9, 3:9, 12:9, 20:2; Serpente: Ap. 12:9, 20:2; Seis: Ap. 13:18
Glamour	Reações emocionais, que são crenças falsas intensificadas pelo desejo	Emocional	Besta: Ap. 14:9, 15:2, 16:10, 19:19, 20:4; Besta do mar: Ap. 13:1; Nome da besta: Ap. 13:17; Sessenta: Ap. 13:18
Maya	Compulsões, que são crenças falsas intensificadas pelo desejo e pela energia vital	Vital	Besta da terra: Ap. 13:11; Falso profeta: Ap. 16:13, 19:20, 20:10; Sinal da besta: Ap. 13:17, 14:9, 15:2, 16:2, 19:20, 20:4; Marca do nome da besta: Ap. 14:11; Seiscentos: Ap. 13:18

Tabela 7. Nomes das Pedras Preciosas em Grego e em Português

Nome Grego	Possíveis Traduções
1. *Iaspis*	Jaspe (GNB, VRJ, NEB, NIV, TNT); diamante (JB)
2. *Sappheiros*	Safira (GNB, VRJ, NIV, TNT); lápis-lazúli (NEB, JB)
3. *Chalkendon*	Ágata (GNB, RSV); calcedônia (VRJ, NIV, TNT); turqueza (JB)
4. *Smaragdos*	Esmeralda (GNB, VRJ, NEB, NIV, TNT); cristal (JB)
5. *Sardonux*	Ônix (GNB, RSV); sardônica (VRJ, NEB, NIV, TNT); ágata (JB)
6. *Sardios*	Cornalina (GNB, NIV, RSV, NEB); rubi (JB); sárdio (VRJ, TNT)
7. *Chrusolithos*	Crisólito (VRJ, NEB, NIV, RSV, TNT); quartzo dourado (JB); quartzo amarelo (GNB)
8. *Berullos*	Berilo (GNB, VRJ, NEB, NIV, RSV, TNT); malaquita (JB)
9. *Topazion*	Topázio (GNB, JB, VRJ, NEB, NIV, RSV, TNT)
10. *Chrusoprasos*	Crisópraso (VRJ, NEB, NIV, TNT); esmeralda (JB); calcedônia (GNB)
11. *Huakinthos*	Jacinto (VRJ, NIV, RSV, TNT); turqueza (NEB, GNB); safira (JB)
12. *Amethustos*	Ametista (GNB, JB, VRJ, NEB, NIV, RSV, TNT)

Fontes: *Good News Bible* (GNB), *Jerusalem Bible* (JB), Versão do Rei James (VRJ), *New English Bible* (NEB), *New International Version* (NIV), *Revised Standard Version* (RSV) *e Translator's New Testament* (TNT)

Apêndice B

PERSPECTIVAS RELACIONADAS

A Introdução descreve várias maneiras de interpretar o *Apocalipse de São João*. Embora a interpretação psicológica descrita aqui difira das abordagens externo-temporais usadas pela vasta maioria dos comentadores, ela está relacionada com as ideias de vários escritores mais antigos.

John Ruusbroec (1293-1381), escritor flamengo, é considerado um dos maiores místicos da Igreja Católica Romana. Ele forneceu explicações psicológicas para alguns versos do *Apocalipse*, como por exemplo, Ap. 2:17: "Àquele que vencer, darei de comer do maná oculto". De acordo com Ruusbroec, o vencedor é qualquer um que transcenda seu eu pessoal, e o maná oculto é "um sabor interior oculto e uma alegria celestial".[622] Ruusbroec explicou Ap. 14:13 ("Bem-aventurados os mortos que desde agora morrem no Senhor") desta maneira:

Mas quando nos elevamos acima de nós mesmos, e na nossa ascensão a Deus nos tornamos tão unificados que o amor puro pode nos envolver naquele nível sublime em que o próprio amor age... nos tornaremos nada, morrendo em Deus para nós mesmos e para o que é nosso. Nesta morte nos tornaremos filhos ocultos de Deus e descobriremos em nós mesmos uma nova vida, que é eterna.[623]

São João da Cruz (1542-1591), nascido na Espanha, era místico, poeta e Doutor da Igreja Católica Romana. Ele escreveu tratados magistrais sobre teologia mística que incluem explicações psicológicas para vários símbolos no *Apocalipse*. Em Ap. 13:1, por exemplo, as sete cabeças da besta representam as forças interiores as quais os aspirantes devem vencer à medida que deixam "as coisas sensuais do mundo",

---

622. Ruusbroec, *The Spiritual Espousals*, p. 160.
623. Ruusbroec, *The Spiritual Espousals*, p. 170.

sobem "os sete degraus do amor" e adentram "a pureza do espírito".[624] Em Ap. 22:1, o puro rio da água da vida que nasce do trono de Deus é "o amor mais íntimo de Deus".[625]

Helena P. Blavatsky (1831-1891) nasceu na Rússia e, em 1875, fundou a Sociedade Teosófica, que se tornou uma organização internacional. Seus influentes livros proclamavam que todas as grandes religiões do mundo vêm da mesma raiz. Blavatsky escreveu muito pouco sobre o *Apocalipse,* embora tenha discutido o significado de alguns dos seus símbolos. Ainda assim, ela fez a seguinte observação: "O fato é que... todo o *Apocalipse* é simplesmente uma narrativa alegórica dos Mistérios e da iniciação de um candidato nesses Mistérios, neste caso o próprio João".[626] A noção teosófica de iniciação é equivalente ao despertar da consciência superior.

Swami Sri Yukteswar (1855-1936) era o guru, ou líder, de uma escola que ensinava ioga – um método para despertar a consciência superior. Embora Yukteswar tenha permanecido na Índia a vida inteira, ele tornou-se bem conhecido no Ocidente por meio dos escritos do seu mais famoso estudante, Paramahansa Yogananda. Yukteswar acreditava na unidade essencial de todas as religiões. Seu livro, *The Holy Science* [A Ciência Sagrada] (1894), estabeleceu a harmonia fundamental entre a filosofia sanquia na Índia e o *Apocalipse de São João*. Nele, Yukteswar comentou apenas alguns versos do *Apocalipse*, mas forneceu uma interpretação intrigante para as sete igrejas que desempenham papel proeminente nos três primeiros capítulos. A maioria dos comentadores acredita que essas igrejas seriam igrejas históricas fundadas na Ásia pelos primeiros cristãos. Yukteswar, contudo, afirma que as sete igrejas referem-se aos sete chacras, que são considerados centros de energia sutil na filosofia indiana.[627]

Paramahansa Yogananda (1893-1952) nasceu na Índia, mas mudou-se para os Estados Unidos, onde viveu por mais de trinta anos. Ele fundou a *Self-Realization Fellowship* em 1920, sediada em Los Angeles. Embora Yogananda tenha publicado relativamente pouco sobre o *Apocalipse,* ele o considerava um tratado velado sobre ioga:

> *Certamente no Apocalipse de São João somos levados por intermédio de metáforas aos mais profundos insights da ciência da ioga, na qual Jesus iniciou seu discípulo*

---

624. São João da Cruz, *The Complete Works,* vol. I, p. 107-108.
625. São João da Cruz, *The Complete Works,* vol. II, p. 328.
626. H. P. Blavatsky, *Isis Unveiled,* vol. II (1877; reimpressão; Pasadena, CA: Theosophical University Press, 1976), p. 351.
627. Yukteswar, *The Holy Science,* p. 71-72.

APÊNDICE B

avançado João, e outros, cujas consciências ascenderam desse modo ao exaltado estado de Autorrealização do Reino de Deus interior.[628]

Yogananda acreditava que Jesus variava a profundidade dos seus ensinamentos segundo a receptividade dos seus estudantes. De acordo com esse ponto de vista, Jesus expressava parábolas simples para o público geral, mas ensinava os mistérios mais profundos, descritos simbolicamente no *Apocalipse,* para aqueles discípulos íntimos que estavam prontos para recebê-los.[629]

Edgar Cayce, (1877-1945) era um médio bem conhecido que produziu mais de 14 mil mensagens supostamente psíquicas (leituras telepático-clarividentes) para mais de 6 mil pessoas durante um período de 43 anos. As transcrições dessas mensagens estão preservadas na *Association for Research and Enlightenment* [Associação de Pesquisa e Iluminação] (ARE) em Virginia Beach, Virginia. Cayce transmitiu essas mensagens durante um estado de transe. Ele parecia não ter qualquer recordação consciente do que havia dito quando despertava. Em 1930, ele forneceu uma mensagem para uma jovem que estava sofrendo de um caso grave de instabilidade nervosa. Essa mensagem trazia a descrição física da garota e recomendava que o seu médico lesse e compreendesse o *Apocalipse*, porque as forças operando no corpo da menina eram mencionadas ali.

Motivado por essa mensagem, um grupo de colegas de Cayce começou a estudar o *Apocalipse* e preparou uma série de perguntas que apresentaram a Cayce durante um estado de transe. Cayce respondeu com um discurso sobre o *Apocalipse* que incluía o seguinte trecho:

> *Então por que, vocês perguntam, isto (esta visão) foi escrito de uma maneira difícil de interpretar, exceto na experiência de cada alma que deseja conhecer, e iniciar, uma comunhão mais próxima com Ele? Pois as visões, as experiências, os nomes, as igrejas, os lugares, os dragões, as cidades, tudo isso são apenas emblemas das forças que podem guerrear dentro do indivíduo na sua jornada pelo plano material, ou quando entra na manifestação material para adentrar a glória, ou quando o espírito desperta, no plano intermediário, na fronteira, na sombra.*[630]

Essa citação concorda com dois princípios da interpretação psicológica fornecida na Introdução – ou seja, que a visões no *Apocalipse* descrevem as experiências interiores dos aspirantes na jornada espiritual e

---

628. Yogananda, *The Second Coming of the Christ*, p. xxv-xxvi.
629. Yogananda, *The Second Coming of the Christ*, p. 87.
630. Van Auken, *Edgar Cayce on the Revelation*, p. 158-159.

que os símbolos dentro de cada visão representam aspectos da própria consciência do aspirante. Embora Cayce tenha fornecido muitas pistas sobre como interpretar o *Apocalipse*, muito do que ele diz é obscuro e incompleto, e ele nunca tentou fornecer uma análise versículo a versículo.

Carl Gustav Jung (1875-1961), eminente psiquiatra suíço e fundador da psicologia analítica, também interpretava o *Apocalipse* de maneira psicológica, acreditando que as visões de João eram produto de sentimentos negativos reprimidos:

> *Podemos ter como certo que o autor das Epístolas de João esforçou-se ao máximo para praticar o que pregava para seus companheiros cristãos. Para isso, ele precisava deixar de fora todos os sentimentos negativos e, graças a uma útil falta de autorreflexão, foi capaz de esquecê-los. Porém, embora eles houvessem desaparecido do nível consciente, continuaram a fervilhar sob a superfície, e, com o passar do tempo, teceram uma teia elaborada de ressentimentos e pensamentos vingativos que surgiu diante da consciência na forma de uma revelação.*[631]

Jung concordava com outro princípio sugerido na Introdução, de que as visões de João são similares a sonhos. Ele comparou essas visões com os sonhos compensatórios que as pessoas têm quando se enganam sobre suas próprias virtudes. Embora Jung considerasse as visões de João o produto da repressão, o comentário anterior neste livro é fiel à explicação de João de que ele foi inspirado pelo seu mestre, Jesus.

Frederick (Fritz) Perls (1893-1970), fundador da Gestalt Terapia, não comentou sobre o *Apocalipse*. Ainda assim, entre os métodos de interpretação de sonhos criados por vários psicólogos, o de Perls é talvez a melhor abordagem para compreender os símbolos no *Apocalipse*. De acordo com Perls:

> *Todas as partes diferentes dos sonhos são fragmentos das nossas personalidades. Como nossa meta é tornar cada um de nós uma pessoa saudável, o que significa uma pessoa unificada, sem conflitos, o que temos que fazer é juntar os diferentes fragmentos do sonho. Nós temos que re-possuir essas partes fragmentadas e projetadas da nossa personalidade, e re-possuir o potencial oculto que aparece no sonho.*[632]

Para compreender um sonho, Perls sugere escrevê-lo e fazer uma lista de todos os seus detalhes – cada pessoa, cada coisa e cada humor.

---

631. C. G. Jung, *Answer to Job* (1954; reimpressão; Cleveland, OH: World Publishing Company, 1965), p. 147.

632. Perls, *Gestalt Therapy Verbatim*, p. 71-72.

Perls considera cada detalhe um fragmento da sua personalidade, e acredita que precisa compreender como e por que ele é um fragmento. As interações e relações dos detalhes nos sonhos representam como os fragmentos correspondentes interagem ou se relacionam no seu eu. Quando você vê que os detalhes dos seus sonhos são na verdade fragmentos do seu eu, você assimila os sonhos e obtém maior compreensão e integração na sua vida.

De acordo com a interpretação psicológica do *Apocalipse*, cada episódio representa um estágio particular na jornada espiritual, e cada símbolo representa um fragmento básico dos aspirantes no estágio correspondente. Neste sentido, o *Apocalipse* é um mapa para a jornada espiritual. Se você está em um estágio intermediário dessa jornada, pode usar o mapa para compreender seu progresso até esse ponto, as lições que deve aprender para progredir mais, e os problemas que enfrentará no futuro. Porém, para que o *Apocalipse* seja um mapa útil, ele deve ser usado de maneira similar ao trabalho de Perls com os sonhos. Em particular, você precisa ver, como parte do seu próprio conhecimento de primeira mão, como os símbolos em cada episódio representam diferentes fragmentos do seu eu. Quando alcançar essa compreensão, terá assimilado aquela porção do *Apocalipse* e conquistado maior entendimento e integração na sua vida.

Apêndice C

Quem Escreveu o *Apocalipse de São João?*

O autor do *Apocalipse* identifica-se como João em quatro pontos do texto. De acordo com Ap. 1:1, a mensagem de Jesus foi dada ao seu "servo João", indicando que o autor era um dos seus seguidores. Ap. 1:4 identifica a audiência original como "João para as sete igrejas que estão na Ásia". Ap. 1:9 indica onde o livro foi escrito: "Eu, João, que também sou vosso irmão... estava na ilha chamada Patmos". E Ap. 22:8 descreve o autor como uma testemunha fiel: "Eu, João, vi estas coisas, e as ouvi". O texto, contudo, não declara explicitamente quem é João.

Apesar disso, o texto mostra que o autor era culto e intimamente familiarizado com as escrituras sagradas da sua era. Gerhard Krodel, comentador moderno, relata que os 404 versículos do *Apocalipse* aludem 518 vezes a textos sagrados anteriores.[633] Essas escrituras anteriores incluem livros do Antigo Testamento, do Novo Testamento e dos pseudepigráficos.[634] Além disso, há evidência textual de que o autor era proficiente em grego e em hebraico.[635]

Os líderes da igreja do segundo século eram unânimes em sua opinião de que o *Apocalipse* havia sido escrito por João Apóstolo, filho de Zebedeu, o discípulo amado de Jesus. Justino Mártir escreveu, em

---

633. Krodel, *Revelation*, p. 47.

634. Os pseudepigráficos consistem em textos que não são considerados canônicos, mas que possuem caráter bíblico. Por exemplo, os pseudepigráficos incluem: 1 Enoque, 2 Enoque, 4 Esdras e os Testamentos dos Doze Patriarcas. Os textos desses livros são fornecidos por Charlesworth, *The Old Testament Pseudepigrapha*, vol. I.

635. O *Apocalipse* foi escrito na língua grega. De acordo com Charles, *The Revelation of St. John,* vol. I, p. x, lxvi, seu autor "pensava em hebraico, e frequentemente reproduz expressões hebraicas de modo literal em grego... Um exame das passagens baseadas no Antigo Testamento deixa claro que nosso autor extraiu seu material diretamente do texto hebraico (ou aramaico)".

Éfeso durante a primeira parte do segundo século (cerca de 135 d.C.), que João Apóstolo era o autor. Éfeso era uma das sete igrejas da Ásia que teriam sido a audiência inicial para o texto. Melito, Bispo de Sardes, reconheceu o *Apocalipse* como uma obra genuína de João Apóstolo, e escreveu um comentário sobre ele (cerca de 175 d.C.). Sardes é outra das sete igrejas mencionadas no texto. Irineu, Bispo de Lião no sul da Gália, também sustentava a autoria apostólica do texto. Isso é importante, porque Irineu conhecera pessoas que haviam conhecido João Apóstolo. Outros defensores incluíam líderes da igreja em muitas regiões variadas: Tertuliano em Cartago, Clemente e Orígenes no Egito, o Bispo Hipólito na Itália e o Bispo Pápias em Hierápolis, que ficava perto de Éfeso.[636]

Materiais gnósticos descobertos em 1945 em Chenoboskion, no Alto Egito, fornecem evidências externas adicionais para a autoria apostólica. Um dos documentos desenterrados é o *Apócrifo de João*, que alega ter sido escrito por "João, irmão de Tiago, ambos filhos de Zebedeu". Ele contém uma passagem similar a Ap. 1:13-18, e cita Ap. 1:19. Andrew Helmbold, erudito contemporâneo, acredita que o *Apócrifo* foi escrito não muito depois de 150 d.C., e cita autoridades que acreditam que ele tenha sido escrito já no fim do primeiro século. Ele conclui que "qualquer uma das datas estabelece o *Apócrifo* como uma testemunha antiga, junto com o testemunho secundário de Pápias e de Justino Mártir em Eusébio, para a autoria apostólica do Apocalipse".[637]

Apesar da forte evidência externa de que o *Apocalipse* foi escrito por João Apóstolo, muitos estudiosos modernos discordam, baseados em evidências internas. Há pelo menos três argumentos para essa posição:

- O autor denomina-se "um servo" (Ap. 1:1), um "irmão" (Ap. 1:9) e um "profeta" (Ap. 22:9), mas não usa o termo apóstolo. Contudo, o texto foi escrito na forma de epístola, ou carta. É razoável deduzir que um apóstolo necessariamente se identificaria como tal em uma carta aos seus contemporâneos? Nenhuma das *Epístolas de João*, por exemplo, que frequentemente são atribuídas ao mesmo autor, contém a palavra "apóstolo".

- O texto não indica que o autor conheceu o Jesus histórico. Já o *Evangelho de João* indica que seu autor estava presente em muitos dos eventos que envolviam o Jesus histórico. Novamente, devemos deduzir que um apóstolo necessariamente incluiria

---

636. *Catholic Encyclopedia*, vol. I, p. 594-595.
637. A. Helmbold, "A Note on the Autorship of the Apocalypse", *New Testament Studies*, vol. 8, 1961-2, p. 77-79.

reminiscências pessoais nas suas cartas? Isso pode não ser válido, já que deixa de considerar que o conteúdo de um texto depende do seu propósito, e que o propósito do *Apocalipse* é diferente daquele dos evangelhos.

- Há diferenças linguísticas substanciais entre o *Evangelho de João* e o *Apocalipse* – diferenças de gramática e de dicção, palavras usadas para expressar a mesma ideia, e os significados de palavras comuns.[638] Isto convenceu muitos estudiosos modernos de que escritores diferentes compuseram os dois livros.[639] Estabelecer que diferentes autores tenham escrito esses livros não refuta necessariamente a autoria apostólica do *Apocalipse*, já que é possível que João Apóstolo tenha fornecido as ideias para os dois livros,[640] mas que foram seus estudantes ou secretários que escreveram as palavras de um ou de ambos.[641] Além disso, muitos estudiosos modernos acreditam que o *Evangelho de João* foi escrito por outra pessoa que não João, o Apóstolo.[642]

Os estudiosos modernos não conseguiram chegar a uma conclusão definitiva sobre a autoria do *Apocalipse* por meio do exame de evidências externas ou internas. Contudo, vários escritores modernos alegam ter opiniões sobre a autoria do livro que foi inspirado pela dimensão espiritual da vida. Vejamos o que eles têm a dizer.

---

638. Charles, *The Revelation of S. John,* vol. I, p. xxix-xxxii, lista muitas das diferenças linguísticas que indicariam diferentes autores para o *Evangelho de João* e o *Apocalipse*. Essa evidência é amplamente reconhecida e foi frequentemente discutida na literatura acadêmica.

639. Mounce, *The Book of Revelation*, p. 15, resume a visão atual entre estudiosos: "Quem, então, foi o João que escreveu o Apocalipse? As evidências internas convenceram a maioria dos escritores de que, quem quer que tenha sido, há pouca possibilidade de que também tenha escrito o Quarto Evangelho".

640. Charles, *The Revelation of S. John,* vol. I, p. xxxii-xxxiii, afirma: "Os Autores do Apocalipse e do Quarto Evangelho estavam relacionados de alguma maneira". Ele justifica essa posição observando o uso comum de certas palavras, expressões e ideias. Charles conclui: "Aparentemente, em algum momento o Evangelista foi um discípulo do Vidente, ou ambos foram membros do mesmo círculo religioso em Éfeso".

641. O apóstolo Pedro reconhece que sua primeira carta foi escrita "por Silvano" (1 Pd. 5:12), o que significa que Silvano foi o secretário de Pedro. O apóstolo João também pode ter usado um ou mais secretários para expressar suas ideias, fazendo com que seus textos parecessem compostos por pessoas diferentes.

642. McKenzie, *Dictionary of the Bible,* p. 449, discute a autoria do *Evangelho de João:* "muitos críticos modernos acreditam que a tradição do nome e da composição em Éfeso por volta do ano 100 são melhor preservadas atribuindo o Evangelho não ao apóstolo, mas a João, o Velho, mencionado por Pápias".

APÊNDICE C

227

Helena P. Blavatsky, mencionada brevemente no Apêndice A, acreditava que sua obra era inspirada,[643] e referia-se ao autor do *Apocalipse* como "o apóstolo-cabalista João".[644] Edgar Cayce, também mencionado brevemente no Apêndice A, acreditava que ele recebia mensagens do mundo espiritual. Uma dessas mensagens refere-se ao escritor do *Apocalipse* como "o apóstolo, o amado, o último dos escolhidos".[645]

Alice A. Bailey (1880-1949) nasceu na Inglaterra e mudou-se para a Califórnia, onde se associou à Sociedade Teosófica de Blavatsky. Ela deixou a sociedade e fundou sua própria escola de desenvolvimento espiritual em New York, a Arcane School, em 1923. Bailey publicou uma série de livros supostamente baseados em informações recebidas do mundo espiritual.[646] Um deles afirma que o *Apocalipse* foi escrito por João, o discípulo amado de Jesus:

> No Novo Testamento, João, o discípulo amado, teve o privilégio de obter uma imagem cósmica e uma visão profética real que incorporou no Apocalipse, mas ele foi o único que conseguiu isso, e o fez porque amava de modo tão profundo, tão sábio e tão abrangente. Sua intuição foi evocada por meio da da profundidade e da intensidade do seu amor — como foi o caso do seu Mestre, o Cristo.[647]

Blavatsky, Cayce e Bailey podem ter sido os únicos escritores modernos que expressaram uma opinião sobre a autoria do *Apocalipse* e que também alegaram explicitamente que haviam recebido a informação por meio da inspiração. Além disso, todos concordam com os líderes da igreja do segundo século neste ponto: o *Apocalipse* foi escrito por João Apóstolo.

---

643. H. P. Blavatsky, *The Key to Theosophy* (1889; reimpressão; Pasadena, CA: Theosophical University Press, 1972), p. 290, 300.
644. Blavatsky, *Isis Unveiled*, vol. II, 229.
645. Van Auken, *Edgar Cayce on the Revelation,* p. 158.
646. Bailey, *The Rays and the Initiation*, p. 250-251.
647. Bailey, *Glamour*, p. 137.

BIBLIOGRAFIA

A Commentary on the Book of the Revelation Based on a Study of Twenty-Four Psychic Discourses of Edgar Cayce. 1945. Reimpressão. Virginia Beach, VA: A. R. E. Press, 1969.

A Course in Miracles. 3 vols. 2ª ed. Glen Ellen, CA: Foundation for Inner Peace, 1992.

ADLER, A. *Understanding Human Nature.* 1927. Reimpressão. New York: Fawcett Premier, 1954.

AIVANHOV, O. M. *The Book of Revelations: A Commentary.* 2ª ed. Los Angeles: Prosveta, 1997.

—————. *Cosmic Moral Law.* 3ª ed.. Los Angeles: Prosveta, 1989.

AUROBINDO, Sri. *The Integral Yoga.* Pondicherry, India: Sri Aurobindo Ashram, 1993.

—————. *The Life Divine.* 1949. Reimpressão. Pondicherry, India: Sri Aurobindo Ashram, 1990.

—————. *The Synthesis of Yoga.* Pondicherry, India: Sri Aurobindo Ashram, 1957.

BAILEY, A. A. *Discipleship in the New Age*, vol. I. 1944. Reimpressão. New York: Lucis Publishing Company, 1976.

—————. *Discipleship in the New Age*, vol. II. 1955. Reimpressão. New York: Lucis Publishing Company, 1972.

—————. *Esoteric Astrology.* 1951. Reimpressão. New York: Lucis Publishing Company, 1979.

—————. *Esoteric Healing.* 1953. Reimpressão. New York: Lucis Publishing Company, 1978.

—————. *Esoteric Psychology*, vol. I. 1936. Reimpressão. New York: Lucis Publishing Company, 1979.

—————. *Esoteric Psychology*, vol. II. 1942. Reimpressão. New York: Lucis Publishing Company, 1981.

—————. *The Externalisation of the Hierarchy.* 1957. Reimpressão. New York: Lucis Publishing Company, 1976.

—————. *Glamour: A World Problem.* 1950. Reimpressão. New York: Lucis Publishing Company, 1971.

—————. *Initiation, Human and Solar.* 1922. Reimpressão. New York: Lucis Publishing Company, 1974.

—————. *Letters on Occult Meditation.* 1922. Reimpressão. New York: Lucis Publishing Company, 1974.

—————. *The Light of the Soul.* 1927. Reimpressão. New York: Lucis Publishing Company, 1978.

—————. *The Rays and the Initiations.* 1960. Reimpressão. New York: Lucis Publishing Company, 1976.

—————. *Telepathy and the Etheric Vehicle.* 1950. Reimpressão. New York: Lucis Publishing Company, 1975.

—————. *A Treatise on Cosmic Fire.* 1925. Reimpressão. New York: Lucis Publishing Company, 1973.

—————. *A Treatise on White Magic.* 1934. Reimpressão. New York: Lucis Publishing Company, 1979.

BAILEY, M. *A Learning Experience.* New York: Lucis Publishing Company, 1990.

BECK, A. T.; RUSH, A. J.; SHAW, B. F.; EMERY, G. *Cognitive Therapy of Depression.* New York: The Guilford Press, 1979.

BELL-RANSKE, J. *The Revelation of Man.* New York: William S. Rhode Company, 1924.

BLAVATSKY, H. P. *Collected Writings.* 15 vols. Wheaton, IL: Theosophical Society of America, 2002.

—————. *Isis Unveiled.* 1877. 2 vols. Reimpressão. Pasadena, CA: Theosophical University Press, 1976.

—————. *The Key to Theosophy.* 1889. Reimpressão. Pasadena, CA: Theosophical University Press, 1972.

—————. *The Secret Doctrine.* 2 vols. 1888. Reimpressão. Pasadena, CA: Theosophical University Press, 1977.

—————. *The Voice of the Silence.* 1889. Reimpressão. Wheaton, IL: Theosophical Publishing House, 1968.

—————. *Catholic Encyclopedia.* 15 vols. New York: Encyclopedia Press, Inc. 1913.

CHARLES, R. H. *The Revelation of St. John.* 2 vols. 1920. Reimpressão. Edinburgh: T. and T. Clark, 1985.

CHARLESWORTH, J. H. *The Old Testament Pseudepigrapha*, vol. I. New York: Doubleday, 1983.

COLLINS, M. *Light on the Path.* 1888. Reimpressão. Pasadena, CA: Theosophical University Press, 1976.

CONDRON, B. *Kundalini Rising.* Windyville, MO: SOM Publishing, 1992.

ECKHART, M. *Meister Eckhart: A Modern Translation.* Trad. R. B. Blakney. New York: Harper and Row, 1941.

ELLWOOD, R. *Theosophy.* Wheaton, IL: Theosophical Publising House, 1994.

FIDELER, D. *Jesus Christ, Sun of God.* Wheaton, IL: Theosophical Publishing House, 1993.

FILLMORE, C. *Jesus Christ Heals.* Unity Village, MO: Unity School of Christianity, 1996.

—————. *The Metaphysical Bible Dictionary.* 1931. Reimpressão. Unity Village, MO: Unity School of Christianity, 1995.

—————. *The Twelve Powers of Man.* Unity Village, MO: Unity School of Christianity, 1995.

FREUD, Sigmund. *Introductory Lectures on Psychoanalysis.* 1917. Reimpressão. New York: W. W. Norton, 1977.

GOLDSMITH, J. S. *Collected Essays of Joel S. Goldsmith.* Marina del Rey, CA: Devorss and Company, 1986.

—————. *The Contemplative Life.* New Hyde Park, NY: University Books, 1963.

BIBLIOGRAFIA

——————. *The Gift of Love.* New York: Harper and Row, 1975.

——————. *The Infinity Way.* 1947. Reimpressão. San Gabriel, CA: Willing Publishing Company, 1971.

——————. *The Mystical I.* New York: Harper and Row, 1971.

——————. *The Nineteen Hundred Fifty-Four Infinite Way Letters. 1954.* Reimpressão. Austell, GA: Acropolis Books, 1996.

——————. *The Nineteen Hundred Fifty-Nine Infinite Way Letters.* London: L. N. Fowler, 1960.

——————. *A Parenthesis in Eternity.* New York: Harper and Row, 1963.

——————. *Practicing the Presence.* New York: Harper and Row, 1958.

——————. *The Thunder of Silence.* New York: Harper and Row, 1961.

GROSSO, M. *The Millennium Myth.* Wheaton, IL: Theosophical Publishing House, 1995.

HALL, M. P. *The Apocalypse Attributed to St. John.* Los Angeles: The Philosophical Research Society, 1981.

——————. *The Secret Teachings of All Ages.* 1928. Reimpressão. Los Angeles: The Philosophical Research Society, 1975.

HASKELL, B. *Journey Beyond Words.* Marina del Rey, CA: DeVorss and Company, 1994.

HELMBOLD, A. "A Note on the Authorship of the Apocalypse", *New Testament Studies,* vol. 8, 1961-2, p. 77-79.

HITCHCOCK, R. D. "An Interpreting Dictionary of Scripture Proper Names", in *Hitchcock's Complete Analysis of the Holy Bible.* New York: A. J. Johnson, 1874.

HOTEMA, H. *Awaken the World Within.* Pomeroy, WA: Health Research, 1962.

JOHN OF THE CROSS, ST. *Complete Works.* Trad. e ed. por E. A. Peers, 3 vols. London: Burns Oates and Washbourne, 1934.

JOHNSTON, C. *The Yoga Sutras of Patanjali.* 1949. Reimpressão. London: Stuart and Watkins, 1968.

JUDGE, W. Q. *The Ocean of Theosophy.* 1893. Reimpressão. Los Angeles: The Theosophy Company, 1987.

JUNG, C. G. *Analytic Psychology: Its Theory and Practice*. New York: Random House, 1970.

————. *Answer to Job*. Trad. R. F. C. Hull. 1954. Reimpressão. Cleveland, OH: World Publishing Company, 1965.

JURRIAANSE, A. *Bridges*. Capa, South Africa: Sun Centre, 1980.

KIDDLE, M. *The Revelation of St. John*. London: Hodder and Stoughton, 1940.

KRISHNAMURTI, J. *Commentaries on Living, First Series*. 1956. Reimpressão. Wheaton, IL: Theosophical Publishing House, 1970.

————. *Commentaries on Living, Third Series*. 1960 Reimpressão. Wheaton, IL: Theosophical Publishing House, 1970.

————. *The First and Last Freedom*. 1954. Reimpressão. London: Victor Gollancz, 1972.

————. *Freedom from the Known*. New York: Harper and Row, 1969.

————. *Krishnamurti on Education*. New Delhi: Orient Longman, 1974.

————. *Krishnamurti's Journal*. San Francisco: Harper and Row, 1982.

————. *Krishnamurti's Notebook*. New York: Harper and Row, 1976.

————. *Last Talks at Saanen 1985*. San Francisco: Harper and Row, 1986.

————. *Talks in Saanen 1974*. Beckenham, Kent, England: Krishnamurti Foundation Trust, 1975.

KRODEL, G. A. *Revelation*. Minneapolis, MN: Augsburg Publishing House, 1989.

LAWRENCE, Brother. *The Practice of the Presence of God*. 1692. Reimpressão. Grand Rapids, MI: Fleming H. Revell Company, 1989.

LAWRENCE, D. H. *Apocalypse*. 1931. Reimpressão. New York: Penguin Books, 1995.

LEADBEATER, C. W. *The Chakras*. 1927. Reimpressão. Wheaton, IL: Theosophical Publishing House, 1977.

————. *The Masters and the Path*. 1925. Reimpressão. Madras, India: Theosophical Publishing House, 1965.

MACKAY, W. M. "Another look at the Nicolaitans", *The Evangelical Quarterly,* vol. 45, 1973, p. 111-115.

MCKENZIE, J. L. *Dictionary of the Bible.* 1965. Reimpressão. New York: Simon and Schuster, 1995.

MILLER, R. J. *The Complete Gospels: Annotated Scholars Version.* Santa Rosa, CA: Polebridge Press, 1994.

MING-DAO, D. *Chronicles of Tao.* New York: Harper Collins, 1993.

MOTOYAMA, H. *Theories of the Chakras*, Wheaton, IL: Theosophical Publishing House, 1984.

MOUNCE, R. H. *The Book of Revelation.* Revisado. Grand Rapids, MI: William B. Eerdmans Publishing Company, 1998.

New Bible Dictionary. 3ª ed. Downers Grove, IL: Intervarsity Press, 1996.

NIKHILANANDA, Swami. *The Gospel of Sri Ramakrishna.* Edição Resumida. New York: Ramakrishna-Vivekananda Center, 1958.

PANDIT, M. P. *Sri Aurobindo on the Tantra.* 1967. Reimpressão. Pondicherry, India: Dipti Publications, 1999.

PERLS, F. S. *Gestalt Therapy Verbatim.* 1969. Reimpressão. New York: Bantam Books, 1976.

PERRY, R. *A Course Glossary.* West Sedona, AZ: The Circle of Atonement, 1996.

—————. *Relationships as a Spiritual Journey.* West Sedona, AZ.: The Circle of Atonement, 1997.

PLATO. *The Collected Dialogues of Plato.* E. Hamilton e H. Cairns (orgs.). Princeton, NJ: Princeton University Press, 1989.

POTTS, C. A. *Dictionary of Bible Proper Names.* New York: The Abingdon Press, 1922.

POWELL, A. E. *The Astral Body.* 1927. Reimpressão. Wheaton, IL: Theosophical Publishing House, 1978.

—————. *The Causal Body and the Ego.* 1928. Reimpressão. Wheaton, IL: Theosophical Publishing House, 1978.

————. *The Etheric Double.* 1925. Reimpressão. Wheaton, IL: Theosophical Publishing House, 1979.

————. *The Mental Body.* 1927. Reimpressão. Wheaton, IL: Theosophical Publishing House, 1975.

PRYSE, J. M. *The Apocalypse Unsealed.* 1910. Reimpressão. Kila, MT: Kessinger Publishing, 1997.

RAMA, Swami. "The Awakening of Kundalini", in J. White (org.), *Kundalini, Evolution and Enlightenment.* St. Paul, MN: Paragon House, 1990.

RAMACHARAKA, Yogi. *The Science of Psychic Healing.* 1909. Reimpressão. Chicago: Yogi Publication Society, 1937.

RUUSBROEC, J. *The Spiritual Espousals and Other Works.* Intr. e trad. de J. A. Wiseman. New York: Paulist Press, 1985.

SCHLEIERMACHER F., *The Christian Faith.* 1821-22. Reimpressão. Edinburgh; T&T Clark, 1999.

SMITH, W. *A Dictionary of the Bible.* Hartford, CT: J. B. Burr and Hyde, 1873.

STEINER, R. *The Book of Revelation and the Work of the Priest.* London: Rudolf Steiner Press, 1998.

TAIMNI, I. K. *Self-Culture.* 1945. Reimpressão. Adyar, Madras, India: Theosophical Publishing House, 1976.

The Impersonal Life. 1941. Reimpressão. San Gabriel, CA: C. A. Willing, 1971.

The Shambhalla Dictionary of Buddhism and Zen. Boston: Shambhala Publications, 1991.

THERA, N. *The Heart of Buddhist Meditation.* York Beach, ME: Samuel Weiser, 1962.

TRUNGPA, C. *Cutting Through Spiritual Materialism.* Boston: Shambhala Publications, 1973.

TYBERG, J. M. *The Language of the Gods: Sanskrit Keys to Indian's Wisdom.* Los Angeles: East-West Cultural Centre, 1970.

VAN AUKEN, J. *Edgar Cayce on the Revelation.* Virginia Beach, VA: A.R.E. Press, 2000.

VINE, W. E.; UNGER, M. F.; WHITE, W. *Vine's Complete Expository Dictionary of Old and New Testament Words.* Nashville, TN: Thomas Nelson, 1985.

VIVEKANANDA, Swami. *The Yogas and Other Works.* 2ª ed. New York: Ramakrishna-Vivekananda Center, 1953.

WAINWRIGHT, A. W. *Mysterious Apocalypse: Interpreting the Book of Revelation.* Nashville, TN: Abingdon Press, 1993.

WALSCH, N. D. *Communion with God.* New York: Penguin Putnam, 2000.

WATSON, A. A. *Through Fear to Love.* West Sedona, AZ: The Circle of Atonement, 1994.

WHITE, J. *Kundalini, Evolution and Enlightenment.* 1979. Reimpressão. St. Paul, MN: Paragon House, 1990.

WILBUR, K. "Are the Chacras Real?", in J. White (org.), *Kundalini, Evolution and Enlightenment.* St. Paul, MN: Paragon House, 1990.

WITTGENSTEIN, L. *Notebooks, 1914-1916.* G. H. von Wright e G. E. M. Anscombe (orgs). Trad. G. E. M. Anscombe. Oxford: Blackwell, 1961.

YOGANANDA, Paramahansa. *Autobiography of a Yogi.* 1946. Reimpressão. Los Angeles: Self-Realization Fellowship, 1969.

——————. *Sayings of Yogananda.* 1952. Reimpressão. Los Angeles: Self-Realization Fellowship, 1968.

——————. *Science of Religion.* 1953. Reimpressão. Los Angeles: Self-Realization Fellowship, 1969.

——————. *The Second Coming of the Christ: The Resurrection of the Christ Within You.* Los Angeles: Self-Realization Fellowship, 2004.

YUKTESWAR, Swami. *The Holy Science.* 1894. Reimpressão. Los Angeles: Self-Realization Fellowship, 1977.

Leitura Recomendada

O Beijo da Morte
A Verdadeira História do Evangelho de Judas

Tobias Churton

O Beijo da Morte explica a mensagem do Evangelho de Judas e a importância de sua descoberta, colocando-o no contexto de outros textos e tradições gnósticos. Agora, pela primeira vez, a história de como esse texto veio a ser publicado e como isso influencia nossa visão das origens do Cristianismo é contada por completo.

Dogma e Ritual de Alta Magia
Eliphas Levi

Dogma e Ritual de Alta Magia pode ser considerada a primeira obra da maturidade mágica de Eliphas Levi. Quando foi lançada em meados do século XIX, a Europa estava aterrada por uma guerra fria e tensa entre a religião e a ciência, as quais só celebravam tréguas muito efêmeras para abrir fogo com suas artilharias independentes contra aquilo que se convencionou chamar genericamente de ocultismo.

A Linguagem dos Símbolos
David Fontana

Os símbolos têm poder em todo lugar: em nossos sonhos, em nosso inconsciente e no mundo à nossa volta. Eles nos movem e nos inspiram em um profundo nível de conhecimento intuitivo, falando-nos em uma língua universal que os grandes pioneiros da psicologia, como Carl Jung e Sigmund Freud, nos ajudaram a interpretar. *A Linguagem dos Símbolos* apresenta centenas de ilustrações coloridas e ensaios esclarecedores com explicações dos símbolos que acompanham o desenvolvimento da civilização por todo o mundo. Eis um compêndio visual dos símbolos e seus significados. Explore a fascinante teia de cultura, história e psicologia que está por trás de cada símbolo e de cada sistema simbólico. Aprofunde seu conhecimento e apreciação dos símbolos e seu lugar na arte, na tradição e nas completas obras da psique humana.

www.madras.com.br

Leitura Recomendada

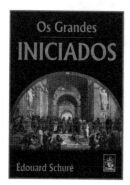

Os Grandes Iniciados
Édouard Schuré

Religião e Ciência. Estes são os temas centrais abordados em *Os Grandes Iniciados*, em que essas duas forças aparecem como inimigas e irredutíveis. A religião responde às necessidades do coração, daí a magia eterna; a ciência às do espírito, da força invencível.

Édouard Schuré concebe, nesta obra, uma "livre interpretação" das iniciações egípcias e dos princípios profundos que valem para a humanidade inteira.

Girando a Chave de Hiram
Tornando a Escuridão Visível

Robert Lomas

Há muito tempo a Ordem necessita de um livro sério a respeito de seus aspectos espirituais. Depois do sucesso de *O Livro de Hiram*, publicado pela Madras Editora, *Girando a Chave de Hiram* veio para preencher essa lacuna com o projeto de explorar os profundos sentimentos que a Maçonaria provoca no autor — Robert Lomas.

Girando a Chave Templária
Mártires, Maçons e o Segredo da Verdadeira Cruz de Cristo

Robert Lomas

Há 700 anos, os Cavaleiros Templários sofreram um ataque secreto repentino arquitetado pelo rei da França, Felipe, o Belo. Eles tiveram seus bens confiscados, os membros da Ordem foram presos e acusados de heresia. Assim começou uma das discussões conspiratórias mais misteriosas da história.

www.madras.com.br

Leitura Recomendada

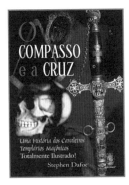

O Compasso e a Cruz
Uma História dos Cavaleiros Templários Maçônicos

Stephen Dafoe

Stephen Dafoe, renomado escritor e autor maçônico de *Nascidos em Berço Nobre – Uma História Ilustrada dos Cavaleiros Templários* (Madras Editora), considera em detalhes as origens e a evolução dos Cavaleiros Templários Maçônicos desde seu início, na metade do século XVIII, até sua presente forma. Embora os Cavaleiros Templários originais tenham se dissolvido como Ordem em 1312, houve uma miríade de teorias especulativas sobre o que teria acontecido nos anos que se seguiram, predominando a de que os Templários foram os fundadores da Maçonaria.

A História da Rosa-Cruz
Os Invisíveis

Tobias Churton

Há 400 anos, um documento foi publicado por membros de uma ordem que se intitulava Rosa-Cruz. Uma sociedade secreta de cristãos que afirmavam conhecer os verdadeiros ensinamentos de Cristo e, por meio desse conhecimento, terem se tornado imortais e ganhado poderes divinos. Cristo teria dito a esses discípulos que com fé eles seriam capazes de realizar milagres mais notáveis que os dEle. Desde então, mitos e histórias incríveis são narrados sobre os Irmãos invisíveis da Rosa-Cruz, os chamados rosa-cruzes. Os homens que sabem o que realmente significa ser um cristão.

Nascidos em Berço Nobre
Uma História Ilustrada dos Cavaleiros Templários

Stephen Daphoe

A verdadeira história dos Cavaleiros Templários é tão fascinante quanto as teorias especulativas criadas para explicar o que eles fizeram durante seu reinado de 200 anos como os monges guerreiros mais famosos e infames da cristandade. Muitos livros foram escritos sobre os Templários nos últimos anos, mas a maioria perpetua mitos que foram criados tão logo a Ordem deixou de existir. Se havia algum tesouro ou segredo escondido, os Templários o encontraram, ou é nisto que os escritores especuladores querem que acreditemos?

www.madras.com.br

Leitura Recomendada

O Livro de Hiram
Maçonaria, Vênus e a Chave Secreta para a Revelação da Vida de Jesus

Christopher Knight e Robert Lomas

Quando os maçons Christopher Knight e Robert Lomas decidiram pesquisar as origens dos velhos rituais de sua Ordem, não esperavam se envolver com a Astronomia Pré-histórica, nem emaranhar-se no desenvolvimento do Cristianismo. Catorze anos depois, eles concluem sua missão com *O Livro de Hiram*. A obra traz novas e explosivas evidências desenhadas pelas últimas descobertas arqueológicas, pela Bíblia e por antigas versões dos rituais maçônicos.

As Moradas dos Filósofos
Fulcanelli

O livro *As Moradas dos Filósofos* é considerado uma amostra do pensamento francês da década de 1930. O conhecimento que Fulcanelli transmite ao leitor é extraordinário; ninguém tentou, antes ou depois dele, explicar o simbolismo usado por certos escultores e seus patronos. Ninguém estabeleceu uma relação tão específica entre o simbolismo pictorial e o simbolismo de linguagem no contexto da busca e da obra espiritual conhecida como Alquimia.

Nascidos do Sangue
Os Segredos Perdidos da Maçonaria

John J. Robinson

Antes que a Maçonaria se revelasse em Londres, em 1717, seus misteriosos símbolos e rituais foram utilizados em segredo durante séculos. Uma vez conhecida, a Ordem se difundiu por todo o mundo e levou reis, imperadores e estadistas a prestarem seus juramentos sagrados. Atraiu também grandes revolucionários como George Washington e Sam Houston, nos EUA; Juárez, no México; Garibaldi, na Itália, e Bolívar, na América do Sul. Foi declarada ilegal, ao longo dos séculos, por Hitler, por Mussolini e pelo aiatolá Khomeini. Mas, de onde veio essa poderosa organização? O que foi dela durante os séculos antes de se firmar como uma Ordem há mais de 270 anos?

www.madras.com.br

Este livro foi composto em Minion Pro, corpo 11,5/13.
Papel Offset 75g
Impressão e Acabamento
Orgráfic Gráfica e Editora — Rua Freguesia de Poiares, 133
— Vila Carmozina — São Paulo/SP
CEP 08290-440 — Tel.: (011) 6522-6368 — orcamento@orgrafic.com.br